Paul Christopher

Né en 1949 à Ottawa, au Canada, Paul Christopher est le pseudonyme de l'écrivain Christopher Hyde. D'abord scénariste et producteur pour la Canadian Broadcasting Corporation (CBC), il se consacre à l'écriture à plein temps depuis 1977. La série *La Légende des Templiers* est publiée aux éditions du Cherche Midi et les deux premiers tomes sont disponibles chez Pocket. Elle est composée de *L'Épée*, *La Croix*, *Le Trône*, *La Conspiration*, *La Légion perdue* et *La Clé*.

LA CROIX

DU MÊME AUTEUR
CHEZ POCKET

La Légende des Templiers

1. L'Épée
2. La Croix

PAUL CHRISTOPHER

LA LÉGENDE DES TEMPLIERS

LA CROIX

Traduit de l'anglais (États-Unis)
par Philippe Szczeciner

CHERCHE MIDI

Titre original :
THE TEMPLAR CROSS

MIXTE
Papier issu de sources responsables
FSC® C003309

Pocket, une marque d'Univers Poche,
est un éditeur qui s'engage pour la préservation
de son environnement et qui utilise du papier fabriqué
à partir de bois provenant de forêts gérées
de manière responsable.

ISBN : 978-2-266-25093-01

Pour John Christopherson,
meilleur notaire spécialisé en droit de la famille
du comté de Skagit, État de Washington

1

Le campus de West Point était désert. Aucun peloton à l'entraînement en train de défiler au pas à travers La Plaine, sous le regard terne et immuable de George Washington assis sur son cheval de bronze. Aucun martèlement de rangers bien cirées sur l'asphalte de la cour centrale, où les cadets punis effectuaient leurs exercices. Aucun aboiement cadencé de sergent instructeur renvoyé en écho par les murs de pierre.

La cérémonie de remise des diplômes était passée. Les élèves en fin de cycle, frais émoulus de leurs quatre années de formation, avaient rejoint leurs corps ; les bizuths, ainsi que les deuxième et troisième années, étaient tous partis en centres d'entraînement pour l'été. Dans l'air où ne résonnait plus l'éclat des fanfares, seul s'entendait le chuchotement mystérieux des arbres qu'agitait la brise du début d'été. La lumière déclinante du soleil ornait peu à peu les vieux bâtiments gris d'une chaude teinte mordorée. C'était le dernier dimanche de juin, la veille de la journée d'accueil des nouveaux cadets.

En uniforme blanc d'apparat, le lieutenant-colonel Peter « Doc » Holliday rentrait chez lui en traversant la vaste étendue solitaire de La Plaine. Il revenait légèrement éméché du dîner de fin d'année au Club de West Point, à l'autre bout du campus, et se sentait soulagé que personne ne soit là pour le voir dans cet état. Des parents venus accompagner leur futur cadet auraient modérément apprécié le spectacle d'un professeur d'histoire en tenue de soirée titubant sur le gazon de la plus grande école militaire du pays. De fait, on pouvait rêver mieux comme image de marque !

Luttant contre la douleur fantôme, probablement due à un petit excès de pur malt, qui vrillait son œil blessé sous son bandeau noir, Holliday scrutait de son regard trouble l'obscurité qui s'épaississait, mais La Plaine était aussi déserte que le reste du campus. Il n'en irait pas de même le lendemain, quand les parents, les frères et sœurs et les amis des douze cents nouvelles recrues envahiraient, telles des fourmis, l'immense pelouse impeccablement entretenue, immortalisant à l'aide de caméras vidéo les dernières heures de liberté des jeunes condamnés que la machine militaire des États-Unis s'apprêtait à engloutir.

La journée d'accueil tenait à la fois du cirque et de l'apocalypse. Toutes proportions gardées, les nouveaux cadets subissaient ce jour-là un traitement assez proche de celui des détenus dans les camps de concentration. À peine descendus de leurs autocars, coupe de cheveux encore intacte, yeux agrandis par la peur, ils étaient tondus, bousculés, rudoyés, avant de se voir attribuer un matricule et un uniforme et d'être expédiés vers l'oubli au pas cadencé, comme les enfants de Hamelin derrière le joueur de flûte.

Après cinq semaines de classes intenses qui feraient jeter l'éponge à une centaine d'entre eux, puis quatre années de labeur épuisant qui en élimineraient quelques centaines de plus, le joueur de flûte pourrait enfin emmener le reliquat se faire tuer en Afghanistan, en Irak ou ailleurs, selon la décision du gouvernement en place.

Cela faisait des années que Holliday les voyait arriver à West Point, puis en repartir. Et pendant des années, avant cela, il les avait vus mourir dans des endroits dont leurs parents et leurs amis ne soupçonnaient même pas l'existence. L'apparat et les cours théoriques de l'académie s'effaçaient vite devant la réalité du combat, avec son lot de sang, de cervelles éclatées et de membres sectionnés qui ne faisaient jamais la une des journaux, et encore moins celle de *The Howitzer*, l'annuaire des promotions de West Point. De cette réalité témoignait pourtant depuis 1782 la sépulture d'un soldat nommé Dominick Trant, dans le vieux cimetière que longeait Washington Road.

Mais la carrière de Holliday à West Point était désormais terminée. Dix mois plus tôt, après avoir trouvé chez son oncle Henry, tout juste décédé, une mystérieuse épée de croisé, il s'était lancé en compagnie de sa cousine Peggy Blackstock dans une quête qui leur avait fait parcourir la moitié du globe pour aboutir à la découverte d'un trésor qui avait changé leur vie à jamais : un trésor de templiers, à présent bien à l'abri dans le vieux château de Ravanche, dans le sud de la France.

Holliday était maintenant l'otage de ce trésor, le gardien de son redoutable secret qui le liait à lui pour toujours. Pendant des mois, il s'était efforcé d'assumer les obligations de sa charge avant de prendre conscience qu'il ne lui était plus possible d'enseigner l'histoire, car l'heure était venue pour lui d'en devenir l'acteur. Il avait donc présenté sa démission à l'administration tout en acceptant de terminer l'année en cours. Celle-ci venait de s'achever.

Parvenu à l'extrémité de La Plaine, il prit Washington Road, passa devant le cantonnement numéro 100, la vieille maison de style fédéral où vivait l'administrateur, et gagna Professors Row, l'allée des professeurs. Sa propre maison, la plus petite de la voie bordée d'arbres, était un pavillon Art nouveau de trois pièces datant des années vingt, meublé d'époque, tout en lambris, vitraux et parquets cirés. Bien que Holliday fût veuf, ce logement normalement réservé aux personnels mariés lui avait été attribué par égard pour son grade quand il était devenu enseignant à West Point après l'accident stupide qui lui avait coûté un œil à Kaboul.

Non sans quelques tâtonnements, Holliday parvint à introduire sa clé dans la serrure et à entrer dans la maison obscure. Comme d'habitude, il ne put s'empêcher d'imaginer l'espace d'un bref instant qu'Amy était là, puis, prenant conscience qu'il n'en était rien, il sentit la vague de nostalgie coutumière l'envahir. Cela faisait maintenant près de dix ans qu'il l'avait perdue, mais, quoi qu'en disent les philosophes, certaines douleurs ne s'effaçaient pas.

Laissant tomber ses clés sur la crédence, dans la petite coupe que Peggy avait façonnée pour lui quand elle avait douze ans, il suivit le couloir jusqu'à la cuisine, où il mit à chauffer une vieille cafetière de cowboy qu'il gardait toujours sur la gazinière. Il gagna ensuite la chambre pour ôter son uniforme que sa légère ébriété ne l'empêcha pas de pendre soigneusement dans le placard, à côté de sa tenue réglementaire de ranger, avant de passer un jean et un tee-shirt. Puis il retourna à la cuisine, se versa une tasse de café amer et l'emporta dans le salon, une petite pièce rectangulaire tapissée de livres et meublée d'un canapé ainsi que de quelques fauteuils confortables disposés devant une cheminée Art nouveau en carrelage vert avec son médaillon d'origine représentant un chêne.

Dehors, la nuit était complètement tombée. Holliday éprouva une sensation de froid. Il prépara un feu dans l'âtre et l'alluma avant de se laisser tomber dans un des fauteuils pour boire son café à petites gorgées tout en regardant les flammes embraser le petit bois et lécher les bûches. Dix minutes plus tard, une flambée claire et joyeuse répandait dans la pièce une douce chaleur qui dissipa la fraîcheur du soir.

Le regard de Holliday se porta sur la hotte de la cheminée, où un long objet posé sur deux chevilles luisait dans la lumière dansante d'une façon presque sensuelle : l'épée de templier que Peggy et lui avaient trouvée au fond d'un compartiment secret de la maison d'oncle Henry, dans le nord-est de l'État de New York. L'épée qui était à l'origine de toutes ses dernières péripéties, avec sa lame de soixante-quinze centimètres en acier damassé et sa poignée garnie d'un filigrane d'or portant un remarquable message codé[1]. Une épée qui avait appartenu sept cents ans plus tôt à un croisé nommé Guillaume de Gisors. Une épée qu'avaient possédée tour à tour Benito Mussolini et Adolf Hitler. Une épée jumelle de celle qu'avait

1. Voir, du même auteur, *L'Épée*, le cherche midi éditeur, 2014, Pocket n° 15964.

utilisée Holliday, quelques mois plus tôt, pour tuer un homme. Une arme mortelle qui avait nom *Hesperios*, l'« Épée de l'Ouest ».

Avant de s'embarquer avec Peggy dans leur aventure au long cours, Holliday avait de l'histoire une conception très tranchée. À ses yeux, dates, faits et chronologie étaient gravés dans le marbre et ce qu'affirmaient les manuels était parole d'évangile. Son vocabulaire d'historien comportait des mots comme « incontestable », « irréfutable », « irrévocable » ou « immuable ».

Les choses avaient bien changé. Il savait maintenant qu'une vision historique peut se brouiller aussi facilement que la surface d'un étang quand on y jette un caillou. Dans son cas, le caillou était une épée.

La découverte d'*Hesperios* chez son oncle Henry, à Fredonia, n'avait pas modifié sa seule existence, mais également celle d'autres personnes. S'il n'avait pas trouvé cette épée, bon nombre de gens de qualité aussi bien que des sales types jusque-là inconnus de lui seraient encore de ce monde, à commencer par ceux qu'il avait tués de sa propre main. De plus, le passé de son oncle Henry lui était apparu sous un jour bien inattendu au fur et à mesure que se dévoilaient les circonstances mystérieuses dans lesquelles celui-ci était entré en possession de l'épée.

Et l'idée qu'il se faisait de l'histoire des Templiers s'était, elle aussi, radicalement transformée. Jadis, il enseignait à ses élèves de West Point que cette ancienne confrérie ne constituait qu'une intéressante note de bas de page dans les chroniques du Moyen Âge, un rassemblement hétéroclite de chevaliers désœuvrés qui, tels des bandits de grands chemins, avaient commencé par détrousser les pèlerins en route pour Jérusalem, avant de se muer en une puissance économique qui avait fini par recouvrir de son ombre toute l'Europe du XIIIe siècle à la manière d'un nuage.

Il enseignait également aux cadets que tout ce bel édifice s'était effondré d'un seul coup, le vendredi 13 octobre 1307, quand, sur ordre du roi Philippe le Bel et du pape Clément, tous les templiers de France avaient été arrêtés et leurs biens confisqués.

Les autres royaumes d'Europe avaient bientôt suivi l'exemple de la France, y voyant un moyen commode de s'exonérer des dettes accablantes qu'ils avaient contractées vis-à-vis de l'ordre. Officiellement, les Templiers avaient donc été purement et simplement effacés de l'histoire, dont ils ne constituaient qu'un bref épisode sans lendemain. C'est ce que Holliday avait présenté pendant des années à ses étudiants comme avéré. Et, ce faisant, il se trompait du tout au tout.

Car si Philippe le Bel fit couper par ses baillis mille têtes de templiers en ce fameux jour de 1307, il avait oublié que les templiers possédaient aussi des bras : les chevaliers eux-mêmes furent en effet éliminés pour la plupart, mais les gestionnaires de leur fortune, dont beaucoup étaient des moines cisterciens, survécurent. De la même manière, quand l'Allemagne émergea de ses ruines fumantes après la Seconde Guerre mondiale, c'étaient toujours les fonctionnaires d'avant qui faisaient rouler les trains, assuraient la sécurité dans les rues et éduquaient les enfants. Et aux États-Unis, où les présidents entrent et sortent à intervalles de quelques années comme par une porte à tambour, les bureaucrates, eux, restent en place.

Longtemps avant que le roi Philippe ait promulgué son édit, les subalternes de l'ordre du Temple avaient perçu la possibilité de la catastrophe et s'étaient employés à l'éviter, remaniant discrètement actes et testaments, transférant titres de propriété et grosses sommes d'argent converties en effets de commerce à des tiers prétendument innocents dans des contrées lointaines, hors de portée de Philippe et de ses cousins anglais. Ce n'est pas un hasard si l'inventeur de la comptabilité en partie double était un moine. L'idée d'une comptabilité parallèle n'était pas loin.

Quand Philippe le Bel fit arrêter les membres de l'ordre, il confisqua leur fortune visible, mais la partie invisible avait depuis longtemps été escamotée. « La meilleure façon de garder un secret est d'oublier qu'il existe », disait Jacques de Molay, officiellement leur dernier Grand Maître, peu de temps avant de périr sur le bûcher. Et c'est effectivement de cette manière que fut gardé le secret des Templiers.

Pendant près de sept cents ans, protégés par des dizaines de prête-noms, leurs avoirs doublèrent, quadruplèrent en valeur, jusqu'à atteindre des proportions inimaginables, tout en s'investissant dans les activités les plus diverses et dans pratiquement tous les pays du monde.

Centralisée, une telle richesse représentait une force irrésistible, à même de jeter à bas n'importe quel gouvernement. La fortune des Templiers constituait potentiellement une arme redoutable susceptible d'apporter les plus grands bénéfices comme les pires calamités. Elle pouvait aussi bien être la clé du paradis que celle des portes brûlantes de l'enfer.

Et cette clé était à présent enfermée dans un tiroir

du bureau de Holliday, sous la forme d'un petit carnet taché de sang que lui avait remis en mourant entre ses bras un prêtre défroqué nommé Helder Rodrigues, sur l'île de Corvo, dans les lointaines Açores.

Rodrigues avait toutefois assorti ce legs d'une condition : que Holliday en fasse un usage responsable, ou qu'il n'en fasse pas usage du tout. Le trésor des Templiers que l'ex-prêtre avait montré à Holliday et Peggy en ce jour d'orage était déjà fabuleux en soi, mais le secret révélé par le calepin ensanglanté l'était mille fois plus encore. C'était ce secret qui avait coûté la vie au néonazi Axel Kellerman, transpercé par *Aos*, l'Épée de l'Est, ainsi qu'à un assassin anonyme envoyé par Sodalitium Pianum, le réseau d'espionnage du Vatican, abattu une nuit dans une ruelle de Jérusalem.

C'était pour toutes ces raisons que Holliday avait décidé de quitter West Point. Il savait que le carnet de Rodrigues continuait à représenter une menace, et, en aucun cas, il ne voulait mettre en péril les cadets ou le personnel de l'académie. Si un danger existait réellement, il l'affronterait seul.

Il somnola un moment dans la chaleur bienfaisante du feu, puis sombra dans un sommeil sans rêves. Quand il se réveilla, tout courbatu d'avoir dormi dans un fauteuil, les premières lueurs roses de l'aube teintaient le sommet des arbres du côté de Gee's Point et de l'Hudson, et l'âtre ne contenait plus que des cendres froides. Quelque chose l'avait tiré du sommeil. Un son. Clignant des paupières, il consulta la vieille Rolex de la Royal Air Force, héritée de son oncle Henry, qu'il portait au poignet. 5 h 45. Trop tôt pour la diane, qu'on ne sonnerait pas avant trois quarts d'heure…

Il s'extirpa de son siège pour aller jusqu'à la fenêtre du devant. Un taxi bleu de Highland Falls était arrêté devant la maison, moteur au ralenti. Une silhouette en descendit et s'engagea dans l'allée.

Holliday reconnut aussitôt dans ce bel homme brun, qui portait pour tout bagage un sac de cabine, Raffi Wanounou, l'archéologue israélien avec qui Peggy et lui s'étaient liés à Jérusalem. À cette distance, il semblait en pleine forme ; seule une légère claudication témoignait de la sévère correction qu'il avait reçue à cause d'eux dans son laboratoire. Mais son visage était fermé. Il monta les marches du perron en prenant surtout appui sur sa jambe droite. Holliday passa dans l'entrée et ouvrit grand sa porte.

« Raffi ! Quelle surprise ! s'exclama-t-il. Qu'est-ce que vous faites là ?

— Elle a disparu, répondit l'archéologue. Peggy a été enlevée. »

2

« Je vous écoute », dit Holliday tout en préparant du café frais pour ne pas rester sans rien faire.

Affalé sur sa chaise au bout de la table de la cuisine, Raffi, blême, semblait épuisé. Il se redressa avec un gémissement.

« Vous n'ignorez pas ce qu'il y avait entre elle et moi, commença-t-il d'un ton hésitant, presque comme s'il posait une question.

— Vous formiez un couple, j'imagine. Ce n'est pas pour rien qu'elle est retournée à Jérusalem après que nous avons quitté les Açores, et qu'elle y est restée.

— C'est exact. Au départ, elle est revenue en Israël pour pouvoir s'occuper de moi quand je suis sorti de l'hôpital, mais ensuite…

— Ensuite votre relation a pris un autre tour.

— En gros, oui. »

Holliday sortit deux tasses du placard au-dessus du comptoir avant d'aller chercher du lait dans le réfrigérateur, puis des cuillers. Il fallait qu'il s'active d'une façon ou d'une autre : il n'aimait pas plus parler de son intimité que de celle des autres, et particulièrement de celle de Peggy. La mort d'oncle Henry les avait laissés pour ainsi dire comme deux orphelins, lui et sa jeune cousine. Le lien qui les unissait était singulier, et l'arrivée du jeune archéologue en avait modifié le contexte.

« Vous vous êtes disputés ? » hasarda Holliday.

Il prit une poignée de café en grains qu'il versa dans le moulin électrique. L'appareil ronronna quelques instants, répandant dans l'air le riche et puissant arôme de l'arabica fraîchement moulu.

« Non, répondit Raffi en secouant la tête. Rien de tel. Au contraire, nous envisagions de donner à notre… liaison un caractère un peu plus… définitif.

— Vous vouliez vous marier ? » demanda Holliday, surpris.

L'idée ressemblait bien peu à Peggy, qui se proclamait elle-même monogame en série et avait toujours revendiqué son statut de célibataire ou de vieille fille, quel que soit le terme politiquement correct en usage.

« Nous y pensions, confirma tristement Raffi.

— Et que s'est-il passé ?

— Elle a reçu un appel. Du magazine *Smithsonian*. Ils avaient une mission à lui proposer. Ils savaient qu'elle se trouvait à Jérusalem, et elle était donc toute désignée pour faire le travail.

— Quel travail ? Un reportage photo ? »

Holliday versa tour à tour dans la cafetière à piston Bodum le café moulu puis de l'eau bouillante. La cafetière de cow-boy n'était que pour son usage personnel ; il utilisait l'autre quand il avait des invités.

« Ils voulaient des photos et des articles. Un journal des fouilles, en quelque sorte. L'idée d'écrire lui plaisait bien. Elle en avait envie depuis un moment.

Ce boulot représentait une chance pour elle… C'est du moins ce qu'elle croyait, ajouta Raffi, amer.

— Quelles fouilles ?

— Il s'agissait d'une expédition en Égypte et en Libye menée sous l'égide de l'École biblique et archéologique française de Jérusalem. Alors qu'il faisait des recherches dans les archives du Vatican, l'un de leurs principaux responsables, un certain frère Charles-Étienne Brasseur, était tombé par hasard sur une cache contenant des documents de l'ordre du Temple.

— Au Vatican ? Mais c'est l'Église romaine qui a dissous l'ordre et fait périr son dernier Grand Maître sur le bûcher.

— Les textes trouvés par Brasseur avaient été confisqués par les prévôts du roi Philippe au moment de la dissolution. Ils provenaient d'une obscure abbaye appelée La Couvertoirade, qui se trouve en Dordogne, dans le sud-ouest de la France. »

Holliday appuya sur le piston de la Bodum et versa deux tasses de café, qu'il porta jusqu'à la table. Il en posa une devant son ami, puis s'assit avec lui.

« Que contenaient ces textes pour susciter l'intérêt d'un moine comme Brasseur ? »

Raffi but quelques gorgées de sa tasse avec un plaisir manifeste. Il se détendait à vue d'œil sous l'effet tonique du café, se redressant sur sa chaise et retrouvant un peu de vivacité.

« Ils étaient de la main d'un moine cistercien nommé Roland de Hainaut, répondit-il. Ce Hainaut était le secrétaire de Guillaume de Sonnac, le Grand Maître qui commandait les Templiers au siège de Damiette, en 1249.

— Où se trouve Damiette, déjà ?

— Sur le delta du Nil, à l'est d'Alexandrie.

— D'accord, j'y suis, dit Holliday, se représentant mentalement une carte de l'Égypte, avec le delta du Nil en forme d'éventail et Le Caire juste en dessous.

— Dans ces documents, Hainaut prétend s'être rendu dans un monastère copte, dans le désert, et y avoir entendu des rumeurs concernant l'emplacement de la tombe d'Imhotep. Imhotep était un esprit universel, une sorte de Léonard de Vinci de son temps. C'est lui qui a inventé la pyramide et fondé la science médicale.

— Je sais qui était Imhotep. Vous croyez que vous aurez fini de tout me raconter avant ce soir ? Sinon je vais devoir songer à nous préparer un dîner.

— Je suis désolé… C'est une histoire compliquée, et je suis fatigué.

— D'accord. Poursuivez.

— Les écrits de Hainaut indiquaient assez clairement comment se rendre au monastère, mais ne donnaient pas de précisions sur l'emplacement de la tombe. L'expédition devait donc procéder à des fouilles préliminaires sur le site du monastère. Trouver la tombe aurait déjà constitué un très joli coup pour un archéologue, mais frère Brasseur voulait aussi vérifier une théorie assez dingue qu'il avait échafaudée selon laquelle Imhotep aurait servi d'archétype pour Noé et le déluge, dans la Bible. À mon avis, tout cela est un peu léger d'un point de vue scientifique, mais la presse en a fait son miel, et l'expédition a trouvé des sponsors.

— Que s'est-il passé, alors ? »

Holliday se leva, alla chercher la cafetière et répartit le reste de café entre les deux tasses.

« Ils sont d'abord allés de Jérusalem à Alexandrie, où les attendaient les véhicules, le matériel et les accompagnateurs qui devaient leur être fournis… Et ensuite, quelque part entre El-Alamein et Marsa Matrouh, ils ont été enlevés par un groupe qui se fait appeler la Confrérie. »

L'estomac noué, Holliday se sentit soudain au bord de la nausée.

« La Confrérie ? Qu'est-ce que c'est que ce truc ? demandat-il d'un ton agressif.

— Le nom complet est Confrérie du temple d'Isis. Ses adeptes se présentent comme les équivalents musulmans des Templiers et prétendent avoir existé bien avant eux. Leur création serait contemporaine de celle du culte d'Imhotep, vers 600 avant Jésus-Christ, à Memphis, sur le Nil. Pour la Confrérie, Imhotep est en réalité Ptah, le dieu immortel des artisans et de la réincarnation. En d'autres termes un charpentier qui renaît et accède à la vie éternelle. Le parallèle avec le christianisme est évident. La Confrérie a le sentiment que les chrétiens, et plus particulièrement les catholiques romains, ont détourné Imhotep en l'appelant Christ. Ces gens-là se prétendent également descendants directs des Coptes, mais aussi des "assassins", ou *haschichin*, une secte de musulmans chiites drogués, ancêtre des fedayins – les "combattants pour la liberté", selon leur terminologie.

— Des terroristes, oui.

— Des fous.

— C'est la même chose. Et ce sont ces types-là qui détiennent Peggy ?

— Oui.

— Quand est-ce arrivé ?

— Quel jour sommes-nous ?

— Le vingt-six. Lundi.

— Ça s'est passé jeudi. Il y a quatre jours, dit Raffi, qui bâilla tout en passant une main dans ses cheveux frisés.

— Quelles sont leurs revendications ?

— Ils n'en ont formulé aucune. À moins qu'ils ne l'aient fait depuis que j'ai quitté Ben Gourion, hier.

— Ce n'est pas bon signe.

— Non. C'est aussi ce que m'ont dit mes amis du Mossad. » Raffi bâilla de nouveau à s'en décrocher la mâchoire.

« Depuis combien de temps n'avez-vous pas fermé l'œil ?

— J'ai dormi dans l'avion. J'ai surtout besoin de manger quelque chose.

— Dans ce cas, allons prendre un petit déjeuner dehors, dit Holliday en se levant. Ça ne vous dérange pas de marcher un peu ?

— Après quatorze heures sur les sièges de seconde classe d'un 777 d'El Al, rien ne pourrait moins me déranger. Où allons-nous ?

— Grant Hall. La cafétéria est déjà ouverte à cette heure-ci. Vous tenez à manger kasher ?

— Dans l'état où je suis, j'avalerais sans problème un sandwich au jambon et une assiette de bacon en prime.

— Je vous demande deux minutes, le temps de me changer. La salle de bains est au bout du couloir, si vous voulez vous rafraîchir. »

Raffi se dirigea vers la salle de bains, Holliday

vers sa chambre, d'où il ressortit cinq minutes plus tard, vêtu d'un treillis six couleurs usé datant de la première guerre du Golfe. Raffi le rejoignit peu après, propre comme un sou neuf. Ils quittèrent la maison alors que le soleil se montrait au-dessus des arbres. Il régnait dans l'air matinal une agréable fraîcheur annonciatrice d'une belle journée. Au moment où Holliday fermait la porte, le canon de Trophy Point tonna dans le lointain, au bout de Washington Road. Il se figea pour un rapide salut militaire tandis que le clairon commençait à sonner la diane dont les notes alertes se répercutaient jusqu'au fin fond du campus.

« Une nouvelle journée d'accueil qui débute, dit Holliday en rattrapant Raffi dans l'allée. Dieu nous vienne en aide.

— Une journée pour accueillir qui ?

— Les petits nouveaux. Douze cents gamins qui débarquent avec papa, maman, les petits frères et les grandes sœurs, les petits amis, les petites amies, et les voisins d'à côté. Un cirque invraisemblable.

— À 6 heures du matin ?

— L'armée tient à ce que ses inepties commencent de bonne heure. Avec un peu de chance, nous échapperons au pire. »

Ils allèrent jusqu'au bout de Professors Row, dont bon nombre de maisons, fermées pour l'été, semblaient abandonnées. La plupart des enseignants, militaires ou civils, étaient déjà partis en vacances ou en stage.

Ils tournèrent vers l'ouest dans Jefferson Road, passant devant le cantonnement numéro 100, puis devant le Thayer Monument. Face à eux se dressait l'énorme masse grise du bâtiment en L de Washington Hall, avec la statue équestre de Washington devant, et la chapelle des cadets sur le coteau à l'arrière-plan. Un flot de nouvelles recrues s'écoulait par les diverses issues, la plupart vêtues de la tenue de gymnastique noir et blanc, assez peu gratifiante, qu'ils garderaient sur eux jusqu'à ce qu'ils reçoivent leur uniforme, plus tard dans la journée. Çà et là, des élèves de deuxième année, en uniforme et écharpe rouge, s'efforçaient de faire former les rangs aux débutants, qui semblaient complètement perdus.

« Ils ont l'air de vivre l'enfer, commenta Raffi avec un sourire, en regardant tous ces jeunes gens des deux sexes s'efforcer de ne rien montrer de leur terreur pourtant manifeste.

— C'est l'idée, acquiesça Holliday. Dépersonnalisation. Rupture avec le passé. Traitement de choc. C'est comme s'ils coupaient le cordon.

— J'aime autant être à ma place qu'à la leur.

— Je n'aurais pas dit mieux. »

Ils entrèrent sur le large parvis cimenté de Washington Hall, se frayant un chemin entre des groupes de bleus qui se précipitaient de tous côtés, tels des bancs de poissons affolés. Sur le vaste espace dégagé de La Plaine, à gauche, parents et amis commençaient à se rassembler comme pour assister à une exécution.

Quand Holliday et Raffi passèrent devant la statue de Washington, un jeune homme quitta l'endroit où il était assis et s'approcha d'eux. En grand uniforme, il arborait les six chevrons dorés d'un commandant de cadets et portait les horribles lunettes réglementaires baptisées « remèdes à l'amour », car elles faisaient fuir les filles. Il semblait plus âgé que la moyenne de ses congénères et ses joues étaient ombrées de barbe. Une bague de West Point ornait le majeur de sa main gauche. Sa main droite était fourrée dans la poche de son pantalon. Il adressa à Holliday un sourire penaud.

«'Scusez-moi, m'sieur, je ne sais plus où est mon… »

Holliday réagit presque sans réfléchir. Poussant vigoureusement Raffi, qui tomba les quatre fers en l'air, il envoya son poing de toutes ses forces dans le nez du cadet, dont le cartilage craqua sous le choc. Il lui empoigna ensuite le poignet droit à l'instant où il sortait la main de sa poche puis le lui tordit à l'envers tout en lui plaçant son talon derrière la cheville gauche. Le poignet se brisa comme une brindille et le garçon s'effondra avec un hurlement sans que Holliday lui lâche la main.

Raffi s'était relevé, et une petite foule commençait à se rassembler autour d'eux. Du coin de l'œil, Holliday aperçut plusieurs cadets en écharpe rouge qui arrivaient en courant. L'homme qu'il avait mis à terre lutta un bref instant, puis s'immobilisa. Il fixait sur Holliday un regard noir tout en contractant ses mâchoires comme s'il grinçait des dents.

« Qui êtes-vous ? hurla Holliday. Sûrement pas un cadet ! »

L'homme se mit à trembler. Ses talons raclèrent le sol. Ses yeux remontèrent dans leurs orbites, ne laissant plus voir que les blancs, et une bave écumeuse s'échappa d'entre ses lèvres.

« Mon Dieu, mais il est en train de mourir ! » murmura Raffi, qui le regardait, bouche bée.

Holliday désigna du menton un objet noir en acier au carbone près du faux cadet.

« Oui. Et si vous voulez savoir, ce truc-là est un couteau à cran d'arrêt de qualité militaire. Ce gars-là avait l'intention de me tuer. C'est un assassin. »

3

Debout dans un box des urgences du Keller Army Community Hospital, ils regardaient le corps nu étendu sur la table d'examen. Bien qu'une heure à peine se soit écoulée depuis les événements du Washington Hall, le cadavre était déjà d'une pâleur grisâtre. Il faisait penser à un mannequin de vitrine d'un réalisme inquiétant. Du côté gauche, au-dessus du cœur, le torse s'ornait d'un tatouage au dessin compliqué : deux clés croisées derrière un écu montrant un lion et une ancre, et surmonté d'une mitre. Holliday en prit une photo avec son téléphone portable. Il s'agissait à l'évidence des armoiries d'un pape, mais il ignorait lequel.

« Je ne suis pas légiste, déclara le capitaine Ridley, le médecin, un brun d'une quarantaine d'années au front dégarni et aux tempes légèrement grisonnantes. Mais à en juger par la bave aux commissures des lèvres et par la rigidité des membres, je pencherais pour une neurotoxine. L'effet a été fulgurant.

— Il n'a pas eu le temps de porter quoi que ce soit à sa bouche, objecta Holliday.

— C'est vrai, confirma Raffi.

— J'ai trouvé des fragments de plastique sur sa

langue et dans sa gorge, dit Ridley. Sans doute ceux d'une capsule qu'il devait déjà avoir dans la bouche.

— Une pilule suicide ? demanda Raffi, stupéfait.

— Ça y ressemble. »

Une représentante de la police militaire de West Point était également présente, une robuste trentenaire en treillis et rangers qui portait une arme de poing à la ceinture et une queue-de-cheval. Son visage était blanc comme un linge. Elle s'appelait Connie Sayers et avait le grade de sergent.

« Je ne suis qu'inspecteur de police militaire, ceci dépasse mes compétences », dit-elle en secouant la tête, les yeux rivés sur le cadavre.

Elle parlait entre ses dents, comme si elle luttait contre la nausée.

« Vous avez appelé le département des enquêtes criminelles de l'armée ? s'enquit Holliday.

— Oui, mon colonel. Ils nous envoient deux inspecteurs de Fort Gillem. »

Fort Gillem se trouvant en Géorgie, ils allaient devoir attendre au moins six à huit heures l'arrivée des policiers. Or plus ils s'attarderaient à West Point, plus ils s'enliseraient dans un marais administratif, Holliday ne l'ignorait pas. L'événement avait mis tous les services de l'académie en émoi et les choses n'allaient pas s'arranger.

« Y a-t-il quelque chose qui permette d'identifier ce quidam ? reprit Holliday, devinant d'avance la réponse.

— Non, mon colonel, dit Sayers. Rien à part le tatouage.

— En tout cas, c'était un cinglé, commenta le médecin. Un malade. »

Holliday prit le couteau dans le récipient en inox posé sur la table d'examen : un Microtech Troodon en acier carboné doté d'une lame de douze centimètres à ouverture frontale. Un stylet. Une fraction de seconde de plus, et c'était lui-même, Holliday, qui se serait retrouvé sur la table d'examen, la lame enfoncée dans le cœur. Pas le genre d'arme que portait un cinglé…

« J'imagine que nous sommes tous d'accord pour affirmer que ce n'est pas moi qui l'ai tué, dit-il.

— Ça, je peux m'en porter garant, acquiesça le médecin. Il ne fait aucun doute qu'il s'est suicidé.

— Bien. Parce que Raffi et moi avons à faire à New York.

— Euh… Les enquêteurs de Fort Gillem voudront sûrement vous poser des questions, intervint le sergent Sayers. Et aussi la Sécurité intérieure, je suppose. Il vaudrait mieux que vous ne quittiez pas les lieux… euh, mon colonel. »

Holliday lui adressa le regard sévère du supérieur au subordonné.

« Est-ce un ordre, chef ? »

La jeune femme reçut le message cinq sur cinq. Holliday détestait jouer du galon pour intimider les subalternes, mais il s'agissait d'un cas de force majeure. « Non, mon colonel.

— Bien. Je laisserai mon numéro de portable à votre patron. »

Sur ces mots, il jeta un dernier coup d'œil au cadavre puis tourna les talons et sortit du box, suivi de près par Raffi.

Holliday emprunta une voiture du parc de véhicules de l'académie et ils allèrent jusqu'au Burger King de Stony Lonesome Road, près du Mitchie Stadium.

Comme il l'avait annoncé, Raffi engloutit deux doubles Croissan'wiches énormes, garnis d'œuf, de jambon et de bacon, qu'il fit descendre avec plusieurs tasses de café noir. Holliday, qui tremblait encore sous l'effet de l'adrénaline, parvint à avaler un muffin, un œuf et une saucisse.

« Vous avez réagi tellement vite ! Comment avez-vous su que ce garçon n'était pas un cadet ? » demanda Raffi.

À cet instant, une mère en larmes entra dans le restaurant, accompagnée de son mari et d'une jeune fille, sans doute la sœur d'une nouvelle recrue à qui tous trois venaient de dire adieu pour plusieurs mois. La maman commanda des galettes de pommes de terre pour adoucir sa peine.

« Tout sonnait faux, chez lui, à part l'uniforme, répondit Holliday. Un vrai cadet de dernière année se serait rasé avec davantage de soin pour la journée d'accueil. De plus, il portait sa bague à la main gauche, alors qu'elle se porte toujours à la droite. Les lunettes non plus ne convenaient pas. Seuls les nouveaux doivent porter les “remèdes à l'amour” réglementaires, pendant les quelques semaines où ils effectuent leurs classes. Ensuite, chacun peut porter ses lunettes personnelles. »

Holliday avala une gorgée de café qui lui tourna l'estomac.

« Si notre amie le sergent Sayers se donne le temps de fouiner, elle trouvera sûrement un élève de terminale dont l'uniforme a disparu, conclut-il.

— Qu'est-ce qui se trame, Doc ? D'abord Peggy, et maintenant ça !

— Les deux événements doivent être liés. Je ne

crois pas aux coïncidences. Le tatouage me semble un élément probant. Il me fait penser à Lutz Kellerman et à ses copains néonazis, dit Holliday en fronçant les sourcils.

— Vous pensez que les Templiers sont dans le coup ?

— Cela semblerait logique : vous m'avez dit vous-même que l'expédition à laquelle s'est jointe Peggy avait pour origine des écrits de templiers… Mais peu importe. L'essentiel est de retrouver Peggy et de la ramener.

— Par quoi commençons-nous ?

— Par nous rendre à New York.

— C'est ce que vous avez dit au médecin, tout à l'heure, mais qu'allons-nous faire là-bas ?

— Prendre l'avion à JFK, répondit Holliday, qui se leva et rassembla les reliefs de leur déjeuner sur un plateau. Nous partons pour la France. »

Ils retournèrent à Professors Row. Pendant que Raffi l'attendait, Holliday prépara rapidement un sac de voyage et prit le précieux carnet qu'il tenait de l'ex-prêtre Rodrigues. Puis ils appelèrent un taxi, qui les déposa à Highland Falls. Là, Raffi loua une voiture avec laquelle ils gagnèrent New York, Holliday au volant. Après avoir laissé la voiture dans le parking Avis de la 31e rue, derrière Penn Station, ils prirent la navette pour JFK. Avant 16 heures, ils montaient à bord d'un Airbus A330 d'Air France pour un vol direct jusqu'à Paris. Ils franchirent les différents contrôles sans difficulté, ce qui signifiait que leur départ de West Point était jusque-là passé inaperçu.

Ils occupaient deux sièges à l'arrière de la classe affaires, près d'un hublot bâbord, juste devant la cuisine. Il n'y avait que deux autres passagers dans cette partie de l'avion : un gros poussah en costume de luxe qui lâchait des gaz dans son sommeil, et une pimbêche en tailleur Chanel et escarpins Prada à talons de dix centimètres qui se mit à boire un verre de vin blanc après l'autre dès que l'hôtesse commença d'en proposer. Raffi sommeillait, essayant de lutter contre les effets de deux décalages horaires inverses. Holliday passa les deux premières heures de vol à regarder défiler l'Atlantique sous les ailes du gros-porteur.

« Je suis un imbécile, grommela-t-il enfin.

— Pardon ? articula Raffi, à moitié endormi.

— Je suis un imbécile.

— Pourquoi dites-vous ça ? demanda l'Israélien, qui s'étira en bâillant.

— Le pourquoi ! J'aurais dû m'interroger sur le pourquoi.

— De quoi parlez-vous ?

— Pour quelle raison ce frère Brasseur, dont vous m'avez parlé, faisait-il des recherches sur des écrits de templiers au Vatican ?

— Je l'ignore. Il s'intéressait peut-être à l'invasion de l'Égypte par les Templiers. Il est archéologue.

— Il y a un an, à Jérusalem, un assassin envoyé par le Vatican tente de nous tuer, Peggy et moi. Et maintenant c'est une espèce de fanatique tatoué qui essaie de me poignarder à West Point…

— Où voulez-vous en venir ?

— Quel est le mobile ? Je suis professeur d'histoire. Peggy est photographe. Pourquoi nous ?

— À cause de l'épée du templier ? des rouleaux de parchemin que vous avez trouvés aux Açores ?

— Cette histoire n'a rien à voir avec je ne sais

quelle conspiration de religieux déjantés ou avec la question de savoir si Jésus avait une vie amoureuse. On ne s'entre-tue pas pour quelques reliques historiques, aussi précieuses soient-elles d'un point de vue scientifique.

— Soit. Mais alors quel est le motif ?

— L'argent, répondit Holliday, catégorique. C'est d'argent qu'il s'agit. Depuis le début.

— Que voulez-vous dire ?

— Peggy et moi avons suivi la piste de cette fameuse épée, qui nous a menés de la maison de mon oncle à la grotte de Corvo, aux Açores, où Rodrigues nous a montré des dizaines de milliers de rouleaux provenant de la bibliothèque d'Alexandrie et d'une demi-douzaine d'autres, enfermés dans des tubes en or. Une mine sur le plan de l'histoire. Elle suffirait à faire le bonheur des chercheurs pendant une centaine d'années ou plus. Un trésor.

— Le trésor des Templiers, d'accord, acquiesça Raffi.

— Pendant des années, j'ai enseigné à mes élèves que les Templiers, du moins au commencement, n'étaient qu'une mafia qui profitait des pèlerins bien plus qu'elle ne les protégeait. La bannière de leur ordre n'était pour eux qu'un alibi qui leur permettait de tuer et de piller au nom du Christ. Ces soi-disant preux étaient des voyous, des gangsters en armure.

— Et vous vous trompiez en enseignant cela ?

— Pas du tout. J'avais raison. Mille fois raison ! Et j'aurais dû m'en souvenir, justement. Ce ne sont pas les rouleaux de Corvo qui constituent le trésor… »

Holliday sortit de la poche intérieure de sa veste de sport l'épais carnet que lui avait donné en mourant

Helder Rodrigues – un vieil agenda de deux cent quarante pages dont la couverture en daim marron, fermée par une sangle en lambeaux, était tachée de pluie et du sang séché de l'ex-prêtre mortellement blessé.

« Le trésor, c'est ceci ! reprit-il en tendant le carnet à Raffi. Une liste d'un millier de noms et d'adresses que Rodrigues a copiée avant la Seconde Guerre mondiale et tenue à jour jusqu'à sa mort. Des sociétés, des familles, des individus, tous dévoués à la gestion de la fortune des Templiers, dont l'origine remonte au XIIIe siècle. La SARL du Temple, en somme. C'est ce trésor-là que cherchait le tueur de Jérusalem. Ce trésor-là que voulaient s'approprier Kellerman et sa bande de nazis, tout comme le zouave de West Point.

— AstroEur, dit Raffi, lisant le premier nom de la liste.

— Une chaîne internationale de quatre mille hôtels associée à toutes les compagnies de chemin de fer européennes. Chiffre d'affaires annuel : quatre milliards d'euros.

— Atrial et Cie ?

— Une société immobilière couvrant l'intégralité de l'Europe et le Sud-Est asiatique. Encore plus considérable que la première.

— Breugier Télécom. Téléphones portables ?

— Et télévision par câble.

— Crédit Alliance SA ?

— La deuxième banque de détail française.

— Et toutes ces sociétés sont gérées par les Templiers ?

— Plus ou moins directement. Je suis loin d'être allé jusqu'au fond des choses, mais le fonctionnement est assez clair. Une douzaine de sociétés suffisamment petites pour ne pas attirer l'attention investissent dans une autre, plus importante, et finissent par en prendre le contrôle. J'ai étudié le cas d'une énorme multinationale nommée Aretco, et j'ai pu déterminer qu'elle trouvait son origine dans une entreprise appelée Veritas Rochelle, une société de courtage maritime dont la création remonte au début du XIXe siècle. Veritas Rochelle était la propriété d'un monastère cistercien de Dordogne. D'après le chef de cette communauté, la société en question avait été léguée aux moines par un certain Guy d'Isoard de Vauvenargues, un comte originaire d'Aix-en-Provence. Or il se trouve que ce comte de Vauvenargues descendait par sa mère de Robert d'Everingham, l'un des plus anciens templiers normands d'Angleterre. C'est comme un gigantesque puzzle sans fin. »

Raffi haussa les épaules, attirant l'attention d'une hôtesse blonde en tailleur pimpant et carré de soie qui lui proposa une boisson. Il fit non de la tête et la jeune femme s'éloigna en balançant les hanches.

« Bon d'accord, on trouve des templiers à l'origine de toutes ces sociétés, ou du moins de leur financement, concéda-t-il. J'ai envie de dire : "Et alors ?" En quoi ces histoires anciennes affectent-elles notre époque ?

— J'ai passé au crible pas moins d'une centaine d'entités commerciales parmi celles qui sont liées aux cinq premiers noms de la liste. Toutes sans exception sont contrôlées par Pèlerin et Cie, une banque privée. Le nom ne vous rappelle rien ?

— Celui du château Pèlerin, en Israël, où nous avons trouvé le rouleau d'argent.

— Tout juste, confirma sombrement Holliday. Et

l'avantage des banques privées est que leurs propriétaires, des particuliers, n'ont pas à déclarer leurs actifs. La configuration idéale si l'on veut dissimuler de l'argent qui remonte à des siècles. Le conseil d'administration de Pèlerin et Cie ne compte que trois directeurs, tous d'illustres inconnus : Sébastien Armand, Pierre Pouget, et Georges Lorelot. À eux trois, ces gens-là sont censés avoir la haute main sur environ cent milliards d'euros de biens, si mes calculs sont exacts. Ça fait vraiment beaucoup, beaucoup d'argent, mon jeune ami… Et *ça*, c'est le genre de trésor qui peut pousser un homme à tuer s'il cherche à se l'approprier.

— Pourquoi dites-vous que les directeurs sont *censés* avoir la haute main sur cette fortune ? Vous n'en êtes pas sûr ?

— Parce que les trois membres du conseil d'administration de Pèlerin et Cie sont morts. Armand est décédé en 1926, Pouget en 1867, Lorelot en 1962. Leur seul point commun est d'être tous enterrés dans la même rangée du cimetière de Domme, dans le Sud-Ouest.

— Donc, Pèlerin et Cie est une couverture ?

— Je n'en sais encore rien. Les biens des trois hommes sont gérés par un notaire du coin nommé Pierre Ducos. Il m'a fallu près de huit mois pour trouver sa trace, après que j'ai commencé à déchiffrer le carnet. C'est pour le voir que nous allons en France.

— Et vous pensez qu'il pourra nous aider ?

— Je pense surtout qu'il est le seul fil conducteur dont nous disposions. »

4

À bord d'une Peugeot 407 de location, Holliday et Raffi franchirent la Dordogne sur le pont de pierre plusieurs fois séculaire de Cénac-et-Saint-Julien. En ce début d'après-midi, le premier depuis leur arrivée à Paris, la veille, un soleil radieux brillait dans un ciel bleu sans nuages. Voyager en été dans le sud de la France revenait à entrer de plain-pied dans un livre d'histoire.

La contrée qu'ils traversaient était demeurée pratiquement inchangée depuis l'époque où elle appartenait à la reine Aliénor d'Aquitaine, la mère de Richard Cœur de Lion, il y avait de cela huit cents ans. À l'exception de quelques grandes routes, çà et là, la vallée de la Dordogne avait en effet conservé l'aspect qu'elle présentait déjà au Moyen Âge, avec ses champs bigarrés, son semis de villages fortifiés, ses coteaux habillés de sombres forêts et sa terre elle-même, noire comme de la poix, si fertile qu'on pouvait y faire pousser n'importe quoi ou presque.

Devant eux, enveloppée d'un épais manteau d'arbres toujours verts, une falaise abrupte s'élevait depuis les méandres de la rivière. Tout en haut, au bord d'un long plateau anguleux, se dressaient les murs de la bastide de Domme où plus de soixante-dix chevaliers du Temple furent emprisonnés en 1307, après la brutale dissolution de leur ordre.

Au bout du pont, juste avant le petit village, ils tournèrent à gauche. Les champs et la rivière leur furent masqués par la forêt quand ils amorcèrent la longue ascension en lacets vers le sommet de l'escarpement. En se tordant le cou, Raffi distinguait à peine la base des murailles à travers le pare-brise. Au XIIe siècle, il aurait été pratiquement impossible de prendre d'assaut le bourg fortifié sans un long siège préalable et l'abattage de tous les arbres qui couvraient le coteau.

« Difficile d'imaginer à quoi ressemblait le monde quand ce village a été construit, dit-il.

— Un univers de violence et de superstition », répondit Holliday, concentré sur sa conduite.

Ils roulaient depuis qu'ils avaient quitté leur hôtel parisien, tôt dans la matinée. Cap au sud, ils avaient parcouru près de cinq cents kilomètres d'une traite, ne faisant que quelques arrêts pour aller aux toilettes et une halte d'une demi-heure près de Limoges, le temps d'avaler un sandwich et un café dans un autogrill.

« Malgré tout ce qu'on raconte sur les preux chevaliers, je ne donnerais pas un kopeck pour vivre au Moyen Âge, reprit-il. Des maisons enfumées, une hygiène déplorable, des dents cariées, la peste… Vous parlez d'un plaisir ! »

Ils roulèrent un moment en silence à travers la forêt lugubre.

« Je ne suis toujours pas convaincu que ce voyage nous avance à quoi que ce soit, marmonna enfin Raffi, répétant ce qu'il avait déjà dit cent fois depuis leur arrivée en France, au grand agacement de Holliday. Je ne vois pas en quoi une conversation avec ce M. Pierre Ducos nous aidera à retrouver Peggy. Nous aurions mieux fait d'aller parler à la police d'Alexandrie.

— Parler aux flics égyptiens ? Ça ne nous aurait même pas rapporté de quoi nous payer un café chez Starbucks ! répliqua Holliday tout en rétrogradant pour négocier un nouveau virage en épingle à cheveux que la Peugeot peinait à franchir. Vous pensez sérieusement que les autorités du Caire sont prêtes à donner de leur temps et de leur énergie pour aider un Israélien et son ami américain à retrouver la trace d'une bande de curés ? »

Il jeta un coup d'œil à son compagnon avant d'ajouter :

« À moins que vous n'ayez vos entrées au Mukhabarat, la CIA égyptienne ?

— Je vous l'ai déjà expliqué, Doc, à part un ancien camarade de classe qui travaille dans l'informatique au Mossad, je n'ai aucun lien avec l'espionnage. Si j'avais des relations dans les services secrets israéliens, je les aurais fait jouer depuis longtemps, croyez-moi ! assura Raffi, dont l'inquiétude se lisait sur le visage.

— Si vous le dites… Enfin, nous verrons bien ce que Ducos nous racontera, et nous improviserons à partir de là.

— Qu'est-ce qui vous fait croire qu'il acceptera seulement de vous parler ?

— Je connais le mot de passe. »

Après un ultime virage, ils pénétrèrent dans l'enceinte du village par une haute porte voûtée encadrée de deux tours. De chaque côté des rues étroites s'alignaient des bâtiments de pierre presque millénaires avec des persiennes aux fenêtres, des toits d'ardoise et des portes à pentures. Aucune construction moderne n'était visible. Ils trouvèrent la plaque du notaire sur une petite maison jouxtant un bistro appelé Chez Godard, dont l'enseigne représentait une grosse oie qui traversait une rue en se dandinant. Un minuscule hôtel baptisé Le Relais des Templiers s'élevait juste en face. La rue était si étroite que Holliday dut se garer à cheval sur le trottoir pour ne pas bloquer le passage.

« Tout est conçu pour des chevaux et des charrettes, pas pour des voitures », commenta-t-il.

Il frappa à la lourde porte de bois et attendit. Aucune réponse.

« Il n'est peut-être pas là », dit Raffi.

Holliday cogna plus fort. Toujours rien.

« Si ça se trouve, il n'existe même pas », ajouta l'Israélien, légèrement sarcastique.

Ignorant la remarque, Holliday souleva le loquet. La porte s'ouvrit. Il passa la tête à l'intérieur, où régnait une pénombre fraîche, puis, suivi de Raffi, il entra, découvrant un couloir étroit aux murs de plâtre mouchetés par l'âge. Du plafond bas pendait un lustre en fer forgé qui semblait fait pour supporter des bougies.

« Il y a quelqu'un ? » appela Holliday.

Quelque part dans la maison, une toux rauque lui répondit.

« Par ici ! » fit une voix fluette derrière une porte, sur le côté gauche du couloir.

Holliday poussa le battant et, toujours suivi de Raffi, pénétra dans un bureau d'un autre âge, sorti tout droit des pages des *Misérables*.

Dans un coin, une vieille comtoise égrenait son

lourd tic-tac. Une rangée de classeurs en bois couvrait l'un des murs, un autre étant occupé par un secrétaire aux formes grêles surmonté de casiers de rangement. De la poussière dansait dans les rais de soleil qui filtraient à travers les fentes des persiennes fermant la grande fenêtre. Le plancher était constitué de larges lames de chêne clair dont l'usure avait fait disparaître le vernis. Assis derrière un énorme bureau, dans un fauteuil à haut dossier tapissé de velours, un imposant vieillard aux cheveux blancs crantés les regardait approcher. Deux fauteuils identiques au sien étaient disposés devant le bureau.

Bien conservé malgré son embonpoint, l'homme paraissait avoir dans les quatre-vingts ans. Sa peau, légèrement translucide, évoquait le parchemin. Il avait un nez en bec d'aigle, et de grands yeux gris derrière des lunettes demi-cercles à monture de plastique bleu vif.

Le devant de sa veste de costume bleue à large revers, passée de mode depuis cinquante ans, était constellé de cendres tombées de la pipe au tuyau courbé qu'il tenait plantée entre ses lèvres minces. La ceinture de son pantalon semblait se situer à la hauteur de ses coudes, et sa chemise, aussi blanche que sa somptueuse chevelure, était manifestement amidonnée.

« Monsieur Ducos ? demanda Holliday.

— Lui-même.

— Parlez-vous anglais ?

— Naturellement, répondit le notaire. Ainsi que plusieurs autres langues, dont un peu d'hébreu, ajouta-t-il avec un sourire aimable à l'adresse de Raffi.

— J'ignorais que mes origines étaient si faciles à deviner, dit l'archéologue.

— Elles ne le sont pas, assura le notaire. Mais je sais qui vous êtes, professeur Wanounou. Et vous aussi, colonel Holliday.

— Comment cela se fait-il ? s'enquit ce dernier.

— Vous avez mentionné Helder Rodrigues, au téléphone. Cela a suffi pour retenir mon attention.

— Vous le connaissiez ? » demanda Holliday, surpris. Le sud de la France était bien loin de l'île perdue des Açores où avait résidé l'ex-prêtre.

« Depuis de nombreuses années… Savez-vous ce que je cherche ? demanda Ducos.

— Ce qui a été perdu, dit Holliday.

— Par qui ?

— Par le roi.

— Et où se trouve le roi ?

— Il brûle en enfer, répondit Holliday en souriant.

— Euh… Cela vous gênerait de vous exprimer autrement que par énigmes ? intervint Raffi, qui regardait les deux hommes sans comprendre depuis un instant. Je me sens un peu… sur la touche, là.

— Je vais vous expliquer, dit le notaire. Après la dissolution des Templiers sur ordre du roi Philippe, en 1307, les membres de l'ordre qui étaient parvenus à fuir avaient besoin de signes de reconnaissance, par sécurité. Ils ont donc imaginé un certain nombre de dialogues secrets pour s'identifier les uns les autres.

— Le "mot de passe" dont je vous parlais tout à l'heure, précisa Holliday.

— L'échange que vous venez d'entendre était celui que le père Rodrigues et moi-même utilisions entre nous, poursuivit Ducos. Rodrigues l'avait noté à la fin du carnet qu'il tenait… Vous l'avez sur vous ? demanda-t-il à Holliday.

— Oui. »

Holliday sortit l'objet de sa poche de veste, le posa sur le bureau et le poussa vers le vieil homme. Tendant sa grosse main marquée par les ans, celui-ci caressa le calepin.

« Des taches de son sang ? demanda-t-il, sans chercher à essuyer la larme qui s'était formée au coin de son œil.

— Oui, confirma Holliday. Il est mort en protégeant le secret des rouleaux. Il a expiré dans mes bras.

— C'est ce que m'a expliqué Tavares… »

Tavares, la capitaine du *San Pedro*, l'autre gardien du trésor des Templiers sur l'île de Corvo.

« C'est pour vous parler d'un problème spécifique que nous sommes venus, intervint de nouveau Raffi, qui brûlait d'impatience.

— Faites-vous allusion à la disparition de Mlle Blackstock en Égypte, ou à la récente tentative d'assassinat sur la personne du colonel Holliday ?

— Vous êtes déjà au courant de ça ? s'exclama Holliday. C'est arrivé il y a à peine quarante-huit heures ! »

Le notaire ôta sa pipe de sa bouche et sourit, découvrant un alignement parfait de larges dents d'une blancheur éclatante – à l'évidence un dentier de fabrication ancienne.

« L'un des avantages d'appartenir à un ordre qui a près de mille ans d'existence est le nombre d'antennes que cela met à votre disposition un peu partout, commenta-t-il.

— Ma mésaventure d'il y a deux jours n'est pas ce qui nous préoccupe dans l'immédiat, dit Holliday. Notre priorité est de retrouver Peggy, et vite.

— Racontez-moi tout ce que vous savez… »

Au bout du compte, ce qu'ils savaient se résumait à peu de chose. Renversé dans son fauteuil, le Français écouta en tirant sur sa pipe ce que Raffi avait à dire. Quand l'Israélien eut terminé, Ducos posa quelques questions à Holliday au sujet des événements de West Point, puis il se tut et parut s'absorber dans la contemplation du plafond. Quand il reprit enfin la parole, ce fut avec des mots précis et mesurés :

« L'individu qui vous a attaqué était presque à coup sûr un membre de La Sapinière, la branche française de Sodalitium Pianum, le service de renseignements du Vatican. L'écrivain Thomas Gifford, maintenant décédé, est le premier à avoir parlé de cette coterie dans une œuvre de fiction, et M. Dan Brown l'a imité plus récemment dans son *Da Vinci Code*. Le tatouage que vous m'avez décrit est sans équivoque : il représente le sceau, ou le blason, du pape Pie X, qui institua le groupe au tout début du XXe siècle. Ces gens sont aussi connus sous le nom d'*Assassini*, ou parfois, d'Instruments de Dieu. Ils se voient comme des martyrs, prêts à sacrifier jusqu'à leur âme pour une cause supérieure.

— Mais pourquoi s'en prendre à moi ? Quel est leur mobile ?

— Et quel rapport avec la disparition de Peggy ? ajouta Raffi, carrément en colère à présent. Nous sommes là à discuter théologie alors qu'elle est en danger ! S'il existe un lien, quel est-il ?

— À mon avis, les deux événements procèdent du même motif : la crainte d'un danger imminent. Le Vatican considère manifestement le colonel Holliday comme une menace. Et cela me semble vrai aussi pour Mlle Blackstock. Elle-même, ou l'expédition à laquelle elle participait, a dû découvrir une chose que la Confrérie d'Isis perçoit également comme un danger. Le lien est évident : Brasseur a suscité l'intérêt de La Sapinière pendant qu'il menait ses recherches au Vatican, et c'est ce qu'il a trouvé dans les archives secrètes concernant les Templiers qui a conduit à l'enlèvement de l'équipe dans le désert.

— Mais ça n'a aucun sens ! objecta Raffi. Des terroristes islamiques en cheville avec le Vatican ? Autant essayer de mélanger de l'huile à de l'eau !

— De l'huile et de l'eau, c'est exactement ça... » enchérit Ducos sans se départir de son calme.

Il prit une allumette dans la poche de sa veste, la frotta sur l'ongle jauni de son pouce, puis ralluma sa pipe, tétant bruyamment l'embout et envoyant des nuages de fumée tourbillonner dans les rais de soleil que découpaient les persiennes.

« De l'huile et de l'eau, exactement, reprit-il enfin. Et puisque l'huile et l'eau ne sont en principe pas miscibles, professeur, puis-je suggérer au scientifique que vous êtes de chercher quel émulsifiant – quelle cause commune – a bien pu les amener à se mélanger ?

— Une question de territoire ? suggéra Holliday. L'expédition aurait empiété sur celui de la Confrérie, qui aurait pris ombrage de voir des catholiques souiller son sanctuaire ?

— Possible, mais peu vraisemblable, colonel. Ma date de naissance me rapproche peut-être davantage du XIXe siècle que du XXIe, mais je crois me tenir assez bien au courant de l'actualité. Les authentiques fous de Dieu ne sont plus légion, de nos jours, et les organisations terroristes ont ceci de commun avec les campagnes électorales qu'elles ont sans cesse besoin d'argent et de bénévoles. Certains cyniques pensent même, non sans raison, que le 11 Septembre n'était qu'un coup publicitaire monté par Ben Laden pour acquérir une stature auprès de ses pairs. Dans les années quatre-vingt-dix, les seuls griefs contre lui se bornaient à un assassinat manqué et une complicité dans les attentats contre les ambassades américaines de Dar es-Salaam et de Nairobi. De plus, bien que censé être le rejeton privilégié d'un riche cheik arabe, c'était un moins que rien, et un moins que rien sans le sou, qui plus est. Juste avant le 11 Septembre, sa famille avait cessé de lui verser ses sept millions de dollars par an d'argent de poche, et il avait besoin de remplir ses caisses. La Confrérie est dans la même situation.

— Doc est donc dans le vrai : ce n'est qu'une question d'argent, dit Raffi.

— La Confrérie n'est qu'un petit groupe sans véritable soutien financier, poursuivit Ducos. Depuis que Kadhafi a fait ami-ami avec les Américains, ces gens-là sont à la dérive. Ils occupent un territoire qui va de l'oasis égyptienne de Qara, à la limite de la dépression de Qattara, à celle de Jaghbub, de l'autre côté de la frontière libyenne. »

Le vieil homme se mit debout avec une grimace, mains appuyées à plat sur le bureau. Il marcha pesamment jusqu'aux classeurs, ouvrit un tiroir, et en retira une chemise chamois. Il revint avec le dossier, puis se rassit en soupirant avant d'en sortir une photo de vingt centimètres sur vingt-cinq qu'il fit glisser jusqu'à Holliday.

Le cliché montrait un jeune homme portant des

lunettes de soleil et vêtu d'un short et d'un tee-shirt noir sur lequel on lisait *J'y étais : éclipse solaire 29-03-2006*. Derrière lui, deux hommes enturbannés discutaient près d'un Land Cruiser Toyota tout cabossé. Sur la droite de l'image, Holliday vit quelques ruines de couleur pâle qui avaient dû être des cabanes en pierres sèches.

« Cette photo a été prise par un touriste canadien venu observer l'éclipse de 2006 dans les ruines de la petite oasis de Tazirbu, dans le Sahara central. Les deux hommes à l'arrière-plan sont Sulaiman al-Barouni, à gauche, et Mahmoud Tekbali, à droite. »

Holliday observa attentivement l'image. Al-Barouni semblait beaucoup plus âgé que son compagnon. Il avait les traits tirés, le visage sillonné de rides profondes et la peau tendue sur des pommettes saillantes comme des lames. Tekbali, plus jeune et basané, arborait de coûteuses lunettes de soleil Serengeti Pilote.

« Qui sont ces types, au juste ? demanda Raffi, qui observait la photo par-dessus l'épaule de Holliday.

— Tekbali est un cadre militaire de la Confrérie, le second de Mustafa Ahmed ben Halim, qui en est le fondateur et le dirigeant.

— Et en quoi ce document est-il particulièrement intéressant ? demanda Holliday.

— Le fait que l'autre homme, Sulaiman al-Barouni, soit le principal intermédiaire entre la Confrérie et un certain Antonio Neri, qui dirige une organisation criminelle italienne nommée La Santa. Neri est spécialisé dans la traite des femmes, le trafic de drogue et la contrebande d'objets précieux. Contrairement à ce qu'affirme la presse du "Guide de la Révolution" à propos de la satanique culture occidentale de la drogue, les laboratoires de production de cocaïne ont depuis longtemps quitté Marseille pour se relocaliser en Libye. Par ailleurs, il existe dans la région un réservoir inépuisable de jeunes paysannes qui aspirent à de plus larges horizons, et Libyens comme Égyptiens prospèrent depuis des millénaires dans le pillage de tombes et le trafic d'œuvres d'art, donc… »

Le vieil homme eut un haussement d'épaules typiquement français avant d'ajouter :

« Le Vatican… La Santa… La Confrérie…

— L'eau et l'huile, commenta Raffi.

— La cause commune, dit Holliday.

— CQFD », conclut Ducos avec un sourire.

5

Holliday se serait cru dans un film avec Humphrey Bogart. Il n'aurait pas été surpris de voir apparaître Lauren Bacall, cigarette entre les doigts, cherchant en jouant des prunelles quelqu'un pour lui donner du feu. La salle du Bar maritime, sur le Vieux-Port de Marseille, fleurait les années trente, avec son décor miteux de bois bruni, son barman ensommeillé et ses clients qui somnolaient sur leur tabouret de comptoir, le nez dans leur pastis ou leur Stella Artois, tandis que d'autres, plus en appétit, se refaisaient une santé à grand renfort d'escargots, de quiches, de moules marinières ou de bouillabaisse, l'incontournable pilier de la cuisine provençale.

Installés à une petite table ronde près de la baie vitrée, Holliday et Raffi s'imprégnaient de l'atmosphère du lieu. Ni les reliefs de leur repas ni leurs tasses à café vides n'avaient encore été débarrassés. Ils étaient avec Louis Japrisot, un capitaine de la police nationale – de la Sûreté, comme on disait dans le temps. Petit et trapu, le Français présentait un large visage carré, hachuré d'une repousse de barbe grise et barré d'une moustache poivre et sel à la Staline, du genre garde-manger. Il pouvait avoir une cinquantaine d'années.

Il se distinguait en outre par un regard noir farouche, des sourcils aussi broussailleux que sa moustache, une coupe en brosse d'allure très militaire, un nez écrasé de boxeur et un cou de taureau. Des biceps de déménageur gonflaient le tissu marron de sa veste fripée. Il avait du mal à tenir en place et fumait Gitane sur Gitane, les cigarettes d'âcre tabac brun disparaissant presque entre ses gros doigts de boucher.

« Vous êtes flic depuis longtemps ? » demanda Holliday pour dire quelque chose.

Japrisot n'était en effet pas des plus loquaces, même s'il parlait très correctement l'anglais.

« Trente et un ans, répondit le policier. Avant ça, j'étais dans la prévôté, en Algérie.

— La prévôté ? Ça correspond à la police militaire ?

— Oui. J'étais détaché à la Légion étrangère.

— Une époque difficile…

— Très… Mais pas autant pour moi que pour d'autres, dit Japrisot à mi-voix.

— Comment ça ?

— Je n'ai pas eu à faire Diên Biên Phu…

— Vous avez eu de la chance, en effet. »

La bataille de Diên Biên Phu, la dernière de la guerre d'Indochine pour les Français, avait constitué un épouvantable prélude à la guerre du Vietnam, dans laquelle allaient bientôt s'engager les États-Unis. Plus de deux mille soldats français perdirent la vie au cours de ces interminables combats, et de nombreux milliers d'autres, faits prisonniers, disparurent sans laisser de traces.

Japrisot fumait, le regard perdu dans les lointains au-delà de la vitre. De l'autre côté du quai se dressait la forêt de mâts du Vieux-Port. Jadis port principal de la ville, ce dernier était désormais réservé aux bateaux de plaisance et à la flottille de pêche locale. Par-delà l'étroit bassin s'alignaient en un mur continu une série d'immeubles jaune pâle datant des XVIIe et XVIIIe siècles. Tout au fond du port s'ouvrait la place exiguë où se tenait chaque jour le marché aux poissons, et d'où partait la Canebière, la large avenue triomphale qui escaladait la colline abrupte de la vieille ville pour aboutir à l'église des Réformés, construite au sommet. Tout ce dont se souvenait Holliday, à propos de Marseille, était que le premier assassinat politique jamais filmé y avait été perpétré en 1934 : celui d'Alexandre Ier Karageorgévitch, roi de Yougoslavie.

« Moi, tout ce que je connais de Marseille, c'est la *French Connection*, déclara naïvement Raffi.

— Ah, ce salopard de Popeye Doyle ! Il y avait longtemps ! marmonna Japrisot en écrasant sa cigarette dans le grand cendrier émaillé Cinzano qui trônait au centre de la table. On peut dire que Marseille traîne cet enfoiré comme un boulet !

— La situation ne doit pas être aussi noire que dans le film, tout de même ? demanda Holliday.

— Non, elle est pire. Et parfois c'est vraiment à se demander si ce n'est pas à cause de cette saloperie de film et de tout le battage qu'on a fait autour. Encore aujourd'hui, les touristes débarquent et demandent à voir l'endroit où se fabrique l'héroïne. Vous parlez d'une réputation pourrie ! Il faut les entendre, tous les passagers des croisières Disney. Gene Hackman par-ci ! Gene Hackman par-là !

— Il n'y a donc pas de trafic de drogue, ici ? demanda Raffi.

— Oh, que si ! Et pas seulement de drogue. Morphine, pornographie, filles, clandestins africains, dentifrice, cigarettes… Ah, les cigarettes ! En quantités industrielles, les cigarettes ! Le milieu trafique de tout et n'importe quoi du moment qu'il peut en tirer un profit. L'an dernier, c'était des dentiers *made in Ukraine*.

— Le milieu ? répéta Holliday, qui ne connaissait pas le mot.

— L'équivalent marseillais de la Mafia. La pègre. Au début, dans les années quarante et cinquante, c'était des dockers, qui contrôlaient les quais. Puis le phénomène a pris de l'ampleur. Après la guerre, ils se sont mis à la drogue sur une grande échelle.

— Et le gars dont vous nous avez parlé, ce Valador avez-vous dit, il appartient à ce fameux milieu ? » s'enquit Raffi.

Japrisot pouffa de rire, soufflant de la fumée par les narines tel un taureau de dessin animé.

« Félix Valador ? Votre petit Félix ne sait même pas qui est sa mère, et encore moins qui fait partie du milieu ! Non, c'est un minable. Jusqu'à présent, il lui arrivait tout au plus de faire passer quelques centaines de cartouches de cigarettes pour le compte des Corses, ou des Rolex contrefaites transbordées d'un cargo de Hong Kong. Que La Santa l'ait recruté représente une promotion inespérée, pour lui, croyez-moi ! Et une aubaine pour nous, il n'y a pas de doute ! »

Un bateau qui rentrait franchit à cet instant le goulet

du Vieux-Port – un chalutier ancien d'une douzaine de mètres avec une cabine toute en hauteur placée loin en arrière vers la poupe. Bleu et blanc à l'origine, il n'était plus qu'un monceau de crasse. De chaque pièce d'accastillage en acier partait une coulure de rouille, la coque était maculée d'eau de cale, les cuivres ternis par une épaisse couche de graisse. L'immatriculation était peinte en grands chiffres à la proue, et Holliday vit une plaque portant un nom sur le tableau arrière quand le bateau passa devant lui en direction des parasols du marché aux poissons.

« Voilà son rafiot, justement, *La Fougueuse*, indiqua Japrisot.

— Qu'est-ce qu'on fait ? demanda Raffi.

— On va faire un petit tour », répondit le policier en allumant une nouvelle cigarette.

Il se leva, donna une chiquenaude à sa cravate jaune canari pour en faire tomber un peu de cendre, puis sortit dans le soleil de l'après-midi. Raffi lui emboîta le pas. Avec un soupir, Holliday laissa tomber trois billets de cinquante euros sur la table avant de sortir à son tour. Japrisot n'avait même pas fait mine de vouloir payer sa part, alors que c'était lui qui avait commandé une bouteille de vin. À l'évidence, ses obligations à l'égard de M. Ducos étaient plus morales que financières !

Le large quai Rive-Neuve était bordé d'une enfilade apparemment ininterrompue de cafés et de restaurants de toute nature, depuis un couscous nommé Chez Habib jusqu'à un pub irlandais, en passant par une brasserie alsacienne à l'enseigne de Maître Kanter. Ils suivirent le quai côté ombre, zigzagant entre les tables des terrasses remplies de consommateurs qui achevaient leur repas en profitant du beau temps.

Holliday regarda *La Fougueuse* s'amarrer à la suite du bac touristique à coque noire et à deux proues qui faisait la navette d'un côté du port à l'autre pour quelques euros. Un jeune homme blond apparut à l'avant, vêtu d'un coupe-vent en nylon rouge vif. Grand, d'allure athlétique, il pouvait avoir une trentaine d'années. Un autre homme, plus âgé, petit et râblé, le rejoignit. Ensemble, ils entreprirent de hisser sur le pont des caisses de poissons de cinquante kilos munies de poignées en corde.

Holliday, Raffi et Japrisot traversèrent le quai pour observer de loin la scène, accoudés à la grille métallique beige qui courait le long de l'endiguement. Japrisot envoya d'une pichenette son mégot dans l'eau souillée d'huile avant d'allumer une nouvelle Gitane. Presque à la verticale de l'endroit où ils se trouvaient, une jeune femme se faisait bronzer seins nus sur un voilier. Le bateau était un Contessa 32 baptisé *Polissonne*. Le 32 ne pouvait pas s'appliquer à la fille, dont le tour de poitrine devait avoisiner un bon 98. Japrisot ne parut pas la remarquer.

« Valador est celui qui a le vêtement rouge, indiqua-t-il. L'autre, c'est Kerim Zituni, un Tunisien. D'après certains, Zituni a été membre de Septembre noir, à un moment donné. Selon d'autres, il a appartenu à la police secrète tunisienne, les Costumes noirs.

— Et c'est important pour ce qui nous concerne ? demanda Holliday.

— Ça signifie qu'étant donné son âge il a probablement travaillé avec Walter Rauff.

— Walter Rauff ? Jamais entendu parler…

— Moi si, dit Raffi d'une voix blanche. C'est lui qui a assassiné mes grands-parents. C'était l'un des inventeurs du camion à gaz que les nazis utilisaient dans leurs camps annexes. Il a aussi mis en œuvre la Solution finale en Afrique du Nord, en rassemblant tous les Juifs marocains et tunisiens pour les exterminer. Si Rommel avait conquis l'Égypte, l'étape suivante, pour Rauff, aurait été la Palestine.

— Qu'est-il devenu ?

— Il est mort au Chili, en 1984. Dans son lit. À soixante-dix-huit ans. Il conseillait Pinochet en matière de renseignement.

— Conclusion : ce Zituni est un vilain garçon, commenta Holliday, pince-sans-rire.

— Il est même potentiellement très dangereux », ajouta Japrisot.

Pendant cet échange, Félix Valador et son matelot tunisien continuaient d'empiler leurs caisses de poissons sur le pont. À la quarantième et dernière, Valador descendit à terre pour les charger une à une dans un vieux fourgon Citroën HY en tôle ondulée peinte en rouge. Sur un panneau fixé à la paroi de la camionnette figurait l'inscription *Poissonnerie Valador* en lettres dorées, surmontant un numéro de téléphone. Valador chargea les dix premières caisses par la porte coulissante latérale, le reste par l'arrière.

« Remarquez bien dans quel ordre il les met ! enjoignit le policier.

— Les dernières sorties de la cale ont été les premières dans le camion, dit Raffi.

— Gardez ça en mémoire !

— Il a presque fini, indiqua Holliday.

— Bien », murmura Japrisot.

Il jeta son nouveau mégot dans l'eau sale, adressa un signe de tête courtois à la jeune femme de la *Polissonne*, puis pivota sur ses talons.

« Suivez-moi ! » ordonna-t-il.

Il monta dans une berline Peugeot 406 bleu marine garée en épi. La voiture, un modèle très courant, devait avoir dix ans d'âge et ressemblait à un taxi fatigué, ce qui était sûrement l'effet recherché.

Raffi prit place à l'arrière, Holliday à l'avant, à côté de Japrisot. Holliday fronça le nez : l'intérieur du véhicule empestait autant qu'un cendrier, et une pellicule de nicotine jaunâtre obscurcissait le pare-brise. Après avoir allumé une nouvelle Gitane, le policier mit le contact. Le moteur s'ébroua. Sur le port, Valador finit de charger son tacot puis échangea quelques mots avec Kerim Zituni. La conversation terminée, Zituni remonta à bord de *La Fougueuse* tandis que Valador s'installait au volant du Citroën et démarrait. Japrisot embraya. Ils prirent la direction de l'est, suivant à bonne distance la fourgonnette au nez carré qui s'éloignait du centre-ville.

« Il ne prend pas l'autoroute », remarqua Raffi.

Sur leur droite, la Méditerranée scintillait au soleil tel un immense joyau bleu taillé à facettes, ses vagues étincelant de mille feux aveuglants avant de s'écraser contre les escarpements des falaises calcaires.

« Non, répondit Japrisot. Il longe la côte.

— On dirait que ce n'est pas la première fois que vous le filez, observa Holliday.

— Bien sûr que non. »

Ils passèrent le reste de l'après-midi et le début de la soirée à traquer le fourgon le long de la côte. Après s'être arrêté deux fois, à Cassis et La Ciotat, pour effectuer des livraisons, Valador évita l'agglomération de Toulon avant de stopper de nouveau successivement à Hyères, au cap de Brégançon, au Rayol, et à Fréjus.

À Cassis, il fit halte devant le restaurant Chez Nino, sur le port, y déposa une caisse de poissons, puis repartit. Le même scénario se reproduisit à chaque arrêt. À La Ciotat, ce fut le Kitch & Cook ; à Hyères, l'hôtel Le Ceinturon ; au cap de Brégançon, une sorte de motel nommé Les Palmiers ; au Rayol, un ancien chai d'allure rustique appelé L'Huître et la Vigne ; à Fréjus, enfin, La Médina, un restaurant marocain clinquant. Dans chacun de ces établissements, le pêcheur déposa entre une et trois caisses au maximum. Le soleil commençait à se coucher quand il s'arrêta au Royal Casino de Mandelieu-la-Napoule, à l'entrée de Cannes, un énorme pavé blanc dont un pignon s'ornait sur six étages d'une enseigne clignotante au néon jaune et bleu représentant une machine à sous. Un fragment de Las Vegas tombé sur la Côte d'Azur.

Le Royal Casino faisait partie d'un complexe de plusieurs immeubles mitoyens construits sur la plage, à l'embouchure d'une rivière sur laquelle donnaient, en amont, le golf de Mandelieu et le port de plaisance de Cannes. Japrisot gara la Peugeot devant l'hôtel, sur l'aire de stationnement limité à quinze minutes, et ils regardèrent Félix Valador pousser un diable chargé de deux caisses de poissons jusqu'à une entrée de service qui desservait probablement les cuisines.

Devant l'entrée principale, un bel homme à l'élégance tout européenne qui portait une barbiche impeccablement taillée descendit d'une Audi Quattro bleue en même temps que sa compagne, une femme superbe, et glissa un billet de banque plié à l'un des voituriers. L'employé jeta un coup d'œil au billet, salua, puis grimpa dans l'Audi.

« Il lui a graissé la patte pour qu'il ne gare pas la voiture dans le grand parking, sous le pont, expliqua Japrisot, désignant d'un signe de tête l'avenue Général-de-Gaulle, derrière eux. Des jeunes du coin y entrent en douce et s'amusent à pousser les voitures dans l'eau. Nos petits loubards n'ont rien à envier aux hooligans des stades anglais. »

Le couple entra tranquillement dans l'hôtel pendant que le voiturier conduisait l'Audi cent mètres plus loin dans l'allée. Valador reparut quelques minutes plus tard, poussant son chariot vide.

« Nous en sommes à dix-huit caisses réparties sur près de cent cinquante kilomètres. Il ne doit pas gagner beaucoup d'argent, commenta Raffi depuis le siège arrière.

— C'est le dernier arrêt qui est le plus important », dit le policier, énigmatique.

L'air épuisé, Valador se remit au volant et démarra. Le fourgon se dirigea vers la voie de desserte qui menait au grand parking en passant sous le pont. Puis il disparut.

« Où est-il passé ? demanda Holliday.

— Attendez ! » murmura Japrisot.

La camionnette revint au bout d'un petit moment. L'inscription en lettres dorées avait été recouverte par un panneau magnétique où l'on pouvait lire : *Camille Guimard – Antiquaire. 28, rue Félix-Faure, Le Suquet, Cannes*.

« Qui est Camille Guimard ? s'enquit Raffi.

— Félix. À Marseille, Valador est un marin pêcheur

qui empeste le poisson ; à Cannes, c'est un antiquaire distingué qui se fait appeler Guimard. Malin, non ?

— Et Le Suquet ? demanda Holliday.

— L'équivalent du souk dans la casbah de Marrakech, expliqua Japrisot comme le Citroën HY passait à côté d'eux dans un bruit de ferraille. Le vieux quartier de Cannes, sur la colline. »

Il remit la Peugeot en marche et suivit de loin le fourgon. Dix minutes plus tard, par le boulevard du Midi, qui longeait la mer, ils atteignirent Cannes, puis Le Suquet, un entrelacs de ruelles tortueuses entre les quais de pierre du Vieux-Port et l'imposante tour carrée du château que les moines cisterciens de Lérins avaient bâti au XIe siècle au sommet de la colline.

« Encore les cisterciens ! commenta Raffi après avoir écouté les indications de Japrisot. Décidément, ils sont partout !

— Pardon ? demanda le Français en fronçant les sourcils.

— Ne faites pas attention, c'est une plaisanterie pour initiés », dit Holliday.

Sans perdre de vue la camionnette, ils contournèrent le port puis s'engagèrent sous les arbres touffus de la rue Louis-Pasteur et commencèrent à monter la côte. Valador tourna à droite dans la rue Meynadier. Derrière lui, ils traversèrent la rue Louis-Blanc, plus large, puis virèrent brusquement dans un passage qui semblait les mener de nouveau vers le bas de la colline. La nuit était complètement tombée, à présent, mais Japrisot conduisait avec ses seuls feux de position.

« Je suis perdu, avoua Holliday.

— Pas moi, dit le policier.

— J'ai l'impression que nous tournons en rond.

— C'est à cause des sens interdits… Ils sont partout », répliqua Japrisot en haussant un sourcil sarcastique.

Il ralentit. Valador prit à droite et échappa à leur vue.

« Il se sauve ! s'exclama Raffi.

— Non », répondit le Français d'une voix calme après avoir arrêté la voiture.

Entrouvrant sa vitre, il jeta son mégot et alluma une nouvelle cigarette. Holliday avait depuis longtemps perdu le compte du nombre de Gitanes que le colosse avait fumées, mais, curieusement, il se surprit à respirer avec plaisir le puissant parfum d'humus du tabac brun. Ils attendirent près de dix minutes dans le passage. Raffi s'agitait nerveusement à l'arrière tandis que Japrisot fumait. Enfin, le policier consulta le cadran lumineux de sa montre et hocha la tête.

« Bien, dit-il en enclenchant la première. On y va. »

Ils sortirent lentement de la ruelle pour déboucher dans la rue Félix-Faure, une voie à sens unique bordée de petites boutiques. Japrisot gara la 406 sur un emplacement libre, du côté opposé à la ruelle. Le fourgon Citroën était stationné au bout du pâté de maisons, devant une boutique étroite aux volets baissés dans laquelle Valador s'employait à transporter ses dernières caisses de poissons. Juste après la boutique, un restaurant faisait le coin de la rue. Au-dessus de l'auvent de toile blanche, une enseigne à l'éclairage vert et jaune annonçait : *Huîtres Astoux & Brun.*

« Un bar à huîtres », murmura Holliday, prenant soudain conscience qu'ils n'avaient rien mangé depuis Marseille.

La douzaine de tables que comptait la terrasse

étaient toutes vides. Un homme bedonnant vêtu d'un long tablier blanc était en train d'enchaîner ensemble des piles de chaises en plastique. Le restaurant fermait.

« Qu'est-ce qu'on fait, maintenant ? demanda Raffi.

— On attend. On fume. On parle de femmes… Allez savoir ! La nuit va être longue », répondit Japrisot avec un sourire.

Valador acheva son déchargement, ferma la camionnette à clé et disparut à l'intérieur de la boutique. Quelques secondes plus tard, les trois hommes virent de la lumière filtrer à travers les interstices des volets. Près d'une demi-heure s'écoula, puis la lumière du magasin s'éteignit, et une autre se fit bientôt à l'étage.

« Il est monté se mettre au lit ! s'exclama Raffi avec un mouvement d'humeur.

— Pas impossible », confirma Japrisot.

Raffi explosa.

« Vous voulez dire que nous avons passé une demi-journée à regarder ce branquignol livrer du poisson d'un bout à l'autre de la Côte d'Azur juste pour nous assurer qu'il allait bien se coucher après ?

— Le travail d'un policier consiste surtout à attendre, répondit Japrisot. Ce n'est pas passionnant, je sais bien, mais il faut prendre son mal en patience.

— Raffi n'a pas tort, intervint Holliday. Ma cousine a été prise en otage. Nous n'avons pas vraiment le temps de traquer un contrebandier de quatre sous ! C'est de renseignements que nous avons besoin. Et ça presse !

— Ça presse vraiment ? Vous ne pouvez pas vous retenir un tout petit peu ? » demanda Japrisot, railleur.

Holliday se renfrogna, vexé.

À cet instant, les phares d'une voiture qui approchait illuminèrent l'intérieur de la Peugeot à travers la lunette arrière.

« Attention ! » dit Japrisot.

Il se tassa sur son siège, imité par Holliday et Raffi. L'auto passa près d'eux pour aller se garer entre deux bornes métalliques, à la hauteur du restaurant maintenant plongé dans l'ombre. Il y avait un réverbère au coin de la rue, et Holliday distinguait parfaitement la voiture. Il s'agissait d'une Audi Quattro bleu marine. Deux personnes en descendirent : un homme tiré à quatre épingles qui portait une barbichette, et une femme superbe en robe du soir noire mi-longue…

« C'est le couple que j'ai vu entrer au casino tout à l'heure, chuchota Holliday. Qu'est-ce qu'ils font là ?

— Comme le dit un dicton de mon pays, colonel Holliday, tout vient à point à qui sait attendre », répondit le policier.

6

Le couple de l'Audi dépassa le restaurant puis s'arrêta devant la boutique de Valador. Il y avait un interphone fixé en hauteur sur le chambranle gauche de la porte. L'homme à la barbiche fouilla dans sa poche et en sortit quelque chose.

« Qu'est-ce qu'il a dans la main ? demanda Holliday en plissant les paupières.

— Des gants de latex, je pense », répondit Japrisot.

Après avoir enfilé adroitement les gants, l'homme appuya sur l'un des boutons de l'interphone. Au bout de quelques secondes, un crachotement se fit entendre et il se pencha pour parler dans l'appareil. Pendant ce temps-là, dos à la porte, la femme scrutait la rue. Les trottoirs étaient déserts : en dehors de la période du festival, les nuits cannoises étaient relativement calmes.

L'interphone crachota de nouveau, puis il y eut un déclic assez bruyant pour que Holliday l'entende à plusieurs dizaines de mètres de distance. La porte s'ouvrit. Le couple entra dans la boutique. L'éclairage ne tarda pas à se rallumer derrière les volets qui masquaient la vitrine.

Prenant un petit carnet ainsi qu'un porte-mine en plaqué or dans la poche de sa veste de costume avachie, Japrisot sortit de la Peugeot pour aller noter l'immatriculation de l'Audi.

« AHX 37 45, annonça-t-il en remontant un instant plus tard dans la 406. Un numéro tchèque. Je crois que le A correspond à Prague.

— Qu'est-ce que des Tchèques ont à voir avec cette histoire ? » s'exclama Raffi.

Japrisot se tourna vers lui.

« Peut-être tout, peut-être rien… Il fut un temps où Prague était l'extrémité européenne de la vieille route de la soie, et la ville est restée une plaque tournante pour toutes sortes de trafics. On y trouve tout ce qu'on veut, que ce soit de jolies Russes ou de l'héroïne de Bangkok, alors pourquoi pas des objets d'art volés ? Excusez-moi… »

Il sortit de sa poche un téléphone portable, lâcha dans le micro une brève rafale de français, referma le clapet et remit l'appareil dans sa poche.

« Et maintenant on attend… » dit-il.

À peine deux minutes s'étaient écoulées quand la lumière s'éteignit de nouveau dans la boutique. Presque aussitôt, la femme ressortit sur le pas de la porte en s'essuyant les mains avec un mouchoir en papier. Elle jeta un coup d'œil à droite et à gauche, puis se retourna vers l'intérieur du magasin et prononça quelques mots. Le barbichu la rejoignit sur le trottoir. Il referma soigneusement la porte derrière lui avant d'ôter ses gants de caoutchouc, qu'il remit dans sa poche. Après être demeuré aux aguets un moment, il prit dans sa poche un étui en or, y puisa une cigarette, rangea l'étui, puis tira du revers de sa veste un objet pointu avec lequel il entreprit de cribler le filtre de petits coups.

« Qu'est-ce qu'il fabrique ? demanda Holliday.

— Ça, je peux vous l'expliquer sans problème, répondit le capitaine avec une grimace désapprobatrice. Il fait des trous d'épingle dans le papier de sa cigarette. C'est un truc qu'utilisent les fumeurs invétérés pour se donner l'impression de prendre soin de leur santé.

— C'est idiot, commenta Raffi.

— Bien sûr. Mais il n'y a que les idiots qui fument, c'est bien connu… »

L'homme alluma sa cigarette avec un briquet qui semblait en or massif. Après quoi, le couple regagna l'Audi. Le moteur démarra, les phares s'allumèrent, et la voiture s'éloigna, tournant à droite dans la rue Louis-Blanc, en direction des hauteurs de la ville.

« Ils sont restés là-dedans moins de trois minutes, indiqua Raffi. J'ai chronométré.

— C'est court, commenta Holliday. Qu'est-ce qu'on peut bien faire en trois minutes ?

— Rien de propre… répondit le policier, qui fixa un moment du regard la façade obscure du magasin avant de frapper le volant du plat de la main en jurant entre ses dents. Quel con je fais ! s'exclama-t-il. Il y a quelque chose qui cloche. »

Il resta assis encore un moment, le visage fermé, puis jura de nouveau et ouvrit la boîte à gants, dont il tira un énorme revolver Manurhin-73 doté d'une crosse en bois quadrillée en forme de matraque et d'un gros canon de douze centimètres.

« Sacré calibre ! » commenta Holliday, impressionné.

Le revolver, chambré pour du .357 magnum, était l'équivalent français de celui de l'inspecteur Harry.

« Un sacré calibre, oui. Et qui fait de sacrés trous dans la peau. C'est pour ça que je l'aime bien… Maintenant, ne sortez pas de la voiture, s'il vous plaît ! » ordonna Japrisot avec l'air d'un homme qui ne plaisante pas.

Il descendit de la Peugeot et s'approcha de la boutique, le revolver contre sa cuisse.

« On reste dans la voiture ? demanda Raffi.

— Bien sûr que non ! » répondit Holliday.

Ils quittèrent la 406 sans cesser d'épier les gestes de Japrisot. Le capitaine se retourna, les vit et leur fit signe de rebrousser chemin en les fusillant du regard. Puis il fit de nouveau face à la porte du magasin et leva le revolver. Plaçant en éventail contre le battant les doigts de sa main libre, il appuya doucement. La porte s'entrouvrit. Après l'avoir écartée un peu plus du bout du pied, il avança d'un pas avec précaution, bras tendu en avant, le canon de son arme ouvrant la voie.

Holliday et Raffi retinrent leur souffle quand le policier acheva d'entrer. Quelques secondes s'écoulèrent, puis l'éclairage s'alluma dans la boutique. Quelques secondes encore, et Japrisot reparut dans l'encadrement, revolver de nouveau baissé. Il leur signifia d'un geste qu'ils pouvaient le rejoindre.

L'intérieur du magasin évoquait le décor d'un roman de Dickens. Antiquités et objets de collection s'y entassaient pêle-mêle jusque dans le moindre recoin : des cartonniers en bois, un canapé en cuir Arts déco, un miroir fêlé des années cinquante, des armoires, des tableaux pieux, des lampes à gaz anciennes, une bergère Louis XVI, des lustres et autres luminaires, des statuettes, un vieux téléphone mural en bakélite entre deux colonnes de plâtre, des cadres, un énorme cadran d'horloge, des lions de jardin en granit, deux fauteuils en palissandre, une douzaine de corbeilles de faux fruits en cire sous des cloches de verre, trois bénitiers, sept copies richement encadrées des *Danseuses en bleu* de Degas. Dans un angle, un imposant paon empaillé en train de s'admirer dans une psyché au miroir biseauté et au châssis de guingois faisait face à une marionnette de Minnie Mouse pour ventriloque allongée sur la selle de cuir d'un cheval de manège délabré aux couleurs flétries. Dix des caisses de *La Fougueuse* étaient empilées devant le cheval de bois. Aucun signe de Félix Valador.

Japrisot se tenait debout au milieu de ce capharnaüm, l'air déconcerté, son revolver fourré n'importe comment dans la poche de sa veste qui bâillait. Il tenait un mouchoir à la main.

« Mon Dieu ! s'exclama Raffi en parcourant du regard le bric-à-brac exotique.

— Où est Valador ? » demanda Holliday, s'efforçant de déchiffrer l'expression du policier.

Tout corpulent qu'il était, ce dernier se glissa dans l'étroit passage laissé libre entre les objets hétéroclites, au milieu de la boutique, et s'arrêta devant une haute armoire en chêne foncé aux portes décorées d'oiseaux sculptés et de motifs floraux, avec des charnières trois nœuds et de longues poignées en cuivre chantourné. Il y avait une unique petite tache de sang en forme d'étoile au pied du meuble, comme un minuscule jalon pourpre. Enveloppant les poignées avec son mouchoir, Japrisot ouvrit les vantaux.

« Le voilà », dit-il.

Valador était au fond de l'armoire, ramassé sur lui-même, genoux ramenés sous le menton, tête penchée en avant et tournée de côté, une main sous les fesses, l'autre entre les cuisses. Une de ses paupières était ouverte et l'autre fermée, dans une parodie grotesque de clin d'œil. Plus insolite encore, un rubis de la taille d'un œuf de merle et manifestement faux semblait posé soigneusement dans le creux de son oreille.

Holliday s'accroupit pour l'examiner de plus près.

« Je ne vois aucune blessure…

— Étranglé ? » suggéra Raffi d'une voix calme.

Archéologue de profession, il était habitué à voir des cadavres, bien que généralement moins récents que celui de Valador, dont les yeux commençaient tout juste à se voiler et à s'enfoncer dans leur orbite.

« Et qu'est-ce que c'est que ce rubis en plastique ? ajouta-t-il.

— Étranglé ? Il n'y a pas eu lutte, et il faut bien plus de trois minutes pour étouffer quelqu'un, remarqua Japrisot. Et puis il aurait le visage violacé et la langue sortie… Non, il a été foudroyé par surprise. »

Les premiers accords tonitruants de *Mamma Mia*, le tube d'ABBA, éclatèrent soudain : la sonnerie du portable de Japrisot. Il tira l'appareil de sa poche et le colla contre son oreille.

« Oui ? »

Le regard rivé sur le corps de Valador, il écouta son correspondant tout en détachant de sa lippe un brin de tabac.

« D'accord », dit-il enfin.

Il remit son téléphone dans sa poche.

« Selon mes collaborateurs, reprit-il après s'être

éclairci la voix, les gens de l'Audi sont Antonin Pesek et sa femme, d'origine canadienne, Daniella Kay. Ils habitent rue Geologika, dans le quartier Barrandov, à Prague. Ce sont des tueurs à gages. Ils exercent leur activité à plein-temps dans toute l'Europe. La famille Pesek a rempli des contrats pour un peu tout le monde, de la Stasi est-allemande à la Sigurimi albanaise. L'arme préférée de monsieur est le pistolet automatique CZ-75 à canon court ; celle de madame, l'épingle à chapeau décorative. L'une comme l'autre sont indétectables par les portiques de sécurité des aéroports. Apparemment, la femme est une virtuose dans sa partie. Son dossier parle à son sujet de "précision chirurgicale". »

S'accroupissant près de Holliday, il posa son mouchoir sur le faux rubis, qu'il saisit entre son pouce et son index et tira à lui. La pierre fantaisie glissa hors de son logement, entraînant à sa suite une tige en Plexiglas d'une bonne quinzaine de centimètres. L'épingle à chapeau sortit de la tête de Valador avec un petit bruit désagréable de grains de sable qui crissent sous la dent. Japrisot leva le bijou vers la lumière pour l'examiner. La broche était légèrement enduite de matière encéphalique. Un filet rosâtre de sang dilué suintait de l'oreille du cadavre.

«"Précision chirurgicale" est bien l'expression qui convient, murmura le policier, l'air songeur, tout en scrutant l'arme du crime. Il faut être drôlement adroit pour franchir l'oreille moyenne, l'os temporal et atteindre le cerveau en passant par le conduit auditif interne…

— Vous semblez avoir de solides notions d'anatomie », remarqua Holliday.

Japrisot soupira.

« J'ai fait trois ans de médecine. Mon père, paix à son âme, était oto-rhino… Malheureusement, je ne suis pas allé jusqu'au bout : je ne me voyais pas passer ma vie entière entre épanchements de pus et bouchons de cérumen. M. Japrisot père a été très déçu, je dois dire », ajouta-t-il en secouant tristement la tête.

Il se remit debout avec effort et déposa délicatement l'épingle sur une pile d'assiettes polychromes Blue Willow opportunément placée là, au sommet d'un tronçon de colonne en marbre cannelée.

« Bon, maintenant voyons de quoi il retourne ! » dit-il.

Il suivit le passage encombré jusqu'à l'endroit où étaient empilées les caisses du chalutier. Holliday et Raffi lui emboîtèrent le pas. Japrisot regarda un moment les caisses, grommela quelque chose, puis força de sa grosse main le couvercle de la première.

« Nom de Dieu ! jura-t-il entre ses dents, les yeux écarquillés.

— Qu'est-ce que c'est ? » demanda Holliday en se penchant au-dessus de l'épaule du policier.

Il resta bouche bée.

Bien calés dans les alvéoles sur mesure d'un emballage en polystyrène s'alignaient cinq lingots d'or, chacun mesurant environ douze centimètres de long sur cinq de large. Japrisot en sortit un de sa niche : l'épaisseur ne semblait pas excéder douze millimètres. Holliday en prit un à son tour. L'objet, d'un toucher poisseux, étrangement répugnant, pesait lourd dans sa main.

Grossièrement façonné, il présentait des bords arrondis et une surface un peu grêlée. La face supérieure était marquée de trois estampilles. La première, à une extrémité, portait la mention *1 kg*, la seconde, au milieu, les lettres *E.T.* et la troisième, à l'autre extrémité, un emblème reconnaissable au premier coup d'œil : le palmier et le svastika de l'Afrikakorps, le corps expéditionnaire du troisième Reich en Afrique du Nord. Le lingot n'était frappé d'aucun numéro de série ou de code.

« Cinquante kilos par caisse, dix caisses, cinq cents kilos, énonça tranquillement Japrisot.

— Mille livres… murmura Raffi. Une demi-tonne.

— Grands dieux ! souffla Holliday. Sur quoi sommes-nous tombés ?

— Manifestement, nos amis tchèques n'étaient pas plus au courant que nous, dit Japrisot en remettant son lingot en place. S'ils avaient su ce que contenaient ces caisses, ils n'auraient pas été si pressés de partir.

— À huit cents dollars l'once, il y en a à peu près pour treize millions de dollars, calcula Raffi.

— De quoi motiver pas mal de meurtriers, commenta Japrisot.

— Je reconnais le *Palmenstempel* de l'Afrikakorps, dit Holliday, mais je me demande à quoi renvoient les initiales E.T. Sûrement pas à "extraterrestre" !

— Elles pourraient signifier "*Einsatzkommando* Tunis", avança Japrisot. Ce qui nous ramène une fois de plus à Walter Rauff, qui commandait cette unité. »

Horrifié, Holliday regarda le bloc d'or dans sa main, comprenant tout à coup de quoi il était fait. Il le remit dans la caisse avec un frisson et une soudaine envie de vomir. Raffi s'approcha pour photographier l'or en gros plan avec son portable, ce qui ne sembla pas plaire à Japrisot.

« Je vais appeler mes hommes, à Marseille, annonça-t-il. À compter de mon coup de téléphone, il ne leur faudra pas plus de trente-cinq minutes en hélicoptère pour arriver ici. Maintenant, je me suis acquitté du service auquel m'obligeait mon amitié pour Pierre Ducos. Mission accomplie. Donc, à moins que vous ne teniez à tâter des chinoiseries administratives de la police française, je vous suggère de déguerpir d'ici séance tenante. Vous comprenez ?

— Parfaitement, répondit Holliday. Une question, tout de même…

— Juste une, alors.

— Le bateau de Valador a-t-il pu aller jusqu'en Afrique du Nord ?

— Certainement. Tunis est à sept cents kilomètres de Marseille. Un chalutier comme le sien peut effectuer la traversée en trente heures. Peut-être moins par beau temps. Avec le ferry, le trajet dure une nuit.

— Merci. Vous nous avez été d'un grand secours. Remerciez également M. Ducos de notre part, vous voulez bien ?

— Il n'y a pas de quoi, assura Japrisot. Et maintenant, filez ! »

Ils ne se le firent pas dire deux fois.

« Je comprends ce qui a dû se passer, à présent, dit Raffi comme ils descendaient la colline à grandes enjambées. Peggy et son expédition ont dû tomber par hasard sur une cache d'or nazi dans le désert. C'est pour ça que personne n'exige de rançon.

— C'était le gouvernement de Vichy et les Allemands qui contrôlaient la plus grande partie de l'Afrique du Nord pendant les trois premières années de la guerre, rappela Holliday. Et avant eux, c'était les Italiens…

— Où voulez-vous en venir ?

— Si tout cet or a été prélevé par Rauff sur les Juifs de la région, il aurait logiquement dû être expédié en Allemagne. Alors que faisait-il en plein désert ? »

Parvenus au pied de la colline, ils hélèrent un taxi Mercedes gris métallisé en maraude devant les restaurants du port. Vingt minutes plus tard, ils entraient dans une suite rose bonbon du Royal Casino avec vue sur la plage de Mandelieu-la-Napoule.

« Notre prochaine étape est la Tunisie, j'imagine », dit Holliday tout en s'accroupissant devant le minibar pour y chercher de quoi se confectionner un bon remontant.

Car le spectacle macabre de Félix Valador tassé au fond de son armoire et le contact immonde de l'or de l'Holocauste l'avaient profondément perturbé.

« Pas nécessairement », répondit Raffi, qui s'était assis au bord d'un des lits devant le grand téléviseur à écran plat et sautait d'une chaîne à l'autre à l'aide de la télécommande.

Il sortit son portable de sa poche et le lança à Holliday.

« Regardez un peu les photos que j'ai prises ! » suggéra-t-il.

Holliday mit l'appareil en mode photo et fit défiler les clichés. Deux ou trois d'entre eux montraient des vues d'ensemble du magasin d'antiquités ; un autre, le cadavre de Valador, faux rubis planté dans l'oreille ; trois, les lingots d'or ; deux, enfin, le téléphone mural en bakélite entre les deux colonnes grecques. L'un des deux derniers était un plan large du téléphone et des colonnes ; l'autre, un plan serré du téléphone seul.

« Que voyez-vous ? demanda Raffi.

— Une mauvaise photo d'un vieux téléphone à cadran.

— Et sur le mur, au-dessus de l'appareil ? »

Holliday plissa les paupières, puis activa le zoom.

« Un numéro, dit-il. Le 002 032 087 582.

— Le zéro-zéro est l'indicatif international. Les deux chiffres suivants sont le code d'un pays, et le chiffre d'après, celui d'une ville.

— Quel pays ? Quelle ville ?

— Voyons ça... »

Décrochant l'appareil qui se trouvait sur la table de nuit entre les deux lits, Raffi appela la réception pendant que Holliday se préparait un cocktail avec du Jack Daniels et du tonic.

« Parlez-vous anglais ? demanda l'Israélien. Bien. Pourriez-vous me dire à quel pays correspond le code vingt... Deux-zéro, oui... Et à quelle ville correspond le trois... D'accord ! Merci bien. »

Il raccrocha.

« Alors ? s'enquit Holliday avant de boire une gorgée de son verre.

— Alexandrie.

— Vous voulez dire Alexandria, en Virginie ? »

Holliday n'était qu'à moitié surpris. Alexandria n'était pas très éloignée de McLean et de Langley, où se trouvait le quartier général de la CIA. Il fallait s'attendre à ce que le renseignement américain soit impliqué...

« Non, rectifia Raffi. Alexandrie. En Égypte. »

7

Ils décollèrent de l'aéroport Nice-Côte d'Azur le lendemain matin à bord d'un Boeing 737 poubelle arborant la livrée délavée de Royal Air Maroc. L'avion était une antiquité. Certains panneaux tenaient au plafond avec du chatterton, la tablette de Raffi se rabattait constamment, manquant de répandre sur ses genoux la mixture jaunâtre au parfum douteux qui constituait le petit déjeuner, et, tout le temps que dura le voyage, des gamins s'amusèrent à courir d'un bout à l'autre du couloir central en hurlant de toute la force de leurs jeunes poumons. De plus, la compagnie ne servait pas de boissons, ce qui valait peut-être mieux, étant donné que les toilettes débordaient déjà au bout d'une heure de vol. Enfin, Holliday crut bien déceler une odeur de cigarette provenant du poste de pilotage, dont la porte fermait mal.

Le trajet fut tout sauf direct. Après une première escale à Paris-Orly, ils se posèrent à Casablanca, où ils attendirent trois heures que l'appareil soit ravitaillé en carburant. De Casablanca, un saut de puce vers le nord les amena jusqu'à Tanger, puis un autre, vers l'est, jusqu'à Oran, en Algérie, où ils firent un bref arrêt avant de redécoller pour Alger.

À Alger, nouvelle attente inexpliquée en bout de piste, pendant laquelle on servit aux passagers des galettes de pain et une spécialité culinaire de couleur globalement brune, au goût de mouton et de cardamome, baptisée « tagine ». Une grosse cuillerée de yoghourt dégoulinant couronnait le plat qui avait dû ressembler à un ragoût dans une vie antérieure. À ce stade, Holliday prit pleinement conscience du fait qu'il n'était plus au Kansas, et qu'il avait pris pied dans un monde inconnu digne d'un scénario de *La Quatrième Dimension*. Raffi, lui, ne semblait pas du tout affecté. Sans doute fallait-il un esprit méditerranéen pour apprécier toute la saveur d'un voyage surprise en Afrique du Nord.

Après avoir passé une éternité à contempler par le hublot crasseux l'étendue aride de l'aéroport Houari-Boumediene, où les mauvaises herbes achevaient d'envahir l'épave squelettique et calcinée d'un 737 d'Air Afrique victime d'un crash des dizaines d'années plus tôt, ils décollèrent de nouveau, puis atterrirent à Tunis. « En raison d'un problème de mécanique technique », expliqua le commandant de bord. Deux heures et demie plus tard, la mécanique technique ayant été apparemment rafistolée, l'avion repartit, panneaux de plus en plus affaissés, toilettes de plus en plus puantes, allée centrale infestée d'immondices et de marmaille.

Au bout de trois heures, à leur grand soulagement, le tas de ferraille volant acheva sa descente à travers l'épais brouillard marron que formait la pollution au-dessus du Caire. Mais, une fois dans l'aéroport, ils durent patienter encore une heure avant de pouvoir glisser discrètement à un douanier le billet de cinquante dollars qui leur ouvrit l'accès tant attendu à l'antique cité et à ses effluves de litière pour chats. Ensuite, un taxi les conduisit en quarante minutes à la gare Ramsès, sorte de palais au décor surchargé construit au XIXe siècle.

Une demi-heure encore, et, totalement épuisés, ils montaient en jouant des coudes dans le premier train du matin pour Alexandrie. Enfin, après avoir traversé la morne banlieue décrépite datant de l'ère soviétique, puis les marais brumeux et fantomatiques du delta du Nil, ils atteignirent la ville en croissant de lune sur la mer que le romancier anglais Lawrence Durrell baptisa un jour la « métropole blanche ». Alexandrie.

Quand ils entrèrent au Regency Hotel, situé sur la route de la Corniche, à deux cents mètres de la plage, ils avaient à peu de chose près vingt-quatre heures de voyage derrière eux, pour un trajet qui aurait dû leur en prendre à peine douze. Les deux hommes n'étaient pas arrivés depuis cinq minutes qu'ils dormaient à poings fermés.

Le lendemain matin, après avoir mangé les deux œufs sur le plat qu'on leur servit dans la chambre pour le petit déjeuner, Holliday appela le numéro photographié par Raffi dans la boutique de Félix Valador. Le numéro se révéla être celui d'un magasin de souvenirs de la rue Masjed el-Attarine.

« Comment procède-t-on ? demanda Raffi en se levant de table. On entre tranquillement dans la boutique en claironnant : "Salut, on est des potes à Félix Valador. Racontez-nous tout ce que vous savez !"

— Une chose est certaine, quoi que nous fassions,

nous ne passerons pas inaperçus dans les ruelles d'Alexandrie, dit Holliday.

— Donc il nous faut un paravent quelconque.

— Appelez le réceptionniste et tâchez de voir ce qu'il peut nous trouver dans le genre ! »

Dans le genre paravent, le réceptionniste ne trouva rien d'autre à leur proposer que son cousin Faraj, un chauffeur de taxi d'une vingtaine d'années. Dix minutes plus tard, le dénommé Faraj garait devant l'hôtel un taxi Lada noir et jaune qui semblait réchappé d'une guerre. Vêtu d'une djellaba blanche immaculée et d'une calotte assortie, le jeune homme portait des lunettes aux verres épais comme des culs de bouteille derrière lesquelles il multipliait les sourires. Il avait en outre trois poils au menton qu'il essayait de faire passer pour une barbe. Selon le réceptionniste, Faraj était en fait un étudiant qui exerçait à temps partiel le métier de taxi, et il parlait très bien l'anglais.

« C'est vrai ? Tu parles anglais, Faraj ? s'enquit Raffi.

— Certainement. Très bon. Lindsay Lohan.

— Lindsay Lohan ? répéta Holliday, perplexe.

— Certainement, acquiesça Faraj avec un vigoureux hochement de tête. *Black Hole !* Très bon ! »

Il entonna la chanson d'une belle voix, étonnamment douce et grave. Un Barry Manilow égyptien.

« Bien, bien, d'accord ! dit Holliday, levant une main en signe de capitulation. Combien pour la journée ?

— S'il vous plaît ? » dit Faraj qui n'avait manifestement rien compris.

L'employé de l'hôtel adressa à son cousin une furieuse diatribe en égyptien, et une brève mais intense discussion s'engagea entre les deux parents. Pour finir, le réceptionniste se retourna vers Holliday en lui souriant de toutes ses dents en or.

« Quatre cents livres », déclara-t-il.

Holliday consulta Raffi du regard.

« Environ cent dollars US, dit l'Israélien. Peut-être un peu moins.

— Marché conclu. »

Les quatre hommes se serrèrent la main, mais, quand ils eurent terminé, le réceptionniste continua de tendre la sienne.

« Il veut son argent tout de suite, expliqua Raffi.

— Son argent ?

— Il est l'agent de Faraj. Il prélèvera sa part et lui donnera la sienne à la fin de la journée si tout se passe bien.

— Des dollars américains, ça vous va ? demanda Holliday.

— Certainement ! Très bon ! » répondit l'employé, qui avait dû apprendre l'anglais dans la même école que son cousin.

Holliday compta cent dollars en billets et les lui tendit. Le réceptionniste donna ses instructions à Faraj, qui bondit pour ouvrir la portière arrière de sa pauvre petite voiture.

« Vous monter dans l'automobile, certainement ! » s'exclama-t-il, radieux.

Holliday et Raffi grimpèrent dans le taxi, qui démarra en trombe. Après avoir laissé derrière eux les canyons urbains de la corniche, aux buildings ultramodernes, ils s'engagèrent sans ralentir dans le dédale poussiéreux des rues non goudronnées de la vieille ville. Au bout de dix minutes d'un gymkhana à faire se dresser les cheveux sur la tête, Faraj les déposa à leur lieu de destination et se gara. Aussitôt arrêté, il se mit à fredonner à mi-voix. L'abandonnant à ses vocalises, Holliday et Raffi allèrent s'installer à une minuscule table en plastique, à la terrasse d'un bar à chicha qui squattait un trottoir et dont l'enseigne décolorée, traduite en anglais et en russe, montrait une tasse fumante de café turc et un narguilé peints à la main. Juste en face, de l'autre côté de l'étroite voie embouteillée, le magasin de souvenir Abu Ibrahim ouvrait sa devanture sur la rue. Raffi commanda dans un arabe acceptable deux cafés sucrés très serrés et refusa d'un geste la chicha en verre et cuivre ouvragé que lui proposait un serveur. Autour d'eux, assis aux autres tables, des Égyptiens fumaient et buvaient du café tout en bavardant tranquillement. Dans des circonstances différentes, Holliday aurait eu plaisir à se trouver là.

Une charrette tirée par un âne passa devant eux, chargée d'un énorme tas de pneus usés jusqu'à la corde. Les trottoirs défoncés grouillaient d'une foule de piétons qui allaient et venaient en tous sens. On entendait en fond sonore le grondement incessant que peuvent produire quatre millions d'habitants vaquant à leurs occupations. Dans l'air saturé de poussière flottait un parfum entêtant de brique chaude et d'épices mélangées, auquel s'ajoutait une touche saline rappelant la proximité de la mer : rien à voir avec la puanteur d'urinoir qui régnait au Caire.

« Pas très encourageant, hein ? dit Raffi en regardant la boutique de souvenirs.

— Non », confirma Holliday.

Le magasin était encombré d'une pléthore hallucinante de bibelots de pacotille pour touristes rangés sur d'innombrables étagères. Cela allait des reproductions kitsch aux couleurs criardes et en modèle réduit du célèbre masque de Toutankhamon jusqu'aux porte-clés en plastique représentant une momie. L'une des étagères était même remplie de figurines de Brendan Fraser, sans doute à cause de son rôle dans *La Momie*, justement. Assis à l'intérieur sur un tabouret haut, un homme basané, de petite taille, en chemise blanche à manches courtes, pantalon noir et sandales, fumait nonchalamment une cigarette en contemplant la rue. Probablement le propriétaire, Abu Ibrahim. Un vieux scooter était enchaîné aux montants du volet roulant métallique que l'on baissait le soir pour fermer la boutique.

« Quand j'étais à Oxford pour préparer ma thèse, j'ai vu une vieille comédie en noir et blanc avec Alec Guinness qui s'intitulait *De l'or en barres*, reprit l'archéologue. Des escrocs pas très dégourdis volent un chargement de lingots d'or et les fondent en forme de tours Eiffel miniatures qu'ils sortent d'Angleterre en les faisant passer pour des objets souvenirs sans valeur. C'est peut-être ça que fait notre ami, là-bas.

— J'en doute, répondit Holliday. Je parie que toutes les babioles qu'il vend sont fabriquées en Chine. D'autre part, l'or que nous avons vu chez Valador était toujours en lingots.

— Alors, où est l'arnaque ? Ce n'est quand même pas pour rien que Valador avait ce numéro de téléphone sur son mur. »

Holliday réfléchit un long moment. De l'autre côté de la rue, l'homme à la chemise blanche pinça sa cigarette et glissa le mégot éteint dans sa poche. Les cafés qu'ils avaient commandés arrivèrent. Holliday prit deux sucres dans le bol posé au milieu de la table et les mit dans sa tasse avant de tremper les lèvres dans l'épaisse décoction douce-amère. Pas un seul client n'était entré dans le magasin depuis qu'ils s'étaient assis là, dix minutes plus tôt, mais Abu Ibrahim, si c'était bien lui, ne semblait pas s'en soucier le moins du monde.

« Japrisot était un flic compétent. Si vous avez vu ce numéro de téléphone, vous pouvez être sûr que lui aussi l'a remarqué, répondit enfin Holliday.

— Je ne vous suis pas…

— Japrisot sait que Valador se livre au trafic d'objets d'arts… et d'or, à présent. Il sait aussi que la police égyptienne chargée de veiller sur les antiquités est loin d'être incorruptible, et que s'il essayait de coincer notre copain d'en face alors qu'il est sur son terrain il ne ferait que s'enliser dans des complications administratives… Nous, en revanche, nous n'avons pas ce problème…

— Vous voulez dire qu'il nous laisse faire son boulot à sa place ?

— Pourquoi pas ? Il n'a rien à perdre.

— Alors, qu'est-ce qu'on fait ?

— On reste assis là. On boit notre café. On parle de femmes… Allez savoir ! » répondit Holliday, caricaturant avec un grand sourire l'accent français de Japrisot.

Raffi éclata de rire.

« Arrêtez ! On croirait entendre l'inspecteur Clouseau dans *La Panthère rose !* dit-il.

— Taisez-vous et buvez votre café ! »

Au bout de deux heures et demie, Holliday commençait à comprendre ce que pouvait éprouver un policier « en planque ». Il avait l'estomac en capilotade à force de boire du café. Le soleil aveuglant lui brûlait les yeux, la poussière les lui piquait. Et par-dessus le marché, il avait un besoin pressant.

« Ça bouge ! » s'exclama soudain Raffi.

Holliday cligna des paupières, prenant soudain conscience qu'il somnolait depuis un moment, une tasse de café refroidi devant lui. Il regarda le magasin de souvenirs. L'homme à la chemise blanche était en train de baisser son rideau métallique à mailles. Holliday jeta une poignée de billets sur la table et se leva.

« Au taxi ! » dit-il.

Ils regagnèrent l'endroit où Faraj les attendait, sommeillant derrière son volant, un journal étalé sur le visage. Holliday le réveilla pendant que Raffi observait la rue à travers la lunette arrière de la Lada.

« Il monte sur son scooter, annonça l'Israélien.

— Quelle direction prend-il ?

— Je crois qu'il vient par ici. Il va passer à côté de nous.

— Suis le scooter ! ordonna Holliday comme le moteur deux-temps de l'engin démarrait derrière eux dans un bruit de machine à coudre.

— Scooter ? » répéta Faraj.

Holliday fit le geste de tourner la poignée des gaz d'un guidon.

« Vroum, vroum. Scooter.

— Ah ! Vroum. Scooter, oui. Certainement. Très bon. »

Le boutiquier passa près d'eux dans une pétarade.

« Suis-le ! » hurla Holliday en pointant son index vers leur proie.

Comprenant enfin le message, Faraj mit le contact et prit le scooter en filature dans un grincement de vitesses malmenées.

« Suivre, très bon ! » s'exclama-t-il, hilare. Et il se mit à slalomer à toute allure à travers la circulation tel un surfeur fou sur une vague, au milieu des coups de klaxon furieux des autres automobilistes et des insultes que lui criaient charretiers et piétons après s'être écartés précipitamment de son chemin.

Loin devant eux, presque hors de vue, l'homme au scooter traçait sa route dans les petites rues sinueuses sans un regard en arrière. La poursuite mouvementée dura vingt minutes, toujours en direction de la mer.

« Où va-t-il, comme ça ? » demanda Raffi, tendant le cou à droite et à gauche dans l'espoir de reconnaître un repère quelconque.

Comme ils débouchaient dans une grande voie, Holliday aperçut une plaque indiquant qu'ils se trouvaient à présent avenue Gamal-Abdel-Nasser et allaient vers l'ouest. Puis le scooter vira à droite, s'engageant de nouveau dans un labyrinthe de petites rues.

Faraj se tourna vers ses passagers avec un sourire jusqu'aux oreilles, sans se soucier aucunement de l'essaim de voitures qui le précédait.

« Winston Churchill ! s'exclama-t-il.

— Regarde la route ! cria Holliday, se penchant en avant pour forcer le jeune homme à détourner la tête.

— Winston Churchill ! répéta Faraj, visiblement très content de lui. Al Capone ! MI-6 ! Bond, James Bond ! Pussy Galore ! Très bon, certainement !

— Il a perdu la raison, diagnostiqua Raffi.

— Peut-être pas », répondit Holliday comme ils dépassaient avec une embardée les trois voitures jaune vif d'un tramway des années cinquante dont le pare-chocs arrière disparaissait sous une grappe de gamins à moitié nus voyageant en fraude.

Quelques instants plus tard, ils abordèrent une place plantée de palmiers. En face d'eux, presque sur la plage, se dressait un petit hôtel rococo au toit surmonté d'une enseigne Sofitel. Ils virent le scooter traverser la place et stopper devant l'établissement. Faraj gara le taxi de l'autre côté de la rue, puis, se retournant de nouveau sur son siège, il désigna le bâtiment en annonçant fièrement :

« Winston Churchill ! Somerset Maugham !

— Mais c'est l'hôtel Cecil ! s'exclama Holliday en riant. Faraj a raison. Churchill y a effectivement séjourné pendant la guerre, et Maugham aussi. Le MI-6 y avait plusieurs suites réservées en permanence.

— Regardez notre ami au scooter… Qu'est-ce qu'il fabrique ? » demanda Raffi.

Après avoir garé sa Vespa à l'ombre de l'hôtel, l'homme s'approcha du portier, un monsieur âgé en uniforme brun et coiffé d'un fez. Il remit quelque chose à l'employé, qui disparut à l'intérieur de l'hôtel, puis il alluma une cigarette et attendit sous la marquise en promenant son regard sur la place.

Au bout d'un moment, une luxueuse Citroën C6 bleu cobalt flambant neuve s'arrêta devant l'entrée. Un voiturier empressé en descendit et maintint la portière ouverte à l'intention de l'homme à la chemise blanche, qui lui glissa quelques billets avant de s'installer au volant.

« Intéressant, dit Holliday. Il semblerait que M. Abu Ibrahim mène une double vie.

— Ce n'est sûrement pas en vendant ses colifichets

qu'il a pu s'offrir une bagnole pareille », remarqua Raffi.

Faraj se mit à chantonner.

« Encore Lindsay Lohan ! marmonna l'Israélien. Je ne m'étais encore jamais rendu compte à quel point je hais cette chanteuse. »

La Citroën démarra.

« Suis-le ! » ordonna Holliday en tapant sur l'épaule de Faraj.

Faraj obtempéra. Sans cesser de roucouler.

8

Ils suivirent la grosse Citroën, qui prit l'avenue du 26-Juillet vers l'est, longeant les plages de sable blanc qui s'incurvaient à perte de vue. Du côté de la ville, des rangées d'hôtels d'une blancheur éclatante formaient une haute barrière protectrice qui semblait avoir été bâtie pour cacher les bâtiments croulants de la vieille Alexandrie des XVIIIe et XIXe siècles.

Dans un premier temps, Holliday craignit que le marchand de souvenirs ne les remarque dans son rétroviseur, mais il se rassura vite en voyant le nombre de taxis Lada noir et jaune en circulation, tous du même modèle vintage de l'époque soviétique, tous parfaitement interchangeables, tous plus sales et cabossés les uns que les autres.

La longue rangée d'hôtels de luxe s'interrompit bientôt, et ils continuèrent leur route sur l'avenue Al-Gaish, une deux fois cinq voies à terre-plein central qui suivait la mer, avant d'obliquer vers le sud à la hauteur du quartier curieusement nommé Miami Beach. Ici, la route ne comptait plus que deux voies, et des transats en plastique vert s'empilaient sur les plages, moins blanches et fréquentées que les précédentes. Ils passèrent encore quelques hôtels – un peu moins luxueux que ceux de la corniche – le long de la plage d'Al-Muntazah, puis atteignirent la plage d'Al-Mamurah, bordée d'une zone verte marécageuse dont l'aspect désert surprenait agréablement.

« Jusqu'où va-t-il aller, comme ça ? » demanda Raffi, regardant défiler le paysage à travers la vitre malpropre du taxi.

Au large de la plage, des bateaux de plaisance et quelques chalutiers peints de couleurs vives se balançaient mollement sur une faible houle. Aussi inoffensive qu'une mer de carte postale, la Méditerranée roulait tranquillement ses vagues paisibles qui venaient paisiblement mourir sur le sable.

« Dieu seul le sait, répondit Holliday. Si nous continuons comme ça, nous allons nous retrouver sur le canal de Suez.

— Suez ? répéta Faraj, tournant une fois de plus vers eux son sourire inamovible. Non. Non. Non Suez ! Aboukir ! Aboukir !

— Aboukir ? Je crois me souvenir qu'il y a quelques ruines romaines submergées, là-bas. Pas vraiment de quoi alimenter la contrebande d'antiquités, commenta Raffi.

— Horatio Nelson. Embrassez-moi, Hardy ! Boum, boum, Napoléon ! s'exclama le jeune homme avec enthousiasme.

— Qu'est-ce qu'il raconte, là ?

— Il connaît bien l'histoire, ce petit, dit Holliday, impressionné. La bataille d'Aboukir est celle où Nelson a coulé la flotte française, le 1er août 1798. C'est à cause de cette victoire que la pierre de Rosette se trouve au British Museum, et non au Louvre.

— Je suis archéologue, pas historien, protesta Raffi.

— Vous êtes surtout vexé parce que ce bon Faraj se montre plus cultivé que vous.

— Oui, bon… Toujours est-il que moi, la pierre de Rosette, je suis capable de la lire, ce qui n'est pas le cas de tout le monde, répliqua l'Israélien, piqué au vif.

— Un point pour vous, concéda Holliday en riant.

— Et qu'y a-t-il à Aboukir, à part le souvenir de cette bataille d'il y a deux cents ans ?

— Si je me rappelle bien, c'est là qu'est basée la flotte égyptienne, du moins en grande partie. Quelques frégates et un bon nombre de patrouilleurs rapides, russes et chinois pour la plupart… Je crois qu'Aboukir est aussi le port d'attache de la flottille de pêche d'Alexandrie.

— Pour quelle raison cet Abu Ibrahim irait-il traîner autour d'une base navale ? La marine israélienne passe la moitié de son temps à faire la chasse aux trafiquants et j'imagine que la marine égyptienne en fait autant. On s'attendrait plutôt à ce qu'un type comme lui fuie les bateaux de guerre comme la peste.

— Qui sait ? Il a peut-être recruté des marins qui travaillent pour lui. »

Aboukir, qui n'était pas autre chose que la banlieue est d'Alexandrie, comportait un « village » constitué d'anciens immeubles d'habitation à la soviétique, un quartier touristique plus récent en bord de mer, et, coincée entre les deux, une vieille ville, avec ses immeubles aux façades de stuc décrépites. De l'autre côté des voies de chemin de fer qui partageaient Aboukir en deux se trouvait, sur la péninsule, la base navale relativement récente flanquée du port de pêche, et, à l'extrémité sud-est de l'agglomération, le campus ultramoderne de l'Académie arabe pour les sciences, la technologie et le transport maritime.

Derrière le port de pêche s'étendait un immense terrain vague connu sous le nom de Terre du Seigneur. Une seule avenue, très large, bordée d'entrepôts en tôle rouillée et d'immeubles en béton délabrés, menait au port et à la mer.

Sur la gauche, un quai dont le ciment s'émiettait courait le long d'un chantier encombré de tuyaux d'aciers et de fûts de gasoil empilés. Sur la droite, au-delà des entrepôts, se pressait une colonie anarchique de petits chalutiers et autres bateaux de pêche, les uns à l'ancre, les autres échoués sur des bancs de vase dont la puanteur se mêlait dans l'air à celle du poisson pourri. Il était bientôt midi et le port avait l'air sinistre des lieux à l'abandon.

La Citroën fila directement jusqu'aux quais et s'arrêta devant un vieux remorqueur à coque de bois amarré à l'avant et à l'arrière par de fortes haussières. À une certaine époque, le bateau avait dû être noir et rouge avec des superstructures blanches. Maintenant, il était seulement noir de crasse. Une inscription en arabe sur une plaque de bois surmontait la porte de la timonerie.

« *Khamsin* », dit Faraj, qui avait garé son taxi derrière une benne remplie de ce qui paraissait être des sacs d'engrais.

Il gonfla ses joues et se mit à souffler entre ses lèvres pincées.

« Le *khamsin* est un vent du Sahara, expliqua Raffi. Ce doit être le nom du bateau.

— Vent, oui », confirma Faraj, l'air ravi.

L'homme à la chemise blanche descendit de sa

voiture. Après être allé prendre dans le coffre une vieille serviette en cuir, il traversa rapidement le quai, monta sur la passerelle du remorqueur, puis sauta sur le pont, gagna l'arrière, et grimpa l'échelle d'accès à la timonerie. Il ne semblait y avoir personne d'autre que lui à bord. Ouvrant la porte, il disparut à l'intérieur de la cabine. Il ressortit deux minutes plus tard, sans la serviette, descendit l'échelle, franchit la passerelle en sens inverse et remonta dans sa voiture.

« Suivre ? » demanda Faraj quand la Citroën démarra.

Holliday se tourna vers Raffi.

« Votre avis ?

— Je serais curieux de voir ce que contient cette mallette, répondit l'archéologue.

— Moi aussi.

— Suivre ? insista Faraj.

— Non. Attends ici ! ordonna Holliday.

— J'attends. Certainement. Très bon », acquiesça le garçon.

Prenant son journal sur la banquette arrière, il s'en couvrit le visage après s'être calé confortablement dans son siège. Les deux hommes descendirent et se dirigèrent vers le bateau.

« Et s'il y a quelqu'un à bord ? objecta Raffi. Qu'est-ce qui se passera ?

— Pour savoir ce qui se passera, il faut d'abord passer la passerelle », répondit Holliday.

Ils franchirent l'espace entre le quai et le remorqueur, l'eau huileuse clapotant paresseusement en dessous d'eux. Une fois sur le pont principal, ils s'immobilisèrent, l'oreille tendue vers les portes du château de proue, au nombre de trois, comme les hublots que la saleté rendait presque opaques. Devant eux, un escalier permettait d'accéder au pont inférieur et aux cabines, et une échelle de monter à la timonerie. Toute la superstructure était en planches, sans doute de teck ou d'acajou, mais couverte de tant de couches de peinture blanche que les joints se distinguaient à peine. La crasse accumulée sur le blanc lui donnait une immonde teinte grisâtre. Un médaillon de fonte ovale, boulonné sur le château et lui aussi surchargé de peinture, indiquait le nom du constructeur : *Neafy, Levy & Co. Philadelphia – 1906*.

« Ce rafiot a plus de cent ans, dit Raffi en lisant la plaque.

— On construisait pour durer, à l'époque, commenta Holliday. Quelques centaines de tempêtes, deux guerres mondiales… Les Britanniques occupaient encore l'Égypte quand il a été construit. »

Raffi essayait de percer du regard la salissure qui recouvrait l'un des hublots.

« On dirait la cuisine… Il n'y a personne », annonça-t-il.

Holliday hocha la tête et s'avança vers l'échelle d'accès à la timonerie, Raffi sur ses talons. Avant de monter, ils se retournèrent pour observer le quai. Personne. L'heure de la pleine chaleur et de la sieste. Sous le soleil écrasant, Holliday sentait des filets de sueur lui chatouiller le torse en dégoulinant sous sa chemise. L'homme à la Citroën n'avait pas donné l'impression de transpirer, lui. Sa voiture devait être équipée de l'air conditionné, contrairement au taxi de Faraj.

Ils grimpèrent sur la passerelle de commandement et pénétrèrent dans la timonerie. L'aménagement intérieur était assez primitif : au sol, des dalots couverts de lattis de bois pour l'écoulement de l'eau ; à l'avant, un tableau de bord rudimentaire en aluminium soudé comprenant quelques commandes et une barre à roue en cuivre et acajou à six rayons, sans doute d'origine ; contre la cloison tribord, un chadburn simplifié portant les mentions *Toute*, *Demie*, *Lente* et *Stop*. Un long manche de frein métallique sortait du plancher à droite de la barre. Il y avait également une radio VHF fixée sur un support au-dessus du pare-brise, un compas en plastique noir flottant dans de la glycérine, un récepteur GPS récent et un échosondeur. Pour un navire de plus de trente mètres ? Autant dire que le remorqueur était piloté au jugé.

« Le gars qui conduit cet engin est soit un champion, soit un dingue, dit Holliday.

— Ou les deux ! » ajouta Raffi.

Une unique porte s'ouvrait dans la cloison à l'arrière de la timonerie. Elle n'était pas fermée à clé. Ils la poussèrent et se retrouvèrent dans un local faisant office de cabine et de salle des cartes. La serviette de cuir était posée sur une petite table près d'un hublot. Elle s'ouvrit dès que Holliday sollicita le fermoir. Il n'y avait rien d'autre dedans que des cartes marines.

« On dirait qu'un voyage se prépare, murmura Holliday.

— Pour où ? »

Holliday déplia une des cartes, qu'il étala sur la table.

« D'As-Sallum à Al-Iskandariyah, lut-il, regardant la légende. L'échelle est de 1/300 000. As-Sallum se situe donc à environ deux cent vingt kilomètres d'Alexandrie. À ce que je vois, ce doit être un port.

— C'est aussi l'endroit où Peggy et l'expédition ont été vues pour la dernière fois, dit Raffi. Ils y ont fait étape avant d'entrer en Libye. As-Sallum se trouve juste à la frontière.

— Sûrement pas une coïncidence… »

Holliday replia la carte et la remit dans la serviette, qu'il referma avant de la replacer exactement où il l'avait prise.

« Essayons de trouver pourquoi notre marchand de souvenirs veut se rendre là-bas ! »

Les deux hommes sortirent de la timonerie par la porte donnant sur le bassin, ce qui les dissimulait aux regards d'éventuels témoins passant sur le quai. Après avoir gagné le pont avant, ils descendirent avec circonspection l'escalier du château, les sens aux aguets. Le seul son audible était le ronronnement cyclique d'une pompe de cale, auquel répondait la rumeur confuse du clapot contre la coque.

Le château comportait deux petites cabines, une à bâbord, une à tribord, contenant chacune trois couchettes superposées rabattables, une petite cuisine et une table de carré encadrée de bancs vissés au plancher. Des suspensions à abat-jour métallique répandaient sur l'ensemble une lumière parcimonieuse et mouvante. Le long du plafond bas courait un lacis de câbles et de tuyaux maintenus par des pattes. La petite pièce confinée avait à l'évidence été occupée récemment : des photos de pin-up ornaient les cloisons au-dessus des couchettes, et une odeur d'oignon frit flottait dans l'air.

« Le nid est vide, dit Raffi.

— Ce n'est pas une raison pour nous incruster », répondit Holliday, tendu.

Son instinct de survie s'insurgeait à l'idée d'être enfermé là, privé de la possibilité de voir venir une attaque, en contradiction avec tout ce que lui avait appris son expérience de soldat.

« Encore cinq minutes, et on dégage », ajouta-t-il.

Suivant un couloir étroit en direction de l'arrière, ils franchirent une porte et débouchèrent dans une cale entre le château et la salle des machines, située près de la poupe. Plusieurs dizaines de caisses en bois oblongues y étaient empilées, chacune fermée par un sceau des douanes et marquée au pochoir de chiffres et de lettres incompréhensibles. Les seuls éléments permettant de deviner leur contenu étaient un logo représentant un cheval cabré et le mot DIEMACO.

« J'ai comme un mauvais pressentiment, déclara Holliday.

— DIEMACO… lut Raffi. Qu'est-ce que ça signifie ?

— Die Manufacturing Corporation of Canada. Un fabricant d'armes.

— Canadien ? s'exclama l'archéologue, l'air étonné.

— Sixième exportateur mondial d'armes légères. Plus important qu'Israël.

— Vous plaisantez !

— Six milliards de dollars par an. Ne vous laissez pas leurrer par la feuille d'érable et le sirop du même nom ! L'histoire des bérets verts remonte à la Brigade du diable, une unité de commando américano-canadienne. On l'oublie un peu, mais ce sont les Canadiens du 2e bataillon parachutiste qui ont entraîné les Américains, et non l'inverse.

— Encore une petite leçon d'histoire en passant… remarqua Raffi avec un sourire en coin.

— Ouvrons une de ces caisses, pour voir ! »

À l'aide d'un pied-de-biche trouvé sur une étagère, Holliday arracha le fil de fer des douanes, puis força le couvercle agrafé d'une des caisses. Celle-ci contenait une demi-douzaine de coffrets rigides de couleur indéterminée. Il défit les attaches du premier et l'ouvrit.

« Notre bonhomme n'exporte pas, il importe », dit-il.

Le coffret recelait une arme, bien rangée dans son emballage en polystyrène préformé, et accompagnée de tous ses accessoires. Les surfaces métalliques de ce mini-arsenal de couleur sable présentaient un aspect étrangement lisse.

« Qu'est-ce que c'est ? s'enquit Raffi.

— Un fusil de précision Timberwolf. Mortel à quatre mille mètres. Et quand je dis "mortel", c'est mortel.

— À quatre mille mètres ?

— Je suis catégorique. »

Une douzaine de coffrets plus petits étaient calés dans les angles de la caisse. Holliday en prit un, puis fouilla dans les profondeurs de l'emballage et en sortit plusieurs paquets enveloppés dans du papier épais. Il commença par ouvrir le petit coffret, où il découvrit un pistolet noir, trapu, doté d'une crosse en forme de queue de castor et d'un canon plus court que son index. L'arme entière tenait dans sa paume.

« Un automatique Para-Ordnance Nite-Hawg, murmura-t-il. Encore un fabricant canadien. Calibre 11.43. »

Il déchira le papier d'un des paquets. Des boîtes de munitions. Il glissa le pistolet dans la poche gauche de sa veste, et six boîtes de cartouches dans la droite.

« Si vous vous faites pincer avec une arme sur le territoire égyptien, nous sommes tous les deux bons pour quelques années de prison, observa Raffi.

— Et si nous nous faisons pincer sans arme par les méchants, nous sommes bons pour manger les pissenlits par la racine », répliqua Holliday en remettant en place dans la caisse le papier d'emballage et le coffret vides.

À cet instant, la porte côté salle des machines s'ouvrit subitement et alla claquer contre la cloison. Un homme mince, imberbe, vêtu d'un bleu de travail maculé de graisse entra dans la cale en clignant des yeux comme s'il venait de se réveiller. Il fronça les sourcils, surpris de se trouver nez à nez avec deux intrus.

« *Maa fee shay jadeed ?* » s'écria-t-il d'une voix aiguë de fillette.

Pas besoin de connaître l'arabe pour comprendre le message : « Qui êtes-vous, et qu'est-ce que vous fichez sur mon bateau ? » Sans cesser d'avancer, le mécanicien plongea la main dans la grande poche ventrale de sa combinaison et en sortit un énorme revolver d'ordonnance Webley, l'arme de poing réglementaire en usage dans les forces armées britanniques depuis la guerre des Boers. Malheureusement pour lui, le guidon de visée de son calibre .455 se prit dans une déchirure de son vêtement.

Holliday n'hésita qu'une fraction de seconde. Cœur battant la chamade sous l'effet de l'adrénaline, il attrapa le pied-de-biche qu'il avait posé sur la caisse, avança de deux pas, et asséna un grand coup à la volée, visant la tête de son adversaire. Avec un craquement humide, l'extrémité recourbée de la barre d'acier rencontra la tempe gauche de l'homme, qui s'arrêta net en poussant un hurlement. Les yeux exorbités, il s'écroula sur le sol, bras en croix, main droite toujours crispée sur son revolver. Et il ne bougea plus.

Raffi regardait d'un œil horrifié le mécanicien étendu à ses pieds.

« Il… Il est mort ? » balbutia-t-il.

Holliday se baissa, prit le Webley par précaution, et tâta la jugulaire de l'homme. Pas de pouls. Pas de sang visible non plus. En revanche, le côté de la tête, où les os avaient été écrasés comme une coquille d'œuf, ressemblait à un ballon dégonflé.

Holliday avait une expérience suffisante du combat pour reconnaître un cadavre quand il en voyait un.

« Oui, confirma-t-il avec un soupir. Il est mort.

— Alors il faut filer ! *Tout de suite !* s'écria Raffi.

— Pas encore, répondit Holliday en secouant la tête.

— Comment ça, "pas encore" ? Plus nous nous attardons ici, plus nous risquons de voir revenir le bonhomme de la boutique !

— Justement. Jusqu'à présent, ces gens-là ignoraient que nous étions au courant de leur manège. Si nous laissons un mort ici, ça change toute la donne…

— Alors on fait quoi ?

— On se débarrasse du corps. »

Il leur fallut près d'une demi-heure pour hisser jusqu'en haut de l'escalier le cadavre flasque dont les bras, les jambes et la tête ballottaient et heurtaient chaque marche : une sinistre leçon de choses sur la loi de la gravitation universelle. Ils le tirèrent sur le pont du côté au vent du château, invisible depuis le quai. Dans le bassin, les chalutiers multicolores bercés par les vaguelettes étincelantes évoquaient une fois de plus un décor de carte postale : « *Bien arrivés Aboukir. Hôtel laisse à désirer, mais très joli port de pêche. Dommage que vous ne soyez pas là. Bises, Alice.* »

Après s'être assurés que le corps était caché par le plat-bord, ils firent une pause pour reprendre leur souffle. Raffi se pencha par-dessus le bastingage et observa l'eau. D'épaisses ondulations irisées venaient frapper nonchalamment la coque noire éraflée. La surface était couverte d'une banquise de déchets en tous genres, où se mêlaient ordures ménagères, poissons morts, débris de plastique et longs tapis d'algues brunes.

« Les cadavres, ça flotte, ou ça coule ? s'enquit l'Israélien.

— Ils commencent par couler, mais ils finissent par remonter sous l'effet des gaz.

— Ça prend longtemps ?

— Je n'en ai pas la moindre idée.

— Dans ce cas, il va falloir le lester... »

À la poupe du remorqueur, ils trouvèrent une chaloupe retournée à moitié recouverte d'une bâche en toile caoutchoutée. L'embarcation, qui avait dû faire office de canot de sauvetage ou servir à inspecter la coque du navire, n'avait pas dû être utilisée depuis des décennies. Sous la chaloupe était rangé un moteur hors-bord British Seagull 1,5 CV antédiluvien, tout fluet, qui semblait avoir été fabriqué par un inventeur fou d'avant-guerre dans sa cabane au fond du jardin. Une amarre à demi décomposée était roulée à côté.

Ils transportèrent le moteur jusqu'à l'avant, où ils l'attachèrent aussi solidement que possible au corps sans vie à l'aide de l'amarre. Leur besogne terminée, ils vérifièrent que personne ne les regardait depuis un des chalutiers puis jetèrent leur encombrant fardeau par-dessus bord. Il y eut un grand plouf, et la couche d'immondices se déchira pour avaler le corps. Dix secondes plus tard, la nappe ondulante de débris s'était reconstituée : le mécanicien avait disparu sans laisser de trace.

« Il a déserté son poste parce qu'il était mal payé, dit Raffi.

— C'est une interprétation plausible, admit Holliday après avoir considéré un instant la surface tranquille de l'eau.

— Et maintenant ? »

Holliday pensa à Peggy, et à tout ce qui leur restait à accomplir.

« On tâche d'atteindre As-Sallum avant ce bon vieux *Khamsin.* »

9

Après avoir libéré Faraj, ils prirent le train de nuit pour Marsa-Matrouh *via* El-Alamein, la petite ville côtière où Montgomery arrêta les chars de Rommel et amorça l'offensive vers l'ouest qui finit par chasser hors d'Afrique le général allemand.

Le paysage – du moins le peu qu'ils en virent – mêlait des fragments de désert uniformément plat, des champs de dunes basses et nues, et des terres cultivées où une végétation malingre, grise de poussière, s'efforçait de survivre au milieu d'un océan de sables arides. Au loin, à main droite, dans les premières lueurs de l'aube qui se levait derrière eux, la mer semblait un immense mirage que le désert aurait vainement tenté de dissiper en s'en approchant.

Aucun compartiment à couchettes n'étant plus disponible à l'heure tardive où ils étaient montés dans le train, ils avaient passé la nuit à discuter de leur situation en buvant des canettes de bière Luxor dans le décor étonnamment élégant de la voiture-bar aux parois lambrissées de bois. Au point du jour, toujours éveillés, ils étaient seuls dans le wagon, à l'exception du barman, qui dormait sur son tabouret derrière le comptoir. Le soleil levant, dans sa frénésie tranquille, bariolait le ciel de mille nuances de rose et d'or tandis que sous leurs pieds les roues répétaient inlassablement leur claquement sur les rails sans fin.

« Racontez-moi tout ce que vous savez de cet Allemand, Walter Rauff, dit Holliday. En épluchant ses activités en Afrique du Nord, nous devrions bien tomber sur un indice qui nous mettra sur la trace des lingots d'or.

— Si nous trouvons d'où viennent ces lingots, nous aurons trouvé Peggy, c'est ça l'idée ?

— En gros, oui. »

Raffi réfléchit un long moment, rassemblant ses souvenirs. Le barman ouvrit un œil, constata que ses services n'étaient pas requis, et le referma aussitôt.

« Je me trompe sûrement sur les détails, dit enfin l'Israélien, mais, si je me rappelle bien, Rauff a commencé sa carrière dans la marine, et en a été viré à la suite d'un scandale. Il me semble qu'il avait couché avec la femme d'un amiral, ou sa fille… Ou les deux. Quoi qu'il en soit, il est parvenu ensuite à s'engager dans la SS – dans les unités "tête de mort" qui géraient les camps. Il a imaginé un système qui rendait possible le gazage des gens par des groupes mobiles d'extermination, ce qui lui a valu d'être envoyé en Afrique du Nord avec la mission de suivre l'armée de Rommel du Maroc à la Palestine en exterminant tous les Juifs, et en faisant main basse sur leurs biens. C'est là l'origine des lingots d'or. En 1942 et 1943, la progression de Rommel a été stoppée à El-Alamein, c'est-à-dire pas loin de l'endroit où nous sommes. »

Raffi jeta un coup d'œil par la fenêtre sur l'étendue désertique qu'ils traversaient avant de poursuivre :

« Bref, Rauff s'est replié un temps en Tunisie, où il a continué à rafler les Juifs à la tête de son *Einsatzkommando* Tunis, puis il a décampé d'Afrique. Pour aller en Italie, je crois. Ça, c'était en 1944. Après la guerre, il a été capturé par les Américains. Mais il a réussi à s'évader et à fuir d'abord en Syrie, *via* le Vatican, puis au Chili, grâce à la filière d'exfiltration de l'évêque Hudal. Là, il a dirigé une conserverie de crabe pendant plusieurs années avant de travailler pour les services de renseignements chiliens. Il faisait fréquemment des voyages en Allemagne, mais il n'a jamais été repris.

— Et *pendant* la guerre, ce type avait-il un plan pour disparaître dans la nature si Rommel était tué, ou fait prisonnier ?

— La plupart des unités SS avaient de ces plans en cas de défaite. Les filières du Vatican aboutissant en Amérique du Sud étaient déjà en place depuis 1942.

— Toujours en passant par la Syrie ? Ou y avait-il d'autres itinéraires possibles ? »

Raffi acquiesça d'un hochement de tête tout en avalant sa dernière gorgée de bière tiède.

« En survolant la Libye, il existait une possibilité de gagner une base aérienne désaffectée au Niger, qui était alors sous le contrôle de Vichy. De là, un avion pouvait traverser l'Atlantique jusqu'au Brésil ou au Chili.

— Je commence à y voir plus clair », dit Holliday. Prenant dans le petit sac de voyage posé près de lui une carte à grande échelle de l'Égypte et de la Libye, il la déplia sur la table et se pencha dessus.

« Avez-vous une idée de l'endroit d'où décollaient les avions en Libye ?

— J'ai un nom en tête : Al-Jaghbub… Mais ce n'est pas une certitude.

— Je vois une oasis qui porte ce nom, dit Holliday après avoir scruté la carte. Là, au milieu.

— Attendez une seconde ! s'exclama Raffi en s'animant. Ne serait-ce pas Ducos qui y a fait allusion pendant notre conversation avec lui ?

— Je ne m'en souviens pas, mais ça colle avec votre histoire de filière. Cet Al-Jaghbub aurait été une base de départ idéale pour un vol de longue distance jusqu'au Niger.

— Donc, les nazis paniquent à cause de la défaite de Rommel et ils chargent l'or dans un avion à destination du Brésil ?

— Exactement… Un avion qui se perd en route.

— Et ça aussi, ça colle : Hudal avait des contacts et des agents infiltrés à la fois dans la SS et au Vatican. »

Holliday se redressa sur son siège.

« J'y suis, maintenant, affirma-t-il. Ce moine archéologue – ce Brasseur, ou je ne sais plus comment –, ce n'était pas des écrits de templiers qu'il cherchait dans les archives du Vatican, mais les rapports de Hudal. Il est sur les traces de l'or des SS depuis le début. »

Ils arrivèrent à Marsa-Matrouh à 6 h 30 du matin. La ville, qui comptait environ deux cent mille âmes, était une Alexandrie en miniature, avec ses hôtels et ses résidences de tourisme ultramodernes le long de la corniche, et, derrière cette façade de buildings, la vieille cité, où la population berbère autochtone vendait le produit des petites fermes du désert qu'ils avaient vues du train. Ils descendirent au Beausite, un hôtel milieu de gamme de cinq étages qui disposait d'une plage de sable privée. Un simple coup de téléphone au réceptionniste leur fit prendre conscience d'une difficulté insurmontable qui ne leur était pas encore apparue, et ils s'installèrent sur le balcon de leur chambre, face à la plage, pour en discuter tout en dégustant le petit déjeuner continental offert par la direction.

« C'est fichu, affirma tristement Raffi, le regard perdu dans le bleu outremer de la Méditerranée. Avec votre passeport américain, vous en avez pour des semaines avant d'obtenir un visa pour la Libye. Quant à moi, ce n'est même pas la peine d'en parler, ajouta-t-il en beurrant son croissant.

— Eh bien, dans ce cas, nous nous passerons de visa, répondit Holliday entre deux gorgées de café corsé.

— Ah oui ? Et comment fait-on ?

— Regardez la carte… L'agglomération égyptienne la plus proche d'Al-Jaghbub est l'oasis de Siwa. Il y a environ trois cents kilomètres entre ici et Siwa, et moins de soixante-dix entre Siwa et Al-Jaghbub.

— Et une frontière infranchissable entre les deux ! Un terrain truffé de mines, des barbelés, des caméras… Le grand jeu. Je vous rappelle que l'Égypte et la Libye étaient en guerre dans les années soixante-dix.

— Ce territoire est aussi la zone de prédilection du LRDG. Je vous fiche mon billet que cette frontière infranchissable est une véritable passoire.

— Le LRDG ?

— Le Long Range Desert Group, les patrouilleurs du désert britanniques. Leurs commandos ont joué à cache-cache avec les Allemands pendant des années sur cette frontière. Ce ne sont pas les pistes de caravanes discrètes qui doivent manquer dans le secteur.

— En tout cas, s'il y en a, je ne les connais pas.

— Alors nous trouverons un guide. Il n'est pas question que je laisse tomber Peggy maintenant. »

Un peu plus tard dans la matinée, ils achetèrent un 4 × 4 militaire UAZ-469 de fabrication tchèque à un organisateur de safaris en faillite, puis ils passèrent l'après-midi à préparer cet ersatz de Land Cruiser à toit de tôle et haut sur pattes qui ressemblait à une boîte de conserve. Ils y chargèrent vivres et matériel, sans oublier toutes les cartes de la région qu'ils purent trouver, et ils prirent la route le lendemain pour l'oasis de Siwa, cap plein sud à travers le désert. D'une grande rusticité, et pratiquement dépourvu de suspensions, la jeep se comportait comme un char d'assaut, mais son simple moteur Diesel Peugeot-Citroën tournait rond, et, bien que rudimentaires, tous les instruments fonctionnaient de façon satisfaisante. Seul le compteur mentait, affichant une vitesse maximale de cent vingt kilomètres par heure alors qu'elle était tout au plus de quatre-vingt-dix.

« Je me demande ce que signifie *pri vjezdu voziola do terenu zapni predni nahon »*, dit Raffi, déchiffrant une plaque rivetée au tableau de bord derrière le sommaire volant à trois branches. Ça a quelque chose d'inquiétant.

— Espérons que nous n'aurons jamais besoin de la traduction ! » répondit Holliday, penché en avant pour décoller du siège de vinyle sa chemise trempée de sueur.

Il n'y avait rien d'étonnant à ce que l'organisateur de safaris ait mis la clé sous la porte, songea-t-il, essayant d'imaginer un touriste obèse nourri aux hamburgers de la banlieue de Chicago en train de se liquéfier dans une chaleur de four à bord d'un 4 × 4 non climatisé fabriqué dans les pays de l'Est. Le tableau n'avait rien de réjouissant.

Ils roulèrent pendant cinq heures, se relayant au volant tous les soixante-quinze kilomètres. Ils ne s'arrêtèrent que pour manger les casse-croûte qu'ils s'étaient confectionnés et faire le plein à l'aide des jerricans de gasoil stockés à l'arrière du 4 × 4. De tout le trajet, seuls quelques tours hertziennes, les ruines d'un ancien fort, trois ou quatre derricks, et autant d'amas de sable coupant les deux voies de circulation goudronnées vinrent rompre la monotonie des dunes. De loin en loin, des panneaux en arabe et en anglais les informaient soit qu'ils pénétraient dans une zone militaire, soit qu'ils en sortaient. Ils ne virent ni station-service, ni buvette, ni hôtel d'aucune sorte.

« Cambyse, le roi de Perse du VIe siècle avant Jésus-Christ, a envoyé une armée par ici pour détruire le temple d'Amon, à Siwa, dit Raffi en regardant le paysage morne.

— Et que s'est-il passé ? demanda Holliday.

— Il y a eu une tempête de sable et toute l'armée a disparu. Cinquante mille hommes que plus personne n'a jamais revus. »

Au bout de deux cent cinquante kilomètres, les dunes firent place à des collines pierreuses, puis à de modestes montagnes mouchetées de palmiers et d'un peu de verdure. Enfin, le terrain s'abaissa brusquement, dévoilant une vaste dépression où des lacs brillaient dans le soleil éclatant parmi des palmeraies et des champs de luzerne ondulant au vent du désert. Ils arrivaient à Siwa.

Siwa n'est pas une oasis comme celles qu'on voit dans les films, constituées d'un trou d'eau au milieu d'un bosquet de palmiers. Il s'agit d'une cuvette tout en longueur de quatre-vingts kilomètres sur trente qui fut jadis le lit d'un très large cours d'eau de montagne peut-être aussi important que le canyon du Colorado. Autour des lacs d'eau salée émaillant ce bassin relativement étroit se côtoient plantations de dattiers, champs et oliveraies, irrigués par des sources et des rivières d'eau douce qui font de ce coin de désert un sanctuaire fleuri et verdoyant.

Siwa connaît une occupation humaine depuis au moins dix mille ans et Alexandre le Grand vint y consulter l'oracle d'Amon-Râ. La ville est dominée par les ruines de l'énorme citadelle de Shali, aux murs de briques de sel et terre glaise, un ensemble complexe de bâtiments fortifiés atteignant cinq étages, érigés sur les pentes d'une colline artificielle. Construite au XIIIe siècle, la forteresse resta intacte jusqu'en 1926, quand trois jours de pluies torrentielles la firent crouler comme la marée désagrège le château de sable d'un enfant. Même dans son état actuel, l'ouvrage reste impressionnant.

L'agglomération compte environ dix mille habitants, dont la grande majorité vit du commerce des olives et raisins locaux, ainsi que du tourisme. Presque tous, commerçants de la ville comme fermiers ou producteurs de fruits, appartiennent à l'ethnie berbère. Parmi un choix d'une demi-douzaine d'hôtels, Holliday et Raffi optèrent pour celui qui leur parut le meilleur, le Safari Paradise – un bâtiment entouré de bungalows faisant face à un bassin alimenté par une source murmurante. Après s'être rafraîchis dans leur bungalow, ils retournèrent au bâtiment principal pour dîner.

La salle à manger du Safari Paradise était d'un raffinement inattendu dans un lieu qui semblait, à l'instar de Tombouctou, avoir été créé pour illustrer l'expression « au milieu de nulle part ». Des tableaux de l'époque coloniale représentant des paysages d'Égypte et de Siwa en particulier décoraient les murs enduits de blanc, et les poutres de bois du plafond formaient d'élégants caissons. Sur les tables recouvertes de nappes de lin blanc étaient disposés des couverts d'argent fin et des serviettes empesées, savamment pliées en éventail. Le maître d'hôtel, qui répondait au nom d'Omar, était en habit. La carte, ornée d'un cordon à pompon, proposait une large gamme de plats, allant du filet de bœuf ou de l'entrecôte au poulet mariné en passant par les kebabs et les keftas. Les entrées comprenaient des beignets de courgettes, du pain pita garni, du *baba ganousch*, de la *salata zabadi*, accompagnée de yaourt et de menthe, et des feuilles de vigne farcies. Un serveur affable qui parlait parfaitement l'anglais vint prendre leur commande. Holliday prit les feuilles de vigne et le poulet ; Raffi, moins aventureux, se contenta d'un cheeseburger-frites. Comme boisson, tous deux optèrent pour du thé.

Comme ils achevaient leur repas et s'apprêtaient à demander des cafés, un homme apparut près de leur table. Grand, large de poitrine, il portait un bermuda, une veste de treillis d'un autre âge et une chemise blanche sans col. Il avait une belle barbe grise sur un visage carré, de longs cheveux gris en broussaille qui lui tombaient aux épaules, et de grands yeux très noirs au regard intelligent sous d'épais sourcils bruns. Son nez, long et busqué, n'aurait pas déparé la physionomie d'un empereur romain. Quand il prit la parole, il dévoila une rangée de petites dents régulières dont la blancheur de nacre tranchait avec son teint cuivré. Il avait une riche voix de basse, comme celle d'un acteur ou d'un politicien, et un accent presque britannique, mais pas tout à fait. Canadien, peut-être, songea Holliday.

« Bonsoir. Je m'appelle Emil Abdul Tidyman, dit-il en s'asseyant sans y avoir été invité. Il semblerait que vous cherchiez un guide… »

10

« Qu'est-ce qui vous fait croire que nous cherchons un guide, monsieur Tidyman ? demanda Holliday.

— Élémentaire ! répondit l'homme en souriant. Vous arrivez à Siwa dans un vieux tout-terrain tchèque que vous n'avez pu qu'acheter, étant donné que personne n'en loue. Et si vous avez acheté un véhicule de ce genre, c'est sans doute que vous avez l'intention d'aller quelque part où les circuits organisés ne vous emmèneront pas. D'autre part, à votre coiffure et votre façon de marcher, on voit tout de suite que vous êtes ou avez été militaire. Je dirais commandant, ou plutôt colonel… D'ailleurs, seul un officier expérimenté ayant par exemple servi en Afghanistan peut savoir qu'un Ulyanovsky Avtomobilny Zavod-469, en dépit de son origine, est bien mieux adapté au désert qu'une Land Rover ou un Land Cruiser Toyota. Ce qui signifie, d'après mon expérience, que vous désirez vous rendre dans un endroit où vous n'êtes pas censés mettre les pieds… Je me trompe… colonel ? ajouta Tidyman en se laissant aller contre le dossier de sa chaise.

— D'après votre expérience ? répéta Holliday,

ignorant la question. Et quelle est-elle au juste, cette expérience, monsieur Tidyman ?

— À peu près la même que la vôtre, j'imagine, mais limitée à l'Afrique. Congo – Katanga, pour être précis –, Biafra, Angola, Sierra Leone, Guinée équatoriale, et j'en passe…

— Mercenaire ?

— Soldat de fortune.

— C'est le nom que se donnent tous les machos de quatre sous sans cervelle qui se trimballent en pick-up avec un fusil. Pratiquement tous les mercenaires que j'ai rencontrés étaient soit des réformés P4, soit des crétins qui n'avaient pas résisté à l'entraînement de base des marines. »

Tidyman haussa les épaules en souriant de toutes ses dents blanches.

« Si ça peut vous faire plaisir, professeur Holliday…

— Ah, parce que vous connaissez mon nom ?

— Le réceptionniste est un vieil ami à moi.

— Vous habitez à Siwa ?

— Disons que j'y réside à la belle saison et que je passe l'hiver sous des latitudes plus fraîches.

— Curieuse option, remarqua Raffi.

— C'est l'un des avantages de posséder plusieurs nationalités… L'un des inconvénients, aussi. Mon statut de citoyen canadien me donne droit à la couverture santé gratuite, à condition que je vive au Canada plusieurs mois par an. Cela vaut également pour les soins dentaires gratuits dont je peux bénéficier en Grande-Bretagne. Quant à ma citoyenneté égyptienne, je lui dois mon gagne-pain.

— Trois passeports ? Joli coup ! » s'exclama Holliday en riant.

Malgré lui, il commençait à trouver sympathique le beau parleur au charme un tantinet sulfureux qu'il avait en face de lui. L'homme avait à l'évidence oublié d'être sot.

« Et comment avez-vous réussi ce tour de force ?

— Je suis l'expatrié modèle : jamais chez moi, quel que soit le lieu où je me trouve. Mon père était britannique, ma mère égyptienne. Je suis né au Caire peu de temps après la guerre, mais j'ai été élevé au Canada, où j'ai été naturalisé. Contrairement aux superpatriotes états-uniens, les Canadiens acceptent volontiers les détenteurs de passeports multiples. Les Américains parlent de *melting pot* – de creuset – les Canadiens de « mosaïque ». Chacun sa façon de voir les choses… En tout cas, quoi que prétendent les médisants, je peux témoigner que le système de santé canadien est excellent.

— Et ce gagne-pain auquel vous avez fait allusion, quel est-il ? » s'enquit Raffi.

Nouveau sourire éclatant de Tidyman.

« Les gens viennent m'exposer leurs plus chers désirs, et je les exauce.

— Très poétique, commenta Holliday. Quoiqu'un peu énigmatique…

— Quelle est cette fameuse citation de Churchill, à propos d'énigmes, déjà ? demanda Tidyman, un pétillement dans le regard.

— Vous voulez sans doute parler de son discours radiodiffusé de 1939 au sujet de la Russie : "Une devinette enveloppée dans un mystère à l'intérieur d'une énigme." Tout ça pour dire que la politique russe était compliquée.

— Vous êtes féru d'histoire, à ce que je vois. Intéressant…

— Moi qui croyais que c'était Jim Carrey qui disait ça, quand il jouait le Sphinx dans *Batman Forever !* » intervint Raffi, souriant à son tour.

Tidyman éclata de rire.

« Ah ! Jim Carrey ! Un confrère expatrié canadien ! Encore un qui se fait faire ses bilans de santé annuels à Toronto, vous pouvez en être sûr !

— Où voulez-vous en venir, au juste, monsieur Tidyman ? demanda Holliday.

— À vous faire comprendre que mon gagne-pain est une activité aussi compliquée que la politique russe.

— Et en quoi cela nous concerne-t-il ?

— Je crois savoir que votre plus cher désir, lui aussi, est compliqué à exaucer…

— Qu'est-ce qui vous permet de dire ça ?

— Allons, allons, professeur ! Nous tournons en rond. Il est normal que nous soyons tous les deux un peu sur nos gardes, que nous nous accordions un round d'observation, comme on dit. Mais serions-nous là à discuter comme nous le faisons si vous étiez un simple touriste ? Sûrement pas : vous auriez depuis longtemps prié mon bon ami Omar, là-bas, de me mettre à la porte !

— Je suppose qu'Omar et vous êtes liés par une sorte d'arrangement ?

— Connaissez-vous le terme *bakchich ?* répondit Tidyman, avec son sourire solaire.

— Dessous-de-table, traduisit Raffi.

— Exactement. C'est ainsi que se traitent les affaires dans mon pays.

— Votre pays ? Mais lequel ? demanda Holliday.

— Touché ! comme disent les escrimeurs... Puisqu'il semble que nous ayons repris nos assauts à fleurets mouchetés.

— Et si nous en venions au fait, au lieu de tourner autour du pot, monsieur Tidyman. J'aimerais bien pouvoir enfin boire mon café en dégustant un dessert appelé *oum ali*, que le serveur m'a chaudement recommandé.

— Il a eu raison. C'est une sorte de pudding à la cerise version égyptienne, mais en bien meilleur. J'en prendrais volontiers, moi aussi.

— Venons-en au fait ! » insista Holliday.

À un appel muet de Tidyman, le serveur s'approcha en saluant d'une courbette. L'expatrié passa rapidement une commande en arabe. Le garçon acquiesça et s'éloigna.

« Voici comment je vois les choses, professeur, reprit Tidyman à mi-voix en se penchant au-dessus de la table. Si j'en juge par vos solides connaissances historiques, vous n'avez rien du touriste candide. Et à mon avis, vous n'êtes pas non plus de ces fadas d'internautes qui pensent que les soldats de l'armée perdue de Cambyse les attendent quelque part sous le sable, vêtus d'armures cloutées de diamants.

— Je ne suis ni l'un ni l'autre, en effet.

— Il n'existe donc qu'une interprétation possible à votre présence : vous et votre ami êtes ici en mission. Ajoutons à cela que vous vous promenez à bord d'un véhicule tout-terrain spécialement adapté aux déserts, de glace comme de sable, et la conclusion s'impose d'elle-même : pour une raison quelconque, vous avez besoin de quelqu'un qui puisse vous faire passer discrètement la frontière libyenne. D'où ma certitude que vous êtes à la recherche d'un guide. »

Tidyman se renversa sur sa chaise et observa attentivement Holliday tout en se caressant la barbe.

« Et en admettant que votre hypothèse soit correcte, pensez-vous que nous vous engagerions ? Vous pourriez très bien être un policier qui nous tend un piège.

— Ce serait de l'incitation à commettre un délit.

— Nous sommes en Égypte. Une telle infraction pourrait nous valoir dix ans de cauchemar dans une prison cairote avant même que notre cas soit examiné par un tribunal.

— Vous avez raison, nous sommes en Égypte, et vous pourriez tout aussi bien moisir dix ans dans la prison de Borg al-Arab pour avoir été trouvés en possession de ceci… »

Plongeant nonchalamment la main dans la poche de sa veste de treillis, il en sortit le petit automatique Nite Hawg que Holliday avait subtilisé dans la cale du remorqueur.

« Où avez-vous pris ça ? » siffla Raffi en ouvrant de grands yeux.

Tidyman remit le pistolet dans sa poche.

« J'ai fouillé vos bagages dans votre chambre pendant que vous dîniez, avoua-t-il, tout sourire. C'est que vous auriez très bien pu être des flics, vous aussi, comme j'aurais pu en être un moi-même. Notez quand même que je ne vous ai pas dénoncés, alors que ça aurait pu me rapporter gros… Mais mon pari est que j'ai plus à gagner en faisant affaire avec vous deux qu'avec la police du coin. »

On leur apporta le dessert, un délicieux pudding au goût prononcé de noix et de cerise noyé de crème fraîche, qu'ils dégustèrent dans un silence religieux. Enfin, Holliday posa sa fourchette et interrogea Raffi du regard. L'Israélien lui ayant répondu d'une mimique expressive et d'un haussement d'épaules fataliste, il se tourna de nouveau vers Emil Abdul Tidyman.

« Bon, d'accord, dit-il. Causons ! »

Ils ne parlèrent à Tidyman ni de l'or ni de l'implication du Vatican ou de Sodalitium Pianum, son organe de renseignement, préférant garder pour eux ces informations, du moins pour le moment. Holliday se demandait en effet si le Saint-Siège lui-même était mêlé à l'affaire, ou si la branche française du service d'espionnage pontifical, La Sapinière, n'avait pas décidé de faire cavalier seul et d'agir pour son propre compte. Ils s'abstinrent aussi de mentionner l'agression de West Point, ainsi que celles dont ils avaient fait l'objet précédemment, alors qu'ils cherchaient à percer le secret de l'épée des Templiers ayant appartenu à l'oncle de Holliday.

« Je ne suis toujours pas convaincu que nous ayons raison de lui faire confiance, déclara Raffi quand ils eurent regagné leur bungalow.

— Moi non plus, répondit Holliday en glissant une balle après l'autre dans le chargeur de l'automatique que lui avait discrètement rendu Tidyman avant de les quitter dans le vestibule de l'hôtel. Mais ça ne nous empêche pas d'utiliser ses compétences. Je n'étais pas très chaud pour pénétrer en Libye sans aide. Il a raison : il nous faut un guide.

— J'ai l'impression que ce M. Tidyman se soucie

avant tout de lui-même. C'est un opportuniste. Il n'hésitera pas une seconde à nous livrer si les choses se gâtent, ou s'il y trouve son intérêt.

— C'est possible. Mais si quelqu'un comme lui gagne sa vie à Siwa, ce ne peut être qu'en faisant de la contrebande… Drogue, clandestins, armes aussi, peut-être. Et s'il est aussi opportuniste que vous le soupçonnez, on peut penser qu'il fera tout pour protéger ses circuits d'approvisionnement. Non, je ne crois pas que nous ayons lieu de nous inquiéter sur ce point.

— J'espère que vous avez raison. Nous ne serons pas d'un grand secours pour Peggy si nous nous retrouvons à croupir dans une prison du Caire… »

11

Il fallut à Tidyman une journée pour rassembler le matériel qu'il jugeait nécessaire, et une deuxième pour planifier le voyage, faire courir le bruit qu'il emmenait ses deux pigeons de touristes visiter l'oasis de Bahariya, vers l'est, et obtenir les permis requis afin d'accréditer ce mensonge. L'histoire tenait debout : de nombreux touristes de passage à Siwa se rendaient en effet à Bahariya, certains pour y entendre la musique folklorique qui avait fait la réputation de cette oasis, d'autres pour rentrer au Caire par un autre chemin. D'ailleurs, après avoir vu affluer chez eux tous les doux dingues venus observer l'éclipse totale, quelques années plus tôt, les habitants de Siwa étaient prêts à croire à peu près n'importe quoi concernant les lubies des visiteurs étrangers. Du moment que ceux-ci dépensaient une partie de leur argent sur place, ils pouvaient bien faire ce qui leur chantait.

Ils partirent donc de Siwa en direction de l'est sur une route à deux voies goudronnée presque rectiligne, tournant le dos à la frontière libyenne. C'était Tidyman qui tenait le volant. Des jerricans d'eau en plastique étaient arrimés sur des porte-bagages qu'il avait achetés la veille et fixés sur le toit et les côtés du 4 × 4. Le carburant de réserve et les approvisionnements divers occupaient l'arrière de la jeep, les trois hommes se serraient sur la banquette avant.

Tidyman avait présenté cette diversion vers l'est comme une ruse destinée à leurrer les gens de Siwa, d'un naturel curieux, disait-il, mais il cherchait aussi à tromper une éventuelle patrouille aérienne de la police des frontières. Il ne croyait guère à un tel danger, toutefois, car les pilotes d'avions de reconnaissance légers craignaient bien trop d'être abattus par les chasseurs libyens – voire égyptiens – pour s'aventurer dans ce secteur.

Au bout d'une demi-heure, Tidyman ralentit, puis, se penchant, il abaissa une manette noire située près du levier de vitesse.

« Qu'est-ce que vous avez fait ? demanda Raffi, sentant le véhicule hoqueter bizarrement tandis que la musique du moteur changeait de registre.

— Ce qui est écrit sur cette plaque, répondit Tidyman. *Pri vjezdu voziola do terenu zapni predni nahon.* "Pour la conduite tout-terrain, enclencher les quatre roues motrices."

— Vous parlez le tchèque ? s'enquit Holliday, impressionné.

— Juste assez pour conduire une jeep. Une nécessité dans quelques-uns des coins où j'ai combattu. C'est un collègue qui m'a appris. Il se faisait appeler Švejka. Un bon soldat, Švejka.

— Qu'est-il devenu, si je ne suis pas trop indiscret ?

— Vous l'êtes », répliqua Tidyman.

L'Égyptien tourna brusquement le volant et ils quittèrent la route avec une embardée pour s'engager dans le sable compact, sur lequel les gros pneus spéciaux adhéraient sans difficulté. Ils décrivirent une longue courbe vers la gauche, s'éloignant du ruban de bitume, qui finit par disparaître de leur vue derrière les dunes. Tidyman sortit de sa poche un GPS Garmin Rino qu'il lança à Holliday.

« Vous savez vous servir de ce truc-là ? demanda-t-il.

— Bien sûr. »

Holliday avait utilisé cette technologie pour la première fois lors de missions de combat pendant l'opération *Tempête du désert* contre l'Irak. Le principe était le même que celui de la navigation classique, sauf qu'au lieu d'utiliser un sextant pour faire le point sur le soleil et les étoiles, on repérait sa position par triangulation en envoyant une onde radio se répercuter sur une série de satellites géosynchrones.

« Il est réglé sur les coordonnées qui nous intéressent, indiqua Tidyman. Il suffit de suivre le point sur l'écran. »

Vingt-cinq minutes plus tard, ils atteignirent la grande route Siwa-Marsa-Matrouh, qu'ils coupèrent à angle droit pour longer la limite septentrionale de la dépression orientée est-ouest où se trouvait l'oasis. Ils roulèrent encore une heure, puis, quand ils eurent largement dépassé la ville de Siwa, Tidyman engagea le 4 × 4 sur une piste à peine tracée qui descendait vers le fond de la dépression. Au loin, vers le sud, l'un des vastes lacs d'eau salée de l'oasis scintillait au soleil, tel un mirage étincelant produit par la chaleur sur le macadam d'une route.

Ici, le désert était pierreux, parsemé de touffes de

végétation. Une barrière de collines sombres et nues se dressait devant eux, hérissée de rochers escarpés balayés par le vent. Jusqu'à présent, ils n'avaient rencontré aucun autre véhicule. Toutes les cinq minutes, Tidyman demandait s'ils avaient atteint le prochain point signalé sur le GPS, et Holliday annonçait les coordonnées.

« Vous suivez un plan préétabli, ou vous jouez d'oreille ? demanda Raffi.

— D'abord, nous franchissons la frontière, ensuite nous nous dirigeons vers Al-Jaghbub, répondit Tidyman, qui contourna doucement un affleurement rocheux avant de poursuivre : J'ai des amis, là-bas. S'ils ont des renseignements quelconques au sujet de votre amie, ils me les communiqueront.

— Où sommes-nous, au juste ? s'enquit Holliday, regardant tour à tour l'écran du GPS et le paysage désolé qui leur faisait face.

— Nous sommes sur le Masrab al-Ikhwan, qu'on surnommait jadis le "chemin des voleurs".

— Un nom approprié, grommela Raffi.

— Il fut un temps où cette piste était le seul passage méridional entre l'Égypte et la Libye. Elle était surtout empruntée par les contrebandiers et les trafiquants d'esclaves.

— Vous ne semblez pas avoir vraiment besoin du GPS pour vous orienter, remarqua Holliday.

— Mon père était capitaine dans le LRDG, qui était basé à Siwa pendant la guerre. Ses cartes sont à peu près tout ce qu'il m'a laissé en héritage, et j'en ai fait bon usage. Les patrouilleurs du LRDG n'arrêtaient pas de sillonner cette région dans tous les sens.

— Et une fois que nous aurons trouvé les ravisseurs

de Peggy – si nous les trouvons –, que ferons-nous ? » intervint Raffi d'un ton dubitatif.

Tidyman lui adressa un sourire affable.

« Je pensais que c'était évident pour tout le monde, mon ami israélien : nous les tuerons. »

Au point de navigation suivant, l'Égyptien vira vers le nord et guida prudemment la vieille jeep le long de l'alignement de dunes qui bordaient la piste désormais invisible sous le sable. Il n'y avait plus d'autres repères, à présent, que le ciel brûlant et le soleil implacable au-dessus de leur tête.

« Nous sommes en train de suivre la frontière, expliqua Tidyman. L'ancienne ligne de barbelés mise en place par les Italiens se trouve à deux ou trois kilomètres, là-bas vers l'ouest. Il y a beau temps que le sable l'a recouverte, bien sûr. Il fallait être aussi crétin et arrogant que Mussolini pour s'imaginer pouvoir dompter le désert avec du fil de fer ! »

Ils progressèrent encore pendant vingt minutes, puis firent halte à l'ombre d'un piton de grès que le vent avait érodé en forme de sphinx tronqué.

« Pourquoi nous arrêtons-nous ? demanda Raffi, l'air soupçonneux.

— Une petite reconnaissance s'impose, comme aurait dit mon père. Et un brin de camouflage… »

L'Égyptien se tourna pour prendre un sac à dos à l'arrière du 4 × 4.

« Vous n'avez qu'à sortir vous dégourdir les jambes, reprit-il. J'en ai pour quelques minutes. »

Il descendit de la voiture avec son sac. Holliday le suivit.

« Votre ami israélien n'a pas l'air de m'apprécier beaucoup, dit Tidyman.

— Il s'inquiète pour Peggy.

— Il est amoureux de votre cousine ?

— Oui.

— Soyez sans crainte, nous la retrouverons, assura le soldat de fortune, qui posa sa main sur le bras de Holliday avant d'ajouter : Dites-lui que je compatis à son chagrin !

— Je le ferai. »

Tidyman hocha la tête, puis s'éloigna sur un sentier qui escaladait l'éminence de roche pâle. Holliday se retourna et vit Raffi venir vers lui.

« Qu'est-ce que vous fabriquiez, tous les deux ? s'enquit l'archéologue.

— Nous faisions connaissance sur un plan plus personnel... Il pense que vous ne le portez pas dans votre cœur.

— Il n'a pas tort. Je ne l'aime pas, et je n'ai aucune confiance en lui.

— N'oubliez pas qu'il est notre seul atout pour le moment. Alors ne le prenez pas à rebrousse-poil. »

Raffi acquiesça et fit quelques pas pour se mettre à l'ombre du piton. Quand Holliday le rejoignit, il s'aperçut que le tertre n'était pas constitué de grès, comme il l'avait cru, mais de coquilles d'huîtres fossiles amalgamées à de la craie.

« Miocène, dit Raffi. Vingt millions d'années, à un ou deux millénaires près, quoi qu'en pensent ces plaisantins de créationnistes. »

Le pied de Holliday heurta quelque chose sous le sable. S'accroupissant, il dégagea l'objet, qui semblait fait de métal noirci. Il creusa un peu plus et finit par dégager une boîte de conserve rouillée dont l'étiquette était toutefois encore lisible.

« Soupe de tomate Campbell », murmura-t-il.

Raffi, lui aussi, venait de trouver un bidon noirci par l'oxydation.

« Vacuum Oil Company, lut-il.

— Le nom que portait la compagnie Mobil à l'origine, indiqua Holliday. Il devait y avoir un campement du LRDG ici pendant la guerre.

— Comment qualifier cet endroit ? Décharge sauvage ou site archéologique ?

— Tout dépend du point de vue où l'on se place, répondit Tidyman, qui redescendait de la butte. Sur les cartes de mon père, le lieu s'appelle le Champignon, sans doute à cause de la forme du piton. »

Raffi se détourna avant de s'éloigner sans un mot. L'Égyptien haussa les épaules en regardant Holliday avec un demi-sourire.

« Comme je le disais, votre ami ne m'estime guère…

— Rien ne l'y oblige, répliqua Holliday d'un ton légèrement cassant. Qu'avez-vous vu, de là-haut ?

— Le désert, et encore le désert. »

Tidyman adressa à Holliday un petit signe de tête poli et retourna au 4 × 4. S'agenouillant sur le sol devant le véhicule, il sortit de son sac un tournevis puis ôta la plaque d'immatriculation égyptienne bleue et blanche pour la remplacer par une plaque libyenne aux caractères noirs sur fond vert réfléchissant. Après avoir répété l'opération avec la plaque arrière, il fixa sur la portière un panonceau magnétique semblable à celui que Félix Valador avait posé sur sa camionnette à Cannes.

« Je comprends le changement d'immatriculation, mais que représente ce symbole ? demanda Holliday, désignant le panneau aimanté dont le dessin montrait quatre longueurs de tuyau en perspective forcée que soulignait une ligne de caractères arabes.

— C'est le logo de la régie pour la Grande Rivière artificielle, le grand projet d'irrigation de Kadhafi, expliqua Tidyman en se reculant pour examiner son travail. C'est à Al-Jaghbub que se trouve le départ du pipeline qui alimente Tobrouk… Par chance ce sont des BJ-212 chinois imités de l'UAZ-469 que le personnel de la compagnie utilise pour se déplacer. De près, ce maquillage ne tromperait personne, mais vu des airs…

— Vous pensez que nous pouvons être repérés par la surveillance aérienne ?

— Ça m'est déjà arrivé. Mais franchement je n'y crois pas trop. Kadhafi rationne le carburant pour ses hélicoptères Mi-24 Hind, or ils sont basés dans le sud, à Koufra, à plus de six cents kilomètres d'ici.

— Et nous sommes loin d'Al-Jaghbub ?

— Une trentaine de kilomètres. Mais nous attendrons la nuit pour franchir la frontière, qui est toute proche, vers l'ouest. »

Ils attendirent le crépuscule. Tandis que Tidyman somnolait, adossé au Champignon, Raffi faisait les cent pas, inquiet, dressant l'oreille à des bruits imaginaires. Holliday, quant à lui, examinait les détritus abandonnés là par le Long Range Desert Group plus d'un demi-siècle auparavant, tout en se demandant, comme cela lui arrivait souvent, ce qui pouvait pousser les hommes à s'entre-tuer pour des frontières complètement artificielles. La soif de Hitler pour le *Lebensraum* avait conduit à un holocauste, mais le dictateur allemand n'était pas le premier à déclencher une guerre pour l'espace vital, et il ne serait certainement pas le dernier.

La nuit tomba brutalement. Après avoir embrasé les dunes et les buttes de grès aplaties par le vent, le soleil disparut, ne laissant derrière lui qu'un rideau rose foncé contrastant avec le paysage déjà plongé dans l'ombre. Tidyman s'ébroua et ils remontèrent dans le 4 × 4. La fraîcheur qui s'était installée en un instant fit frissonner Holliday quand ils démarrèrent.

« La frontière est à dix minutes. Si nous rencontrons des difficultés, je m'occupe de tout », dit tranquillement l'Égyptien tandis qu'ils contournaient la base du piton.

Ils poursuivirent leur route vers l'ouest à travers un terrain qui devenait plus pierreux que sablonneux. Dans l'obscurité, presque totale à présent, Tidyman semblait se fier à son instinct plutôt qu'à sa vue pour suivre la piste.

« Ça y est, nous sommes en Libye », annonça-t-il soudain, sans que rien ait indiqué qu'ils passaient la frontière, si ce n'est un bref bip émis par le GPS.

12

Tidyman conduisait avec précaution, avançant mètre par mètre.

« À ce train-là, nous n'arriverons jamais ! protesta Raffi.

— La priorité n'est pas la vitesse, mais la prudence, répondit l'Égyptien, le regard rivé devant lui. Ce tronçon est périlleux. Si je quitte la piste et que nous nous ensablons, nous risquons effectivement de ne jamais arriver… Dans ce pays, mourir de soif n'est pas qu'une façon de parler ; c'est une éventualité qu'il vaut mieux toujours avoir à l'esprit. »

Ils continuèrent à progresser dans la nuit, ne devinant le relief environnant que lorsque la masse noire d'une élévation de terrain leur masquait les étoiles. Il semblait à Holliday que Tidyman serrait au plus près le pied d'une colline à la crête irrégulière qui s'élevait sur leur gauche. Un autre tertre se dressait sur leur droite, à une centaine de mètres. Le vieux 4 × 4 cahotait sur le sol raboteux dans un grincement de suspensions, ballottant rudement ses trois occupants.

Et tout à coup, ce fut comme si le jour s'était levé. Une fusée éclairante blanche jaillit au-dessus d'eux, inondant la jeep de sa lumière crue. Dans cette soudaine illumination, Holliday vit un autre véhicule, moins de cent mètres devant eux, arrêté au beau milieu de la piste. Tidyman pila brutalement. L'autre voiture était presque identique à la leur, à ce détail près que l'arrière de l'habitacle avait été enlevé et remplacé par une mitrailleuse lourde KPV de fabrication soviétique derrière laquelle se tenait un soldat en uniforme. De mémoire, l'arme, conçue pour abattre des avions, tirait cinq cents cartouches à la minute. De quoi transformer en passoire l'UAZ-469 et ses passagers. Le flamboiement de la fusée s'estompa, et les phares de l'autre véhicule s'allumèrent, emprisonnant le 4 × 4 dans leur faisceau.

« Et maintenant ? dit Raffi.

— Je vais descendre. Ne bougez surtout pas ! répondit Tidyman.

— Loin de moi l'idée ! assura Holliday.

— Quand j'abaisserai le bras, allumez les phares, ordonna l'Égyptien, parfaitement calme, tout en désignant un bouton noir sur le tableau de bord.

— Bien reçu. »

Tidyman ouvrit doucement sa portière et sortit mains en l'air.

« Vous croyez qu'il sait ce qu'il fait ? demanda Raffi en suivant des yeux le baroudeur, qui s'avançait en pleine lumière.

— C'est à espérer. Sinon nous sommes morts. »

Tidyman continuait son chemin, bien au centre du cercle lumineux formé par les phares du pick-up, sa haute silhouette projetant derrière lui des ombres mouvantes démesurées.

« Mais qu'est-ce qu'il fabrique ? » demanda Raffi, tendu.

La main en suspens au-dessus du bouton noir, Holliday ne répondit pas. L'espace d'un instant, il fut pris de panique, se demandant si le bouton se tirait ou s'enfonçait. Il décida qu'il fallait le tirer et pria pour que ce soit effectivement le cas : s'il se trompait, Raffi et lui seraient pulvérisés dans la seconde.

Tidyman atteignit le 4 × 4 à la mitrailleuse. Holliday l'entendit parler en arabe, d'une voix délibérément assez forte pour couvrir le bruit de moteur qui tournait au ralenti. Quelqu'un lui répondit depuis l'intérieur du véhicule et il se mit à pivoter lentement sur lui-même, les mains toujours au-dessus de la tête.

« Ils vérifient s'il n'est pas armé », commenta Holliday.

Tidyman acheva sa pirouette puis s'immobilisa. À un ordre bref qui lui fut donné, il s'approcha de la portière côté conducteur, se pencha légèrement et se mit à parlementer avec un interlocuteur invisible.

Quelque chose dans son attitude alerta soudain Holliday. Brusquement, l'Égyptien abaissa les mains, et un objet brillant glissa hors de sa manche de veste.

Holliday tira sans attendre le bouton noir.

Au moment même où le faisceau aveuglant des phares frappait l'autre voiture, Holliday eut le temps de voir la main de Tidyman pénétrer comme l'éclair à l'intérieur de l'habitacle par la vitre baissée. Presque simultanément, un pistolet apparut dans son autre main et un unique coup de feu retentit. Le servant de la mitrailleuse n'eut pas le temps de riposter : il s'affaissa comme un pantin désarticulé sur le plateau du pick-up alors que Tidyman ressortait son bras par la vitre ouverte, la longue lame du couteau qu'il tenait dégouttant de sang noir dans la lumière des phares. Tout s'était déroulé en un clin d'œil.

« Dieu du ciel ! » murmura Raffi, horrifié.

Tidyman revenait déjà sur ses pas tout en essuyant sa lame sur la jambe de son pantalon. Parvenu au 4 × 4, il se pencha à l'intérieur du côté où était assis Raffi. Celui-ci se rejeta en arrière, une expression d'effroi sur le visage.

« Vous les avez tués ! s'écria-t-il.

— Bien sûr que je les ai tués, répliqua l'Égyptien, d'un ton où perçait pour la première fois de l'agacement. Sinon c'étaient eux qui vous tuaient. Nous sommes dans le monde réel, mon ami, pas dans un salon. Il n'y a pas de place pour les considérations théoriques ou la morale, ici. Ces gars-là étaient des ennemis, point final… Je vais conduire leur pick-up derrière ces rochers, là-bas sur la gauche, poursuivit-il à l'adresse de Holliday. Je vais avoir besoin d'aide pour les corps. S'ils ne sont pas enterrés, ils attireront les oiseaux et ça donnera l'alerte. Avec un peu de chance, les équipes de recherche ne les trouveront pas avant quelque temps.

— Je viens avec vous », dit Holliday.

Tidyman alla ouvrir la malle arrière, d'où il sortit son gros sac à dos ainsi qu'un objet ressemblant à un rouleau de peintre en bâtiment et une sorte de manche à balai. Il vissa le rouleau au bout du manche.

« À quoi sert ce machin ? s'enquit Holliday.

— À effacer les traces de pneus. Une astuce que j'ai retenue des histoires de guerre que me racontait mon père.

— Est-il vraiment nécessaire de les effacer ? Le vent ne s'en chargera pas ?

— En 1927, le premier commandant en date du LRDG, un nommé Ralph Bagnold, a traversé le désert libyen en voiture. Eh bien, ses traces de pneus sont encore visibles, si on sait où les chercher. À certains endroits, la croûte superficielle de sable contient une grande quantité de sel, ce qui la rend très friable et facile à marquer. Le désert ne pardonne pas. »

Sur ces mots, Tidyman s'éloigna dans l'obscurité, son étrange outil sur l'épaule. Holliday lui emboîta le pas.

Il était près de minuit quand ils achevèrent leur besogne et revinrent, harassés, au 4 × 4, où Raffi les attendait. Avant de remonter dans la voiture, Tidyman sortit de son sac une torche électrique dont il promena le rayon lumineux sur les alentours. Les traces avaient disparu. À croire que l'autre véhicule n'avait jamais existé.

« Ce n'est pas parfait, estima l'Égyptien. Les Libyens finiront par découvrir le pot aux roses. Mais ça fera l'affaire pour le moment. »

Après avoir rangé sa lampe, il reprit place derrière le volant. Cette fois, Raffi préféra s'asseoir près de la portière, le plus loin possible de lui.

Ils poursuivirent leur route sans rien dire, s'enfonçant entre des dunes qui semblaient les enserrer de plus en plus. La lune commençait à se lever.

« Il y en a encore pour longtemps ? demanda Holliday, brisant le silence.

— Nous y sommes presque », assura Tidyman.

Et soudain, ils arrivèrent à destination. Au débouché d'un étroit passage entre deux hautes dalles de grès façonnées par le vent, le village d'Al-Jaghbub leur apparut au loin, en contrebas. À cette distance, avec ses maisons blanches aux murs polis par le temps, certaines en train de s'effondrer, d'autres déjà en ruine, elle ressemblait à une maquette de plâtre pour enfants. Au milieu de la localité, tel le joyau au centre d'une couronne, une mosquée dressait son dôme et son minaret au-dessus des autres constructions. Un si grand raffinement architectural dans un lieu éloigné de tout avait de quoi surprendre.

« C'est la mosquée de Muhammad ibn 'Ali al-Sanusi, le fondateur de la confrérie Senoussi, que vous voyez, indiqua Tidyman, devançant la question qu'allait lui poser Holliday. Il est enterré là. Al-Jaghbub était la capitale de son mouvement. C'est un endroit que peu de gens connaissent, à présent, mais certains érudits y voient le berceau de l'islam radical, dont se réclamaient les auteurs des attentats du 11 Septembre. »

Vers le nord, comme une épaisse ombre verte, s'étendait l'oasis elle-même, plantée de palmeraies et de petites parcelles de céréales. Au sud du vieux bourg fortifié, au-delà d'une ceinture dépourvue de toute végétation, commençait la Grande Mer de sable, un moutonnement sans fin de vagues harmonieuses dont un sorcier céleste aurait ralenti le mouvement pour qu'elles ne se brisent jamais sur le rivage, mais traversent les millénaires en progressant inexorablement, centimètre par centimètre. Dans le clair de lune, le paysage se partageait entre les froids dégradés de noir des ombres portées et le chatoiement doré du sable.

« C'est magnifique, murmura Raffi, qui n'avait pas

desserré les dents depuis la fin tragique des deux soldats dans le pick-up.

— C'est surtout un endroit très dangereux pour nous, dit Tidyman.

— Dans ce cas, pourquoi nous y emmenez-vous ? demanda l'Israélien, agressif.

— Mais je ne vous y emmène pas.

— Ah non ? Et où allons-nous, alors ?

— Nulle part, répondit énigmatiquement l'Égyptien, qui remit le 4 × 4 en prise et vira vers le sud-est pour s'engager entre les dunes de l'océan de sable, tournant le dos à la ville.

— Où nous conduisez-vous, exactement ? s'enquit à son tour Holliday.

— Exactement ? Au point situé à vingt-huit degrés quarante-huit minutes cinquante-cinq secondes nord par vingt-trois degrés quarante-six minutes dix secondes est… Très exactement.

— Et que trouverons-nous, *très exactement*, à cet endroit-là ? » demanda encore Raffi.

Tidyman eut un sourire indéchiffrable.

« Je vous l'ai déjà dit : votre plus cher désir… »

Ils roulèrent toute la nuit, stoppant de temps à autre pour se soulager, et une fois pour faire le plein de carburant. Ils ne firent même pas halte pour avaler les sandwiches au fromage enveloppés dans du papier d'aluminium que leur avait confectionnés avec du pain pita le cuisinier de l'hôtel à Siwa. Enfin, alors que le soleil se levait sur leur droite, ils atteignirent le point défini par les coordonnées indiquées par l'Égyptien.

« Ça y est, nous y sommes, à quelques dizaines de mètres près », annonça Holliday, qui avait suivi régulièrement leur progression sur le GPS.

Il n'y avait rien d'autre à voir aux alentours que des dunes, et, juste devant eux, une unique dent de grès isolée. Tidyman avança jusqu'au rocher et en contourna la base.

« La vache ! » s'exclama Holliday, reprenant une des expressions préférées de Peggy.

Là, droit devant, tel un jouet de géant mis au rebut, gisait l'épave disloquée d'un avion dont la queue formait un angle droit avec le fuselage. Le nez était une bulle de Plexiglas rendu opaque par le temps, et une tourelle faisait saillie juste derrière le cockpit. Il devait y avoir aussi une tourelle inférieure sphérique enfouie dans le sable. L'appareil était un bombardier B-17 de la Seconde Guerre mondiale dont l'étoile et la barrette de l'armée de l'air américaine se distinguaient encore sur l'aile bâbord. Le numéro matricule peint sur la partie arrière était parfaitement visible : un G dans un carré, les chiffres 230336, et, en dessous, un E. Comme ils s'approchaient de l'épave, le soleil éclaira le dessin presque effacé qui ornait le fuselage, au niveau de la carlingue : une bombe à ailettes en forme de cœur de la Saint-Valentin surmontant le nom de l'avion en lettres italiques. *Your Heart's Desire – Votre plus cher désir…*

« Très drôle, commenta Holliday.

— J'étais sûr que vous apprécieriez l'ironie, dit Tidyman en arrêtant le 4 × 4 à une dizaine de mètres de l'avion. L'équipage a dû sauter en parachute quelque part au nord d'ici ; aucun corps n'a été trouvé à bord. L'appareil aura continué à voler jusqu'à épuisement de son carburant avant d'atterrir le ventre dans le sable.

— Quel rapport avec ce qui nous intéresse ?

demanda Raffi, manifestement furieux. Nous ne vous avons pas payé pour nous faire faire la tournée nostalgique des champs de bataille !

— Moi, je le vois, le rapport, annonça tranquillement Holliday, observant à travers le pare-brise les restes de la forteresse volante. J'ai eu l'occasion de voir des cartes allemandes datées de 1945 couvrant la Libye et ce qui était alors l'Afrique-Équatoriale française, dont le Niger actuel faisait partie. Un endroit nommé Madama y était entouré au crayon gras, avec les mots *Festung* et *Benzin* écrits à côté. *Festung* signifie "place forte" et *Benzin* "essence". C'est là-bas que cet avion se rendait, pour se ravitailler en carburant.

— Je ne comprends pas, dit Raffi. C'est un appareil américain.

— Il appartenait au KG 200, un escadron de la Luftwaffe qui utilisait des avions anglais et américains capturés. Celui-ci devait faire partie de leur premier groupe, qui opérait sous la direction de la SS. C'est celui que Walter Rauff a utilisé pour transporter son butin.

— Tout à fait exact, confirma Tidyman. Près de cinq tonnes d'or… Venez voir le zinc de plus près ! »

Avant que Holliday et Raffi aient pu répondre, l'Égyptien était déjà descendu du 4 × 4 et se dirigeait vers l'épave.

« Il est au courant, pour l'or, chuchota Raffi.

— Apparemment, oui, répondit Holliday.

— Mais comment est-ce possible ?

— C'est ce que j'aimerais bien savoir. »

Sautant à son tour de la voiture, Holliday alla rejoindre Tidyman près de l'avion.

En se brisant, l'empennage avait arraché le fuselage

du B-17 derrière l'emplacement des postes de tir latéraux, ce qui permettait d'y pénétrer facilement. Malgré le sable accumulé, l'intérieur restait bien visible.

« Intéressant… » murmura Holliday.

Lors d'une visite au Musée national de l'aviation de guerre, à Elmira, dans l'État de New York, il était monté à bord d'un B-17 intact baptisé *Fuddy Duddy – Vieux Schnock* – et il lui apparut au premier coup d'œil que *Votre plus cher désir* avait été entièrement réaménagé. Les postes de tir avaient été supprimés, ainsi que les cloisons entre ceux-ci et la soute à bombes. En outre, les parois internes du fuselage étaient tapissées de curieux petits casiers en bois dont il mit quelques instants à comprendre la raison d'être.

« Des compartiments de stockage pour les lingots d'or, répartis de façon à équilibrer les masses, dit-il enfin. Ce ne devait pas être du gâteau de piloter cet engin.

— On peut le supposer, acquiesça Tidyman. En plus, quand l'avion a été découvert, la soute à bombes contenait un réservoir auxiliaire constitué de dix fûts de deux cents litres, ce qui devait l'alourdir à l'extrême.

— Vous semblez en savoir long sur cette épave, remarqua Holliday comme Raffi se joignait à eux.

— Je sais beaucoup de choses, en effet, mais cela n'a rien d'étonnant, étant donné que c'est moi qui l'ai découverte…

— J'en déduis donc que c'est également vous qui en avez retiré l'or pour le cacher, dit Holliday, qui glissa discrètement sa main droite dans la poche de sa veste.

— Oh, mon Dieu, non ! Qu'allez-vous penser ?

s'exclama l'Égyptien en riant. Moi, je ne suis qu'un gagne-petit, un artisan du trafic de cigarettes, ou d'armes à l'occasion. Pour un homme comme moi, tenter d'écouler un milliard et demi d'or équivaudrait à une condamnation à mort. Je ne tiens pas à finir égorgé dans une ruelle du Caire ou des bas quartiers de Benghazi. Non, non, colonel Holliday, j'ai remis les lingots à des gens sûrs.

— Vous saviez dès le début qui nous étions, j'imagine ?

— Bien entendu… Et je sais aussi depuis le début que vous avez un petit automatique dans la poche droite de votre veste. Un automatique que je vous prierais de bien vouloir sortir de sa cachette en le tenant entre le pouce et l'index, puis de jeter sur le sol. »

L'arme de Tidyman, un vieux Helwan 9 millimètres apparut comme par enchantement dans sa main gauche et il en braqua le canon sur la tempe de Raffi.

« Je compte jusqu'à trois et je répands la cervelle de votre ami sur le beau sable tout propre.

— Espèce de salopard ! fulmina Raffi, tremblant de colère. Je savais bien qu'il ne fallait pas vous faire confiance.

— *Le sage n'injurie pas celui qui le tient en joue*, répondit l'Égyptien, qui commença à compter sans quitter Raffi des yeux. Un… deux… »

Holliday sortit le Hawg 11.43 de sa poche et le laissa tomber à ses pieds.

« Maintenant, shootez dedans pour l'éloigner ! »

Holliday obéit. Tidyman recula de trois pas de façon à se mettre à l'abri de toute attaque intempestive, pistolet toujours pointé vers Raffi.

« Et qui sont ces gens sûrs à qui vous avez remis l'or ? » s'enquit Holliday.

Tidyman inclina la tête vers la gauche.

« Eux, là-bas », répondit-il.

Holliday et Raffi se tournèrent dans la direction indiquée.

À cent mètres d'eux, ils virent une demi-douzaine d'hommes montés sur des dromadaires et vêtus du costume targui, avec de longues robes indigo, presque noires, et des turbans de la même couleur qui leur entouraient la tête et leur masquaient le bas du visage. Cinq d'entre eux étaient armés de fusils d'assaut chinois Norinco Type 86S, une version de type « bullpup » de l'AK-47 russe. Le sixième portait en bandoulière un lance-roquettes Norinco inspiré du RPG-7 soviétique. Du pommeau de sa selle partait une longue courroie de cuir tressé à laquelle étaient attachés trois dromadaires de bât qui suivaient le groupe. Les bêtes, bridées par des chaînettes métalliques passées dans leurs larges narines, arboraient toutes une expression chagrine, comme si elles mâchaient quelque chose d'amer.

« Je vous présente mes frères de la Confrérie du Temple d'Isis. Ce sont eux qui ont enlevé votre amie. »

13

Tidyman gara le 4 × 4 le plus près possible du rocher pointu, du côté ouest. La raison de cette manœuvre était évidente : si le véhicule restait où il se trouvait, il produirait dans le soleil levant une ombre gigantesque facilement repérable par une éventuelle patrouille aérienne.

Après un bref entretien avec Tidyman, les Touareg lui donnèrent un paquet de vêtements traditionnels prélevé sur le chargement d'un des dromadaires. Un quart d'heure plus tard, montés sur les animaux de bât et habillés de la même façon que leurs six convoyeurs armés, Raffi, Holliday et l'Égyptien s'éloignaient vers l'ouest, laissant derrière eux l'épave du B-17, qui ne tarda pas à disparaître dans l'immensité des sables. Vu de loin, ou du ciel, leur groupe ne pouvait pas passer pour autre chose qu'une banale caravane de nomades cheminant à travers le désert.

Ils progressèrent ainsi pendant douze longues journées, s'enfonçant toujours plus loin dans la Grande Mer de sable. Le soir, une fois les bêtes entravées avec des cordes et attachées à des piquets afin qu'elles ne puissent pas s'égailler, les hommes dressaient des tentes de peau sur de fines baguettes de bois cintrées. L'eau du thé était mise à bouillir dans des récipients de métal galvanisés posés sur des réchauds de fortune faits d'une boîte en fer-blanc où brûlait du crottin de dromadaire. Les repas se composaient de viande de chèvre séchée, de rats ou de fennecs, et même de vipères des sables, que les Touareg chassaient parfois au crépuscule et dont la chair se révéla étonnamment délicate.

La nuit, Holliday et Raffi étaient immanquablement liés avec des cordes et gardés par au moins un des hommes armés d'un fusil d'assaut. Tidyman, qui avait pris ses distances dès l'instant de leur capture, dormait dans sa propre tente. Pendant les longues journées de voyage fastidieuses, l'Égyptien montait le dernier des trois dromadaires de bât, Holliday montant le premier et Raffi le deuxième. Un garde armé fermait la marche.

Holliday n'avait pas la moindre idée de leur destination. Il savait seulement qu'ils avaient mis le cap vers le sud-ouest, le soleil se couchant devant eux et assez loin vers la droite. En gros, ils se dirigeaient vers la frontière du Niger, comme l'avait fait bien avant eux *Votre plus cher désir* avant de s'abîmer dans les sables. L'appareil avait-il été victime d'une avarie de plusieurs moteurs ? de la panne d'un instrument ? d'une fuite de carburant ? Quoi qu'il en soit, l'incident avait dû être suffisamment sérieux pour que l'équipage prenne le parti désespéré de sauter en parachute au-dessus du désert.

Holliday essaya d'imaginer le sort de ces hommes, probablement au nombre de quatre – pilote, copilote, mécanicien et navigateur –, puisque la présence de mitrailleurs n'était pas nécessaire. On pouvait supposer que l'avion volait bas, pour économiser le carburant, et qu'ils avaient donc sauté d'une hauteur réduite. Après une arrivée au sol brutale, ils avaient dû prendre la mesure de leur situation, et conclure qu'elle n'était pas brillante. S'ils avaient de l'eau et des vivres, ce ne pouvait être qu'en infime quantité : quelques sandwiches, peut-être, et une ou deux Thermos de café. Vraisemblablement d'un petit gabarit, comme l'étaient la plupart des aviateurs à l'époque, ils ne pouvaient pas espérer survivre plus de soixante-douze heures dans ces conditions, et sans doute beaucoup moins s'ils marchaient en pleine chaleur. Conscients de tout cela, ils avaient probablement tenté leur chance malgré tout. Mais quelle distance peut parcourir une personne parmi les dunes mouvantes d'un désert pendant les deux ou trois jours dont elle dispose avant de s'effondrer et de mourir ? Quatre-vingts kilomètres, cent tout au plus. Trop peu.

Holliday croyait les voir. À un moment donné, ils avaient commencé à se débarrasser de leurs vêtements, erreur fatale, car cela ne faisait que hâter la déshydratation en accélérant l'évaporation de la sueur. Puis leur langue avait épaissi, leurs lèvres s'étaient crevassées, ils avaient eu des saignements de nez.

Au bout d'un moment, toute transpiration ayant cessé, ils avaient été pris de fièvre. Puis le dessèchement de leurs cellules cérébrales avait provoqué convulsions et hallucinations, leur liquide céphalorachidien se mettant littéralement à bouillir dans leur boîte crânienne. Enfin, très vite, leurs reins et autres organes vitaux avaient lâché les uns après les autres, entraînant une toxémie, la perte de plasma, le coma, et la mort. Une mort logique, inéluctable, atroce.

Les corps, sûrement momifiés, des quatre hommes se trouvaient là, quelque part au milieu des vallonnements de sable, anonymes, oubliés pour l'éternité, comme l'était la mission qui les avait conduits là.

Au fil des heures, il apparut de plus en plus important à Holliday que les noms de ces quatre aviateurs soient retrouvés, et il se jura de tout mettre en œuvre pour qu'ils le soient s'il parvenait à se sortir de la situation délicate où il était lui-même. Quels qu'ils aient pu être, ces malheureux méritaient leur petite place dans la grande histoire.

Au treizième jour, le paysage changea. Les grandes dunes firent place à des ondulations plus courtes et ciselées qu'interrompaient des zones de sable durci ou des plateaux uniquement pierreux. Ils progressaient plus vite sur le terrain plat et ne s'arrêtèrent qu'à une heure avancée de la nuit, engourdis par le froid. Il y avait dans l'air une certaine fébrilité que Holliday connaissait bien pour l'avoir perçue lors de nombreuses marches forcées : celle qui règne quand on approche du but. Et il lui tardait de l'atteindre, ce but. Cela faisait plus de trois semaines, maintenant, que Peggy avait disparu, et il commençait vraiment à craindre pour la sécurité de la jeune femme. Raffi, quant à lui, était malade d'inquiétude.

Le quatorzième jour, le décor se transforma de nouveau. Au loin, droit devant eux, la plaine chaotique butait contre un énorme escarpement d'au moins six cents mètres d'altitude, apparemment infranchissable. Au fur et à mesure qu'ils approchaient de cette formidable muraille, toutefois, Holliday s'aperçut qu'elle était coupée de larges entailles sablonneuses, lits d'anciennes rivières – les oueds – qui permettaient de la pénétrer.

Ils abordèrent l'une de ces vallées sinueuses en fin de journée et en entreprirent l'ascension presque sans ralentir l'allure. Holliday tenta de se représenter l'endroit cent mille ans plus tôt, quand l'homme y avait posé le pied pour la première fois. Ce devait être un véritable paradis. Dans ces temps reculés où les cycles climatiques faisaient alterner périodes sèches et humides, le désert passait par des phases d'expansion et de contraction, tel un gigantesque poumon. À l'époque des pharaons, encore, les régions qu'ils traversaient étaient sillonnées de cours d'eau tumultueux et couvertes de champs verdoyants, de forêts et de steppes où vagabondaient des troupeaux d'animaux guettés par leurs prédateurs. Le fleuve qui avait creusé la cluse où ils se trouvaient devait avoir la largeur du Mississippi et un débit bien plus important. Cela passait l'entendement.

La nuit tombait quand ils atteignirent le sommet de l'escarpement et quittèrent le lit sablonneux du fleuve fantôme, mais ils parcoururent encore une bonne distance avant de planter leurs tentes pour la nuit. Pendant toute la journée du lendemain, ils progressèrent sur le plateau, infléchissant plus nettement leur route vers l'ouest. De loin en loin, ils passaient devant les ruines de villages abandonnés construits en briques de sel et terre glaise. Ils virent aussi un édifice qui avait dû être un fort colonial italien ou français. À midi, ils traversèrent une première route jalonnée de pylônes électriques, puis une deuxième en fin d'après-midi.

Holliday calcula qu'ils avaient parcouru en gros

neuf cents kilomètres à partir de l'épave, ce qui signifiait qu'ils se trouvaient non loin des frontières avec l'Algérie, le Niger ou le Tchad. La peste ou le choléra, songea-t-il. L'Algérie était en effet une quasi-dictature corrompue en butte à l'agitation berbère et au terrorisme d'al-Qaida, le Niger faisait face à une insurrection touarègue, et le Tchad était aux prises avec les rebelles de l'Union des forces pour la démocratie et le développement. Qui avait dit un jour que Dieu avait oublié l'Afrique ? En tout cas, l'endroit n'était pas recommandé pour un Américain, encore moins pour une femme, et il ne l'était pas du tout pour un Israélien. Sortir de ce guêpier n'allait pas être une partie de plaisir !

Le seizième jour de voyage se trouva être le dernier. Tard dans la matinée, ils tournèrent carrément vers le nord, suivant le lit d'un autre cours d'eau asséché, bien moins large que le premier. En milieu d'après-midi, ils quittèrent cet oued, qui n'était plus qu'un étroit sillon, pour se retrouver au bord de l'escarpement, dominant le désert qui s'étendait à perte de vue. Là, la petite caravane fit une halte.

Sur la gauche, un sentier muletier vertigineux descendait à flanc de falaise, dominant un ravin sableux qui formait un repli entre l'escarpement principal et une longue arête de grès, comme la peau d'une main entre le pouce et l'index. D'où il se trouvait, perché sur son dromadaire, Holliday évalua la longueur du ravin à une bonne quinzaine de kilomètres. Une armée entière aurait pu s'y dissimuler. Très loin vers la droite, une grande tache verte chatoyait tel un mirage dans le soleil incandescent, traversée en ligne droite par une route en apparence goudronnée qui menait au pied de la falaise, où elle décrivait un virage.

La civilisation !

Holliday eut une petite bouffée d'espoir et d'euphorie. Il lui semblait arriver enfin au bout de ses peines, ce qui n'avait pas été donné à l'équipage de *Votre plus cher désir*.

« Hé ! » cria-t-il au Touareg qui le précédait.

Celui-ci se retourna sur sa selle, les mains crispées sur son fusil d'assaut, l'œil sombre.

« *Matha tureed ?* répondit-il d'une voix rude, étouffée par le voile qui lui couvrait la bouche – la voix de ceux qui passent leur vie au milieu des sables arides.

— Où sommes-nous ? » demanda Holliday, pointant son doigt en direction de l'oasis.

Après avoir regardé ce qu'il montrait, l'homme posa une question à celui qui chevauchait devant lui dans la file. Ce dernier se tourna à son tour et adressa à son compagnon une longue phrase gutturale en tamahek. Le premier Touareg acquiesça, puis fit de nouveau face à Holliday.

« *Wadi el Agial, sadiqi. Zinchechra. Germa* », déclara-t-il.

Ce qui signifiait ?

Pendant plusieurs heures, le cœur entre les dents, ils descendirent lentement le sentier muletier, le bord du précipice à un mètre à peine des sabots plats de leurs montures dont chaque pas vacillant menaçait d'être le dernier. Holliday, qui n'avait jamais souffert du vertige, dut détourner son regard du gouffre au bout de vingt minutes, puis fermer carrément les yeux tant il se sentait mal à l'aise.

Le bas de la pente fut atteint vers 16 heures, mais

ils marchèrent encore une heure sur le terrain solide de la vallée, en direction d'un étroit épaulement qui prolongeait la falaise et les séparait des vastes étendues du désert. Des buissons épineux rompaient çà et là la monotonie de la croûte de sable blanc constituant l'essentiel d'un paysage où l'on ne voyait rien bouger si ce n'est quelques scarabées. Puis ils virent apparaître de petits troupeaux de chèvres menés par des Touareg en habits traditionnels, et des enfants qui jouaient. Enfin, au loin, ils distinguèrent ce qui ressemblait à un campement permanent.

Plus ils approchaient, plus l'importance du camp devenait évidente : non seulement les tentes en peau étaient bien plus grandes que celles dont eux-mêmes se servaient pour bivouaquer, mais il y avait un peu partout des enceintes de branchages pour les chèvres et des alignements de piquets auxquels étaient attachés des dromadaires. D'après ce qu'il put voir quand la caravane fut à l'intérieur du camp, Holliday estima à plus de cinq cents le nombre d'hommes présents. Il remarqua en outre que tentes et enclos étaient disposés de telle sorte qu'ils se trouvaient toujours dans l'ombre de l'escarpement ou de son prolongement, ce qui les rendait indécelables du ciel. Une tactique appropriée pour un peuple venu du fond des âges confronté aux armes modernes que sont les avions et les satellites.

Parvenu à l'autre bout du campement, le groupe s'arrêta devant une tente de taille moyenne et leurs gardes firent signe à Holliday et Raffi de mettre pied à terre. L'un d'eux lança un ordre bref puis donna aux dromadaires de petits coups de bâton sur le nez. Les bêtes s'agenouillèrent en pliant leurs pattes antérieures, permettant aux deux hommes de descendre.

Le garde désigna alors l'ouverture de la tente, et ils entrèrent avec lui.

L'intérieur, où régnait une chaleur étouffante, respirait le luxe en comparaison de ce qu'ils avaient connu jusqu'ici de l'habitat local. Les murs étaient bordés de gros coussins, le sol couvert de tapis tissés à la main présentant toute une variété de motifs colorés. Au milieu de la tente trônait un petit gril en fonte à l'aplomb duquel une ouverture avait été pratiquée dans le plafond pour l'évacuation de la fumée.

« *Sa arje'o halan* », prononça le garde en se tournant vers eux.

Holliday acquiesça sans comprendre. Le Touareg pivota sur les talons de ses sandales et sortit. Une brève conversation s'ensuivit devant la tente, puis les deux hommes entendirent les dromadaires s'éloigner.

« Il a dit qu'il revenait tout de suite, je crois, marmonna Raffi après s'être laissé tomber sur les coussins, imité par Holliday, épuisé.

— Deux semaines à dos de chameau ! J'ai les fesses en compote !

— J'aime mieux ne pas préciser en quoi sont les miennes, soupira l'Israélien, qui se renversa en arrière et ferma les yeux. Que vous a répondu notre ami l'homme bleu, tout à l'heure, quand vous lui avez demandé où nous étions ?

— Quelque chose comme *Wadi el Agial, sadiqi. Zinchechra. Germa*, si je me souviens bien. Vous avez une idée de ce que ça veut dire ? »

Raffi ouvrit les yeux et se redressa, l'air soudain tout à fait réveillé.

« Et comment ! s'exclama-t-il. *Wadi el Agial* signifie "vallée de la Vie", et *sadiqi* "mon ami". Quant à

Zinchechra, c'est le nom d'une forteresse des temps mythiques, et *Germa* celui de la capitale d'un royaume presque oublié. Je sais précisément où nous sommes : au cœur du royaume guerrier des Garamantes, dont parle Virgile, sur l'un des sites archéologiques les plus importants qui existent !

— J'avais plutôt l'impression d'être au bout du bout du monde…

— Vous ne comprenez donc pas ? demanda Raffi en riant.

— J'avoue que non, répondit Holliday d'une voix ensommeillée, affalé sur ses coussins.

— Mais ce que je viens de vous dire explique tout ! s'écria l'archéologue. Si vous tracez une ligne droite de quinze cents kilomètres vers l'est à partir d'ici, vous aboutissez à Karnak, dans la vallée du Nil, à l'endroit précis où le véritable Imhotep apparaît "sortant du soleil couchant", selon les textes anciens. L'interprétation habituelle de cette expression est qu'Imhotep venait du pays des morts, envoyé par Anubis, le dieu du monde souterrain. Dans d'autres légendes, il est présenté comme l'un des fils de Râ, le soleil lui-même – un peu comme l'histoire à dormir debout qui explique la naissance du Christ. Et pour couronner le tout, dans la mythologie, la mère d'Imhotep est Hathor, la reine guerrière.

« Ce qu'il importe de garder à l'esprit, c'est qu'il n'y avait pas de désert, à cette époque-là, du moins pas ici. Donc Imhotep, ou plus sûrement son être humain de père, a très bien pu se rendre d'ici en Égypte sans difficulté. Tout concorde. Imhotep – le personnage historique – n'est pas enterré quelque part en Égypte. Il est rentré chez lui pour mourir. Ici même ! C'est ici que se trouve sa tombe, ou c'est du moins ce que quelqu'un croit ! »

À cet instant, un bruit d'applaudissements les fit sursauter. Ils levèrent les yeux et virent un homme qui frappait lentement dans ses mains, debout dans l'entrée de la tente. Âgé d'une petite quarantaine, bronzé, rasé de frais et d'un physique agréable, il avait d'épais cheveux noirs très bouclés. Il était vêtu d'un tee-shirt blanc orné du slogan *Les archéologues aiment bien les saletés*, d'un jean bleu délavé et de chaussures de randonnée noires Nike Air. Des lunettes aux verres légèrement teintés complétaient sa tenue.

« Brillante démonstration, docteur Wanounou ! commenta le nouveau venu avec un accent vaguement britannique qui n'était peut-être qu'une affectation. Vous avez raison, il se trouve effectivement quelqu'un pour croire que la tombe d'Imhotep se trouve ici : moi. Et je ne fais pas que le croire, je le *sais*. Vous et le colonel Holliday arrivez à un moment exaltant.

— Vous semblez en savoir long sur notre compte, répondit avec froideur Holliday, à qui l'inconnu ne disait rien qui vaille.

— En effet, confirma l'autre en souriant aimablement. Je sais par exemple que vous enseignez l'histoire à l'Académie militaire de West Point, que vous avez perdu un œil dans un accident peu banal en Afghanistan, et que vous avez passablement agacé il y a peu l'organe de renseignement du Saint-Siège. Je sais aussi, pour l'avoir lue avec intérêt, que la thèse de doctorat du Dr Wanounou s'intitulait *Développement, signification et conséquences de la production d'outils et de l'évolution du forgeage en terre d'Israël au cours du premier âge du fer*. Je n'ignore pas non plus qu'il a été mêlé au fâcheux contretemps que vous avez éprouvé à Jérusalem, et que cela lui a valu une sévère correction… »

Ce n'était à l'évidence pas Emil Abdul Tidyman qui avait pu lui apprendre tous ces détails.

« Et vous êtes… ? demanda Raffi.

— Oh, pardonnez-moi, j'oublie les bonnes manières ! s'exclama l'homme au tee-shirt. Je suis connu de la presse sous le nom de Mustafa Ahmed ben Halim, mais mon véritable patronyme est Rafik Alhazred. Entre autres choses, je suis docteur en archéologie, comme vous-même. Je suis également le dirigeant de la Confrérie d'Isis, et le responsable de l'enlèvement de la délicieuse Mlle Peggy Blackstock. »

14

« Pourquoi avoir kidnappé Peggy ? demanda Raffi en s'emportant. Elle n'a rien à voir avec vos projets.

— Disons qu'elle a eu la malchance de se trouver là au mauvais moment, répondit Rafik Alhazred. Elle aurait pu être tuée, vous savez ? Et puis, que savez-vous de mes projets ?

— Quel genre de projets peut-on attendre d'un terroriste ? ironisa Holliday avec un haussement d'épaules.

— La plupart des terroristes sont des malades mentaux, dit Alhazred. Leurs préoccupations sont à la mesure de leurs organes génitaux : terrorisme égale petit pénis, n'importe quel diplômé en psychologie vous le dira. Hitler, Staline, Ben Laden… Pourquoi croyez-vous que Ben Laden s'en soit pris au World Trade Center, le symbole phallique de l'Amérique, si ce n'est parce qu'il faisait un complexe ? Même entre George Bush et son père, c'était à celui qui aurait le plus gros zizi.

— George Bush n'était pas un terroriste, c'était le président des États-Unis, répliqua Holliday.

— Votre patriotisme vous honore, colonel, mais

n'oubliez pas que Bush fils s'est employé à terroriser son propre peuple en s'appuyant sur le département de la Sécurité intérieure de la même manière que Hitler utilisait la Gestapo. Le Führer avait son Himmler ; Bush junior son Dick Cheney.

— Un peu simpliste, vous ne trouvez pas ? » objecta Holliday.

Enfin quoi ! Un débat philosophique sur l'essence du terrorisme dans une tente de cuir en plein désert du Sahara ? À quoi jouait-on ?

« Nous pourrions discuter comme ça longtemps, dit Raffi. Mais quel rapport avec Peggy ?

— Mlle Blackstock m'a longuement entretenu de vos sentiments réciproques. C'était très touchant, et je suis navré de vous avoir causé tant de frayeurs.

— Qu'avez-vous fait d'elle ? demanda Holliday.

— Elle est en sécurité… du moins pour l'instant. On ne peut malheureusement pas en dire autant de ses compagnons, qui ont tous rejoint leur créateur.

— Quoi ? Vous avez assassiné des prêtres ? s'exclama Holliday.

— Je n'ai fait que me défendre. D'ailleurs, ils n'étaient pas plus prêtres que je ne suis colonel.

— Qui étaient-ils, alors ?

— Le frère Charles-Étienne Brasseur, qui dirigeait l'expédition, était de longue date un agent de La Sapinière, la branche française des services secrets pontificaux. Il était le seul archéologue du groupe. Même Mlle Blackstock trouvait curieux que cette prétendue équipe de chercheurs ne compte pas au moins un doctorant.

— Qui étaient ces gens, et que faisaient-ils avec Brasseur ? s'enquit Raffi.

— Des mercenaires recrutés parmi les adeptes de la “vraie foi”, comme les membres de l’Opus Dei, ou de Propaganda Due – la loge P2. Tous avaient un passé militaire.

— Comment pouvez-vous savoir ça ?

— Eh bien, pour commencer, ils étaient armés. Dès qu’ils nous ont vus, ils ont ouvert le feu sur nous à l’arme automatique. Avec des Beretta AR-70, surtout. Ils ont tué deux de mes hommes avant que ceux-ci aient pu répliquer… Pas exactement un comportement de bons chrétiens, vous en conviendrez… »

Alhazred prit dans sa poche revolver un paquet froissé de Marlboro et le tapota pour en faire sortir une cigarette qu’il alluma avec une allumette en carton avant de reprendre, en soufflant une bouffée de fumée vers le toit de la tente :

« Nous avons découvert par la suite qu’ils avaient tous appartenu au Département protection sécurité, le service d’ordre du Front national français, ou à la première unité du *Regimento Ricognizione e Acquisizione Obiettivi* italien, le bataillon *Aquile*, spécialisé dans les opérations en milieu désertique… En un mot, des commandos.

— Vous voulez dire qu’ils effectuaient une mission militaire ?

— Ils étaient là pour voler, colonel. Ils cherchaient *Votre plus cher désir* et l’or qu’il contenait. La recherche de la tombe d’Imhotep n’était qu’un paravent.

— Et la théorie de Brasseur ?

— De la poudre aux yeux. Brasseur s’intéressait au rôle des Templiers à Damiette : il était spécialiste du Moyen Âge, pas de l’Antiquité. La théorie concernant

Imhotep est une invention du Centro d'Informazione Pro Deo, l'antenne romaine des services secrets du Saint-Siège. Au cours de ses recherches, Brasseur est tombé sur le journal de guerre d'un certain père Andrew Felix Morion. C'est ce Morion qui a organisé le transfert de l'or pour Rauff en 1944.

— On dirait que l'Église catholique n'a pas de secrets pour vous, remarqua Raffi.

— Pourquoi en aurait-elle ? répliqua Alhazred avec un sourire froid. J'ai été élevé dans la religion catholique.

— Vous n'êtes pas musulman ?

— Je n'ai jamais entendu parler de terroristes catholiques, moi non plus, dit Holliday.

— Est terroriste celui qui se conduit comme un terroriste. Je suis né au Liban, à Beyrouth. Mon père était libanais, ma mère canadienne française d'origine libanaise. Tous deux étaient médecins. Ils travaillaient dans le camp de réfugiés palestiniens de Nabatieh quand les Israéliens l'ont bombardé en juillet 1974… Vos compatriotes, docteur Wanounou… Mes parents ont été tués, assassinés sans raison. J'avais deux ans à ce moment-là et je ne me souviens pas d'eux. Je ne les connais que par des photos, et par les histoires que mon oncle m'a racontées. Ils m'ont été volés, de la même façon que l'or des Juifs a été volé par Walter Rauff, et aurait pu m'être volé à moi par Brasseur si j'avais laissé faire… Non, messieurs, je ne suis pas un terroriste : je suis juste quelqu'un qui se venge.

— Sans aucune motivation politique ? demanda Holliday.

— La seule politique que je connaisse est le vol, l'appropriation du bien d'autrui. Mes amis touareg, par exemple, sont en train de se faire dépouiller de leur terre et de leur culture au nom de projets complètement absurdes. Saviez-vous que le site de Germa n'a jamais été fouillé par des archéologues libyens ? Par des Français, des Américains, des Britanniques, oui. Par des colonisateurs. Mais par des Libyens ? Jamais de la vie. »

Alhazred tira une dernière bouffée de sa cigarette, sortit en écraser le mégot dans le sable, puis rentra dans la tente.

« Donc, poursuivit-il, mes compagnons, qui constituent maintenant la Confrérie, ont finalement décidé de tirer profit de la situation, et c'est ainsi que tout a commencé. À l'époque, je travaillais aux fouilles de Zinchechra, sur le terrain. J'en profitais pour dérober de menus objets que je vendais à des contrebandiers. C'est ainsi que j'ai fait la connaissance de l'honorable M. Tidyman. Nous avions beaucoup de choses en commun. C'était un expatrié, comme moi, et nous étions tous deux en partie canadiens. Des frères de sang, en quelque sorte… Ensemble, nous avons établi des contacts à tous les niveaux du réseau de trafiquants, au Caire, à Alexandrie, Tripoli, Tobrouk, Tunis, Marseille, et j'en passe.

— Comme Valador avec son chalutier, ou le remorqueur dans le port d'Aboukir ?

— Le *Khamsin*. Tout à fait… Et puis j'ai trouvé la tombe, et là, tout a changé.

— Celle d'Imhotep ? demanda Raffi.

— Lui-même. Je l'ai découverte par hasard en cherchant un endroit où dissimuler des objets que j'avais pris sur le site principal. Il faut préciser que les fouilles de Zinchechra occupent une surface considérable :

outre les ruines de la ville et la forteresse des Garamantes, elles comprennent aussi des centaines de tombes en forme de ruche datant de la première occupation humaine de l'oasis. La configuration de ces sépultures aurait dû m'alerter. Ce sont des pyramides tronquées en miniature qui ressemblent beaucoup à la pyramide à degrés de Saqqarah, construite par Imhotep pour le roi Djoser en 2600 avant Jésus-Christ. Il me paraît évident, maintenant, qu'Imhotep a repris le modèle des "ruches" pour bâtir Saqqarah ; il a simplement augmenté les proportions.

— Et il était enterré dans une de ces tombes ? s'enquit Raffi.

— Caché serait plus approprié. "Caché en évidence", comme la *Lettre volée*, d'Edgar Poe. Dans la plupart de ces sépultures, le défunt était enterré debout, à l'étroit. Quand j'en ai ouvert une, je m'attendais donc à trouver un tout petit espace, mais suffisant pour ce que je voulais y mettre. Seulement cette sépulture-là était différente : elle comprenait un puits d'accès et un passage qui menaient à une très grande chambre souterraine.

— La fameuse tombe ? dit Holliday.

— Oui.

— Scellée ? demanda Raffi.

— Scellée avec le cartouche d'Imhotep imprimé dans le plâtre avant qu'il sèche. »

Raffi buvait littéralement les paroles d'Alhazred. La découverte que décrivait le Libanais était de celles qu'il avait toujours rêvé de faire – le plus cher désir de tout archéologue.

« Qu'avez-vous vu quand vous avez ouvert ?

— Des merveilles, répondit Alhazred, de la nostalgie dans le regard. Ce n'était pas la tombe d'un roi, comme celle de Toutankhamon, mais celle d'un penseur qui était à la fois architecte, ingénieur, inventeur, médecin et mathématicien. Il y avait des maquettes d'édifices, des tablettes de cire et d'argile intactes, des fresques, des statuettes, des bijoux en quantité. Rien que des objets authentiques de la IIIe dynastie. Pour des millions…

— Si vous aviez rendu votre découverte publique, votre réputation était faite, remarqua Holliday.

— Qui a découvert la tombe de Toutankhamon ? répliqua Alhazred avec un sourire sarcastique.

— Howard Carter, répondit Raffi sans hésiter.

— Faux ! C'est son contremaître, Ahmed Rais, un Égyptien illettré, qui l'a trouvée. Carter aurait pu creuser jusqu'à la fin de ses jours sans arriver à rien.

— Vous voulez dire par là qu'on ne vous aurait pas attribué le mérite de la trouvaille si vous l'aviez divulguée ?

— Bien sûr qu'on ne me l'aurait pas attribué. J'ai obtenu mon doctorat à l'université américaine de Beyrouth, et le chef des fouilles de Germa était maître-assistant à Oxford. Vous ne connaissez pas les usages du monde universitaire, colonel Holliday ?

— Pas du tout.

— Moi, je les connais, dit Raffi.

— À votre avis, quelle chance y aurait-il eu qu'on associe mon nom à la découverte d'un tel trésor ?

— Aucune, c'est certain.

— Je ne vous le fais pas dire. J'ai donc décidé de garder ça pour moi.

— Et de monnayer les objets que contenait la tombe ? » ajouta Holliday.

Raffi grinça des dents à cette évocation. Il savait quelles pertes irréparables représentaient pour l'histoire ces pillages destructeurs conduits en dehors de tout contrôle scientifique. Des pillages que des films comme *Sahara*, inspiré du roman de Clive Cussler, des séries comme *La Momie*, et surtout le jeu *Tomb Raider*, avec Lara Croft, encourageaient en glorifiant les pires pratiques archéologiques. Indiana Jones, au moins, ne faisait pas ça pour l'argent !

« Exactement, acquiesça Alhazred en allumant une nouvelle cigarette. Nous commencions à devenir prospères, Emil et moi, et un beau jour Emil est tombé sur *Votre plus cher désir* en convoyant un chargement vers Siwa. Là, nous avons tout de suite compris que nous avions un gros problème.

— Un milliard et demi de dollars en or, et vous appelez ça un problème ? s'exclama Raffi.

— Croyez-moi, c'en est un de se promener avec une telle quantité d'or qui ne vous appartient pas dans un pays gouverné par un dictateur encore plus cinglé que Saddam Hussein. Dès que nous avons commencé à écouler l'or, quelques lingots à la fois, les commanditaires du trafic, à l'autre bout de la chaîne, se sont mis à poser des questions. Des gens peu recommandables. Nous avons donc inventé la Confrérie d'Isis afin de nous donner une couleur politique et de paraître plus dangereux aux yeux des grands criminels à qui nous avions affaire. Cela nous a également gagné des sympathies et des accommodements pour voyager dans les zones tenues par la rébellion au Niger et au Tchad. Mes Touareg ont adoré l'idée de cette confrérie. En faire partie leur rappelait le passé guerrier de leur peuple et leur conférait une stature particulière vis-à-vis des autres tribus. Mais tout n'est pas résolu pour autant. Si nous sommes bien cachés, ici, il n'en reste pas moins que beaucoup trop de gens connaissent l'existence de l'or, à présent. Les ennuis vont arriver tôt ou tard, et j'aimerais agir avant.

— Comment avez-vous su que nous venions chercher Peggy ? demanda Raffi.

— Elle m'avait averti que vous viendriez, tous les deux. J'ai cru qu'elle bluffait jusqu'au moment où le corps de Fusani est remonté à la surface… Vous n'avez ni l'un ni l'autre été scouts, j'imagine, ajouta Alhazred avec un sourire. Vos nœuds n'étaient pas assez serrés.

— Fusani ? répéta Raffi en fronçant les sourcils.

— Le mécanicien du *Khamsin*, devina Holliday.

— Exact, confirma le Libanais.

— Et c'est à ce moment-là que vous avez mis Tidyman sur notre chemin…

— Oui. Sans papiers, vous ne pouviez pas franchir la frontière à As-Sallum. Logiquement, vous n'aviez pas d'autre choix que de passer par Siwa. À partir de là, il n'y avait plus de problème.

— Tout cela est passionnant, mais ça ne nous dit pas où se trouve Peggy, dit Holliday.

— Non, et vous ne le saurez pas. Pas encore.

— Pas encore ?

— Qu'est-ce qui nous prouve qu'elle est vivante ? demanda Raffi sans détour.

— Rien. Mais je peux vous assurer qu'elle l'est.

— Qu'attendez-vous de nous ? demanda à son tour Holliday.

— J'aimerais que vous me donniez votre opinion sur quelque chose, tous les deux. Votre opinion d'un point de vue militaire, colonel Holliday ; la vôtre en tant qu'archéologue, docteur Wanounou. Quand vous m'aurez accordé cette faveur, je me ferai un plaisir de vous révéler où est Peggy. Nous nous rendrons à la tombe demain soir, ainsi nous courrons moins de risques d'être vus. D'ici là, promenez-vous dans le camp à votre guise. Mais ne tentez pas de vous échapper, sinon Mlle Blackstock serait exécutée sur l'heure ! Vous m'avez compris ?

— Oui », assura Holliday.

Raffi resta muet.

« Bien », dit Alhazred avec un bref hochement de tête.

Tournant le dos aux deux hommes, il écarta la porte de la tente et sortit. Holliday regarda pensivement le rabat de cuir reprendre sa place puis s'étendit sur les coussins.

« Une entrevue très instructive, déclara-t-il.

— Qu'est-ce qui vous a paru vrai dans ce qu'il a raconté ? demanda Raffi.

— Tout et rien… Je ne sais pas… Ce qui me paraît certain, en revanche, c'est que ce type parle trop et qu'il a quelque chose de malsain. Il lui manque une case.

— Peggy est-elle en vie ? »

La voix de Raffi se brisait.

« Si ce n'est pas le cas, je peux vous garantir que *sayyed* Alhazred est un homme mort. »

15

Le lendemain, ils s'éveillèrent à l'aube, en même temps que tous les occupants du camp. Un homme avait monté la garde toute la nuit devant leur tente. Holliday le savait, car il l'avait entendu chantonner de paisibles mélopées qui semblaient inspirées par l'infini du désert. Le sommeil l'ayant fui longtemps, ses pensées s'étaient naturellement tournées vers Peggy. Où était-elle ? Il avait assuré à Raffi qu'Alhazred mourrait s'il s'avisait de faire le moindre mal à la jeune femme, mais au cours de cette nuit fiévreuse il s'était en outre promis de faire en sorte que la mort de cette crapule soit la moins rapide et la moins douce possible.

Le petit déjeuner se composait de café fort et de *taguella*, une sorte de galette de pain confectionnée avec de la farine de mil et du lait de chèvre, mais sans sucre. Un Touareg vint leur rendre les sacs de voyage qu'ils avaient apportés de Siwa, et ils purent passer des vêtements propres. Ensuite, comme le leur avait indiqué Alhazred, ils purent flâner dans le camp comme bon leur semblait. Holliday identifia tout de suite le plan bien particulier du site.

« C'est un *castrum* romain, dit-il alors qu'ils

déambulaient depuis quelques minutes. Un carré de trois cents mètres de côté délimité par un parapet de sable précédé d'un fossé. Les tentes disposées en rangées… La grande, au milieu, est probablement celle d'Alhazred. L'ensemble est conçu comme une formation militaire… Le premier essai véritable de planification urbaine. »

Comme ils montaient sur le rempart de sable à l'extrémité sud du camp, un garde qui portait un fusil en bandoulière les jaugea du regard. Que voyait-il en eux ? Des cibles ? des proies ?

« Il a un fusil neuf, apparemment, remarqua Raffi. Alhazred ne lésine pas sur l'équipement de ses troupes.

— Un C7, imité du M-18 de l'armée américaine, précisa Holliday. Encore une arme canadienne.

— Tidyman et Alhazred ont tous les deux des liens avec le Canada. J'imagine qu'ils y ont de nombreux contacts. D'autant que le Canada compte depuis longtemps une forte minorité d'immigrants libanais.

— Un paradis pour terroristes, répondit Holliday en contemplant le camp en contrebas. On y entre comme on veut avec un simple visa de touriste, et la frontière avec les États-Unis est une passoire de six mille kilomètres de long. Il suffit de traverser un champ dans la Saskatchewan pour se retrouver au Montana sans même s'en apercevoir. »

Plusieurs agents de la sécurité du territoire, découragés, lui avaient expliqué qu'il faudrait au moins deux murs comme celui de la frontière mexicaine pour stopper l'afflux de terroristes et de trafiquants de marijuana en provenance du Canada.

« À ce qu'on m'a raconté, reprit-il, le plus important point d'entrée des espions russes sur le sol américain pendant la guerre du Vietnam était Niagara Falls, entre l'Ontario et l'État de New York. On ne pouvait pas monter dans un car de tourisme, là-bas, sans tomber sur un Vladimir ou un Alexei en chemise hawaïenne.

— Drôle de pays, dit Raffi, l'air vaguement songeur. Quand j'étais à l'université, il y avait une Canadienne dans ma classe qui s'appelait Joy Schlesinger. Elle avait un superbe... Bref, elle était originaire d'une ville nommée Medicine Hat – Chapeau Médecine. Je me suis toujours demandé ce que pouvait être un "chapeau médecine" !

— Je n'en ai pas la moindre idée », répondit Holliday, l'esprit ailleurs.

Se tournant, il parcourut du regard l'étendue découverte entre le camp et le sombre promontoire rocheux déchiqueté qui le séparait des grands espaces désertiques au-delà. Le camp avait été édifié à environ trois kilomètres de ce relief, dont les hauteurs perdaient de ce fait tout intérêt stratégique pour d'éventuels attaquants. Aucun ennemi n'aurait pu approcher sans être repéré à des kilomètres. Holliday regarda de nouveau le garde : en plus de son fusil, celui-ci avait autour du cou une paire de jumelles Leupold 10 × 50. Sa main en visière, Holliday plissa les paupières et se remit à observer les lointains.

« Qu'est-ce que vous cherchez ? s'enquit Raffi.

— Que voyez-vous, là-bas, à environ cinq cents mètres ?

— Du sable... Si blanc que ça fait mal aux yeux.

— Concentrez davantage votre vue ! »

Raffi crut discerner dans le soleil aveuglant une ligne un peu plus foncée que le sable environnant.

« Une route ?

— Oui, mais qui ne va nulle part. Regardez encore ! »

Raffi obéit. La « route », en effet, n'était qu'une bande de sable compacté de quelques centaines de mètres de longueur, parallèle au camp.

« Et à quoi servirait une route qui ne va nulle part ? » demanda-t-il, perplexe.

À cet instant, un bourdonnement de moustique se fit entendre, lointain, mais s'amplifiant rapidement.

« C'est une piste d'atterrissage, répondit Holliday. Ils ont un avion. »

Quelques instants plus tard, en effet, venant de l'ouest, un appareil surgit au-dessus des falaises et vira vers le sud en amorçant sa descente. C'était un ancien modèle à deux poutres supportant les empennages. Comme l'avion à l'approche prenait l'axe de la piste, le garde, soudain très agité, courut vers eux en brandissant son fusil.

« *Edh'hab ! Edh'hab !* cria-t-il.

— À mon avis, il ne veut pas que nous restions là », dit Raffi.

Les roues de l'avion touchèrent le sol et le pilote inversa les moteurs, dont le son baissa aussitôt de plusieurs octaves. Le garde, qui s'était arrêté, braqua son arme dans leur direction.

« Je crois que vous avez raison », acquiesça Holliday.

Ils dévalèrent la pente sablonneuse sans demander leur reste. Au-dessus d'eux, le garde parut tout de suite plus détendu. Passant entre deux rangées de tentes en forme d'igloos, les deux hommes se dirigèrent vers le grand enclos où étaient parqués les dromadaires, presque au centre du camp.

« Qu'est-ce qui lui a pris ? demanda Raffi en se retournant pour observer le garde, qui s'était remis à faire tranquillement les cent pas au sommet du parapet.

— Nous n'étions pas censés voir l'avion, je pense.

— Pourquoi pas ? Ce n'est pas comme si nous savions piloter.

— J'ai souvent volé dans des appareils comme celui-là, au Vietnam. C'est un Cessna Skymaster – un O2A dans la désignation de l'armée de l'air américaine. Ils servaient à récupérer les pilotes abattus et à régler les tirs d'artillerie. Ce sont les avions qui nous transportaient quand nous avions des missions au Cambodge ou au Laos. Il y a même eu un film où apparaît un O2A. *Air Force Bat 21*, si je me rappelle bien. Avec Danny Glover et Gene Hackman, l'acteur préféré de notre ami Japrisot de la police marseillaise… Vous vous souvenez ? "Ce salopard de Popeye Doyle ! Gene Hackman par-ci, Gene Hackman par-là !"

— Nous pourrions nous échapper, avec cet avion ?

— Les Cessna Skymaster ont un rayon d'action de quinze ou seize cents kilomètres, ce qui nous permettrait probablement de retourner en Égypte, ou d'atteindre la Tunisie. Mais, comme vous le disiez, il faudrait pour ça que l'un de nous sache piloter.

— Nous ne savons peut-être pas, mais Peggy sait, elle, dit Raffi, l'air songeur. Elle a son brevet de pilote, il me semble.

— Je doute qu'elle soit qualifiée pour les bimoteurs. Le Skymaster est équipé de moteurs en tandem.

— Mieux vaut un pilote de monomoteur que rien du tout.

— De toute façon, nous ignorons où est Peggy.

— N'est-ce pas pour la trouver que nous sommes ici ? » demanda Raffi, d'un ton provocateur.

Plusieurs heures durant, ils fouinèrent dans le camp à la recherche de Peggy. Ils n'arrivèrent à rien, si ce n'est à affiner un peu le décompte des occupants du lieu – deux cent vingt – et à acquérir la conviction qu'un troupeau de chèvres et de moutons empestait encore plus qu'un troupeau de dromadaires. Holliday n'en revenait pas que des animaux puissent produire à la fois un si bon lait et une puanteur rappelant les miasmes d'égout et l'odeur de gants de laine mouillés oubliés sur un radiateur.

Rafik Alhazred les rejoignit à 16h 30, alors qu'ils retournaient à leur tente. Vêtu à peu près comme la veille, il était au volant d'un Toyota Land Cruiser Série 200 flambant neuf, dont la carrosserie blanche couverte de poussière ne présentait pas la moindre petite bosse – un gros 4 × 4 de banlieue chic. Sur un panneau fixé à la portière, on lisait, en anglais :

PROJET DU FEZZAN – DÉPARTEMENT DES ANTIQUITÉS LIBYENNES
BRITISH ACADEMY – KING'S COLLEGE, LONDRES
INSTITUT DES ÉTUDES LIBYENNES

Sous ces lignes figurait un texte en arabe, probablement la traduction de ce qui précédait.

« Le véhicule m'appartient, mais le panneau est authentique, dit Alhazred. Allez mettre les habits que vous portiez en arrivant, hier, comme tenue de camouflage. Faites vite, s'il vous plaît ! Je vous attends ici. »

Holliday et Raffi s'exécutèrent. Quelques instants plus tard, habillés de pied en cap comme des Touareg, ils montaient dans le 4 × 4. À l'arrière, un vrai Touareg était accroupi dans le compartiment à bagages. Il ne portait apparemment aucune arme, mais Holliday était certain qu'il en dissimulait une dans les replis de sa robe indigo.

« Si quelqu'un nous arrête, vous ne parlez pas. Ouvrez la bouche, et mon ami Elhadji, là derrière, vous tranchera la gorge en moins de temps qu'il en faut pour le dire, prévint Alhazred. Soyez sans crainte, notre maquillage est parfait. Le site de fouilles indiqué sur la portière existe depuis plus de dix ans et les gens qui y travaillent vont et viennent sans arrêt. Plus personne ne sait qui est qui, ce qui nous arrange bien. »

Après être sorti du camp par une ouverture pratiquée dans le parapet du côté nord, le Libanais vira aussitôt vers l'est, s'engageant dans le long ravin sur le flanc duquel ils étaient descendus le jour précédent. Les impressionnantes parois de basalte semblaient se refermer sur eux au fur et à mesure qu'ils s'enfonçaient dans le vallon.

« Alors, colonel, que pensez-vous de mon petit pied-à-terre ? demanda Alhazred.

— Il ressemble beaucoup à un camp romain, répondit Holliday. J'imagine que ce n'est pas un hasard.

— Ce n'en est pas un du tout, vous avez raison, dit Alhazred en se rengorgeant. Étudiant, j'ai passé beaucoup de temps à Baalbek, l'ancienne Héliopolis romaine, dans la vallée de la Bekaa. Un site très impressionnant pour un jeune homme.

— Et qui a dû l'être aussi pour l'empereur Vespasien, ajouta Holliday, s'attirant un regard surpris de Raffi, qui détourna aussitôt les yeux. Même si je doute que son fils Marc Aurèle ait apprécié l'oracle qui prédisait sa mort pendant la guerre parthique.

— On peut effectivement en douter », acquiesça le Libanais.

Ils roulèrent un moment en silence. Quand ils arrivèrent au bout du vallon, ils tournèrent vers le nord. Soudain, leur véhicule fit une embardée et ils se retrouvèrent sur une route goudronnée. La réalité se rappela presque aussitôt à eux sous la forme incongrue d'un vieux panneau publicitaire aux couleurs fanées où s'étalaient les mots *Koka Kola* en russe.

« Le bon vieux temps ! » commenta Alhazred en riant.

« *Alors, comme ça, nous sommes de nouveau copains ?* songea Holliday. *Tu menaces de nous égorger, et dix minutes après tu blagues avec nous... Dans le genre siphonné, on ne fait pas mieux !* »

Ils suivirent la route vers l'est sur une quinzaine de kilomètres, dépassant d'énormes camions de transport, de vieilles Lada déglinguées, des camionnettes et quelques charrettes tirées par des ânes chargées de marchandises à destination de quelque marché. Les constructions qui jalonnaient la route étaient pour la plupart faites de briques en terre crue, mais ils virent également deux ou trois stations-service tout à fait modernes surmontées de grandes enseignes Tamoil en plastique bleu et blanc. Les rares piétons qu'ils aperçurent étaient tous vêtus de la sempiternelle robe indigo. Personne ne leur prêtait la moindre attention ; l'écriteau sur la portière du 4 × 4 jouait manifestement très bien son rôle de sésame.

Sans prévenir, Alhazred enclencha les roues motrices et vira de nouveau plein nord, quittant le bitume pour le sable compact du désert. Les gigantesques dunes de l'erg Murzuq, telles des montagnes sculptées par le vent, fermaient au loin la vaste plaine. Projetée par le soleil déclinant, l'ombre démesurée du Land Cruiser courait sur le sol.

« Nous allons arriver par l'entrée de service, expliqua le Libanais. "C'est dans la prudence que réside le vrai courage", comme dit le poète. »

Holliday et Raffi continuèrent d'observer le paysage à travers les vitres sans répondre. Dans un premier temps, outre quelques bosquets de palmiers isolés, ils ne virent rien d'autre qu'un lac étroit qui aurait été qualifié d'"étang" aux États-Unis. Puis apparurent à quelque distance les ruines d'une agglomération qui avait dû être importante : des maisons en briques de terre dont ne subsistaient que les murs, si serrées les unes contre les autres que l'ensemble faisait penser à un labyrinthe pour rats de laboratoire.

« Ce que vous voyez là-bas est la ville romaine des Ier et IIe siècles avant Jésus-Christ, indiqua Alhazred.

— Ce n'est pas là que nous allons ? demanda Raffi.

— Non. Les tombes en forme de ruche sont bien plus anciennes. »

Ils passèrent devant les ruines tout en obliquant vers la droite. Soudain, alors qu'ils n'avaient pas croisé âme qui vive depuis la route goudronnée, ils virent un Gaz-2330 « Tigre » russe, l'équivalent soviétique du Hummer américain, surgir de derrière un affleurement rocheux. Debout à l'arrière, torse dépassant de l'écoutille de toit, se tenait un soldat en treillis marron de l'armée libyenne, mains sur les poignées d'une mitrailleuse 12.7.

« Un problème ? demanda Holliday, tendu, en regardant le lourd véhicule foncer vers eux.

— Je ne pense pas, répondit Alhazred sans tourner

la tête. Ces gars-là sont des feignants. S'ils nous arrêtent, ils devront faire un rapport. Ils sont comme tous les soldats du monde, ils détestent la paperasse.

— Il y a une base militaire, par ici ? »

Si c'était le cas, il était surprenant que l'armée ne soit pas encore tombée sur la bande de terroristes que commandait le Libanais.

« Juste une brigade pour faire la police, répondit Alhazred. Ils ont dû venir par ici pour boire de l'alcool, fumer, ou juste pour occuper leur temps. Il n'y a rien à craindre d'eux, vous pouvez me croire. »

Il avait raison. Quand le blindé ne fut plus qu'à une dizaine de mètres du Toyota, le conducteur vit le panneau sur la portière et adressa un salut de la main à Alhazred, qui le salua en retour avec un grand sourire. Le Tigre passa dans un grondement de moteur et disparut derrière eux. Holliday poussa un soupir de soulagement.

« Vous voyez bien ? dit Alhazred, affable. Il n'y avait pas lieu de s'inquiéter. »

Il fallait le dire vite. Après deux semaines au soleil du désert, Holliday était rouge comme une écrevisse. Raffi pouvait peut-être passer pour un Touareg, mais pas lui : même dans sa robe indigo, il était aussi discret qu'un panneau "Stop".

Ils atteignirent les tombes dix minutes plus tard. Alhazred ralentit et ils se mirent à zigzaguer entre les tumulus bâtis en grossières briques de sel à peine plus foncées que le désert environnant. Les sépultures ressemblaient à des pyramides sans pointe de quatre mètres de hauteur, certaines percées d'ouvertures carrées sur un ou deux côtés, d'autres aveugles, toutes séparées de leurs voisines par un espace libre d'une quinzaine de mètres. Les plus anciennes, au nord, usées par le vent, n'étaient plus que des monticules aux contours estompés évoquant les ruches qui leur donnaient leur nom.

« Une momie par tombe, généralement enterrée debout, indiqua Alhazred en s'arrêtant devant un des plus vieux édifices. On plaçait d'abord la momie dedans, avec ses biens, puis on comblait avec du sable.

— De vraies momies, comme dans les maléfices du même nom ? demanda Holliday.

— Oui. Il y a des lacs de natron par ici, ce qui facilitait les choses. Les experts s'accordent à penser que c'est dans le Fezzan que la momification a été inventée.

— Le natron ? Qu'est-ce que c'est ?

— Une sorte de soude naturelle, expliqua Raffi. Du carbonate de sodium hydraté, pour être précis. Une substance permettant de conserver la chair des défunts comme de la viande de bœuf, avec en outre des propriétés insecticides qui éloignaient les petites bêtes. La chaleur sèche du désert faisait le reste.

— Quarante jours dans un bain de natron vous garantissaient l'éternité, dit Alhazred en entrouvrant sa portière après avoir pris un gros projecteur Husky sur le siège près de lui. Et maintenant, messieurs, en avant ; la tombe d'Imhotep nous attend ! » ajouta-t-il, adressant à ses prisonniers un sourire enjoué par-dessus son épaule.

16

« Comment entre-t-on ? » s'enquit Holliday, observant la surface lisse de l'antique tumulus apparemment dépourvu d'ouverture.

Si Alhazred ne se trompait pas, la tombe datait d'au moins quatre mille ans. Il était difficile de concevoir qu'une construction en terre crue ait pu traverser tant de siècles.

« Suivez-moi ! » dit le Libanais.

Il les conduisit de l'autre côté de l'ouvrage. Là, le garde touareg, Elhadji, qui ne les quittait pas d'une semelle, sortit de sous sa robe un objet en forme de tire-bouchon et le lui tendit. Alhazred s'accroupit, scruta le mur bombé en plissant les paupières, puis, ayant repéré un trou presque invisible dans la brique, il y introduisit la mèche du tire-bouchon, la fit pivoter et tira.

« Et hop ! Voilà le travail ! » s'exclama-t-il, théâtral, tandis qu'une fissure apparaissait dans la paroi, délimitant un carré d'une soixantaine de centimètres de côté : le panneau d'une trappe.

Il continua de tirer jusqu'à ce que le panneau se

dégage de son logement, puis, avec l'aide d'Elhadji, il le souleva et le posa sur le sol à côté de l'ouverture.

Holliday admira l'ingéniosité du système. La surface apparente du panneau n'était en fait qu'un fin placage imitant la brique de l'édifice, collé sur une épaisse plaque de polystyrène. L'ensemble ne devait pas peser plus de trois kilos. De l'extérieur, l'illusion avait été parfaite.

Alhazred adressa une cascade de mots incompréhensibles à Elhadji, qui acquiesça de la tête.

« Il va falloir vous baisser », avertit-il.

Il se mit à quatre pattes, se glissa dans l'ouverture et disparut à l'intérieur de la sépulture.

« Priorité aux anciens », dit Holliday, s'effaçant pour céder le passage à Raffi.

L'Israélien lui jeta un regard noir puis suivit Alhazred. Holliday l'imita un instant plus tard. Elhadji resta dehors.

À l'intérieur de la tombe, où régnait une chaleur étouffante, le peu de soleil qui entrait par la trappe ne suffisait pas à dissiper l'obscurité. Seules de vagues formes grises au milieu de la minuscule cavité trahissaient la présence de Raffi et d'Alhazred. Le panneau de l'ouverture fut remis en place et Alhazred alluma son puissant projecteur. Regardant autour de lui, Holliday eut peine à croire qu'il se trouvait dans la tombe d'une des plus grandes figures de l'histoire égyptienne, et même de l'histoire tout court, tant le décor était austère.

La chambre, aussi exiguë que pouvaient le laisser présager les dimensions extérieures, mesurait environ trois mètres carrés – à peine plus qu'une cellule de prison. Les murs de brique non enduite ne présentaient aucun ornement ; un dallage lisse de basalte sombre couvrait le sol. Bien qu'un peu plus grandes que la trappe d'entrée, les dalles n'atteignaient pas un mètre carré. Le plafond était constitué de poutres de basalte larges d'une soixantaine de centimètres.

Une dalle manquait au centre exact du pavage. À sa place s'ouvrait un puits obscur dans lequel descendait une échelle de bois presque verticale. Au fond de la pièce gisaient les débris d'une sorte de caisse en bois d'à peu près un mètre quatre-vingts de long au couvercle déchiqueté en plusieurs morceaux.

Le flanc de ce coffre s'ornait de symboles presque effacés, dont une paire de grands yeux stylisés. À l'intérieur, spectacle grotesque, Holliday vit ce qui ressemblait à deux jambes parcheminées liées ensemble par des bandages de couleur brune : tout ce qui restait d'une momie dont le torse, la tête, les bras et les jambes avaient disparu.

« Je vous présente Ahmose Pen-nekhbet, dit Alhazred. À ce que j'ai pu voir, c'était un haut fonctionnaire. La tombe était déjà vide quand je l'ai trouvée. Des voleurs y étaient entrés en perçant le mur, avaient vidé le sable qui la remplissait et dérobé tous les objets de valeur. Ils l'avaient ensuite refermée à l'endroit où j'ai posé la trappe. À l'origine, le sarcophage était debout au milieu de la pièce, masquant la dalle qui couvrait le puits. Les pilleurs l'avaient renversé pour pouvoir prendre les bijoux qui devaient décorer la momie.

— Où est le reste du corps ? » demanda Holliday.

Ce fut Raffi qui combla sa curiosité :

« Il a été emporté. On plaçait parfois des pierres précieuses dans le ventre des momies. Comme les voleurs devaient être pressés, ils se sont contentés de couper la dépouille en deux.

— C'est ce que je pense aussi, confirma Alhazred. En tout cas, on peut dire que le destin m'a servi, *inch Allah*. Si les voleurs n'avaient pas déplacé le sarcophage, je n'aurais pas vu ce qu'eux-mêmes n'ont pas remarqué : les fissures autour de la dalle centrale qui révélaient la présence d'un trou en dessous.

— Quand la tombe a-t-elle été pillée, à votre avis ? demanda encore Holliday.

— Impossible de le savoir.

— Probablement peu de temps après l'inhumation, intervint Raffi, ignorant le regard irrité du Libanais. Il y a des centaines de sépultures similaires aux alentours, ceux qui ont violé celle-ci savaient sûrement qu'elle contenait quelqu'un d'important. Comme les profanateurs de tombeaux de l'Angleterre victorienne, qui guettaient le décès de gens riches dans les notices nécrologiques et assistaient à leurs obsèques pour voir si on les enterrait avec leurs bijoux.

— Plutôt glauque, commenta Holliday.

— Mais ingénieux, d'un point de vue professionnel.

— On descend dans le puits ? demanda Holliday à Alhazred.

— On est sujet à la claustrophobie, peut-être ? railla le Libanais.

— Non, *on* n'a rien d'un claustrophobe, répliqua Holliday. *On* aimerait simplement en finir, si vous n'y voyez pas d'inconvénient.

— Mais bien sûr, colonel, répondit Alhazred non sans raideur. Vos désirs sont des ordres.

— Si c'est le cas, dites-nous donc où est Peggy.

— Patience, colonel, une chose à la fois.

— Raison de plus pour ne pas traîner.

— Descendez devant avec le Dr Wanounou ! dit Alhazred en tendant son projecteur à Holliday. J'aime mieux ne pas trop vous tourner le dos…

— C'est réciproque. »

Holliday donna la lampe à Raffi, qui braqua le rayon sur le trou, puis il se plaça avec précaution sur l'échelle et il descendit. Au fond du puits, il se retrouva dans un réduit maçonné en briques de terre, bas de plafond, où l'on pouvait à peine se mouvoir et où la température était d'au moins dix degrés inférieure à celle d'en haut. Raffi le rejoignit quelques instants plus tard, suivi d'Alhazred, qui avait repris le projecteur. Le Libanais dirigea le cône de lumière vers la gauche, faisant surgir de l'ombre un escalier taillé directement dans le soubassement calcaire.

« Après vous, messieurs », dit-il à mi-voix.

Comme précédemment, Holliday descendit le premier, ses épaules frottant contre les parois. Au pied des marches commençait un couloir très étroit où régnait une température encore plus basse qu'au-dessus : le froid de la mort et du temps qui s'enfuit. À cette profondeur, le tunnel était entièrement percé dans la roche, et les murs portaient encore la trace des ciseaux des carriers qui l'avaient creusé des milliers d'années plus tôt.

De longues ombres dansantes projetées par la lampe précédaient Holliday au fur et à mesure de son avancée. À une trentaine de mètres de l'escalier, le passage débouchait dans une deuxième antichambre, vide elle aussi, mais de la taille d'un salon et décorée de glyphes. Quand Alhazred sortit du tunnel avec le projecteur, Holliday remarqua qu'un groupe de symboles revenait plusieurs fois dans le décor.

« La chouette signifie "bien-aimé", expliqua le Libanais. L'homme assis est un scribe. Entourés du cartouche royal, comme ici, ce sont les caractères qui forment le nom d'Imhotep. J'ai cru me trouver mal, la première fois que je les ai vus… J'ai tout de suite compris ce qu'ils signifiaient, bien sûr », ajouta-t-il en bombant le torse.

Dans la lumière mouvante du projecteur, les parois de l'antichambre taillée dans le roc fourmillaient de dessins vivement colorés qui représentaient pour la plupart des scènes de la vie quotidienne : femmes et enfants richement vêtus puisant de l'eau dans des canaux d'irrigation, pilant du blé, pêchant dans des marais ou des étangs couverts de nénuphars.

Au fond de la pièce, dont le sol semblait avoir été balayé récemment, béait une ouverture au-delà de laquelle Holliday aperçut un amas hétéroclite d'objets qui semblaient être des meubles.

« Il y avait une porte dans cette embrasure ? demanda Raffi. Un sceau quelconque ?

— Oui, une porte à deux battants de cèdre doublés d'or, répondit Alhazred. Les poignées étaient attachées ensemble avec un cordon de chanvre fermé par un sceau en plâtre.

— Le sceau de qui ?

— Celui d'Imhotep, comme sur les glyphes. Il n'y a aucun doute.

— Je me demande qui l'a inhumé », murmura Raffi.

Il s'avança jusqu'au mur de gauche et examina les cartouches répétés contenant le nom d'Imhotep. Dans certains d'entre eux apparaissait également un autre groupe de caractères.

« Le nom d'une femme, commenta-t-il en pointant son doigt. Hatchepsout.

— Vous comprenez ce que ça signifie ? s'enquit Holliday.

— "Gloire de son père", traduisit l'Israélien.

— La fille d'Imhotep, donc ?

— Presque à coup sûr, dit Alhazred.

— Je ne savais même pas qu'il était marié.

— Il pourrait bien s'agir d'une enfant illégitime, reprit Raffi, toujours penché sur les glyphes. Il y a une séquence de quatre signes après son nom : *H'mt-a*. C'est le mot qui désigne une esclave.

— C'est aussi mon avis, assura Alhazred. Maintenant, avançons ! Les chambres suivantes sont les plus importantes. »

À l'évidence, Raffi aurait volontiers continué d'étudier les parois ornées, mais il s'en détourna.

« Qu'est-il arrivé aux portes ? demanda-t-il quand ils franchirent l'embrasure dépourvue de battants.

— Elles ont malheureusement été détruites quand nous avons ouvert les chambres mortuaires, répondit le Libanais. Le revêtement a été enlevé et mis en lieu sûr. »

La pièce suivante était encombrée d'un fatras de meubles et d'objets divers jetés là pêle-mêle comme des vieilleries dans un grenier. Holliday distingua des statuettes, des chars, des maisons et des bateaux miniatures, des tas de coffrets ouvragés, des tables, des chaises, des tabourets, des dizaines de pots en albâtre… Comme si la pièce avait été mise à sac, puis son ameublement repoussé sur les côtés pour dégager l'accès à la chambre suivante.

« Elhadji et ses collègues ne sont pas des ouvriers très méticuleux, je le crains, commenta Alhazred. En fait, c'est lui qui a démoli les portes en or. »

C'était toi qui le commandais, songea Holliday. *Pourquoi ne l'en as-tu pas empêché ?*

Ils pénétrèrent enfin dans la chambre sépulcrale, et Alhazred promena alentour le rayon de sa lampe. Holliday et Raffi se figèrent sur place. Le centre de la pièce était occupé par un énorme sarcophage, manifestement taillé dans le roc, son couvercle appuyé contre son flanc.

Sur les parois extérieures du cercueil géant étaient gravées les figures du panthéon égyptien : Ammout, avec sa tête de crocodile, Bastet, la déesse chatte, et Kheper, le scarabée sacré, symbole de l'aube. On voyait également Isis, la gardienne ailée des morts, Miysis, le dieu lion, fils de Bastet, et Selket, surmontée d'un scorpion. Et aussi Oupouaout, le dieu chacal, Mnévis, le taureau sacré, Horus, fils d'Isis, reconnaissable à sa tête de faucon, et enfin Râ, le soleil, le créateur de toute vie, le plus grand de tous les dieux. Ils étaient tous là, gravés dans la pierre ou peints sur les murs dans des couleurs si vives qu'elles semblaient avoir été posées la veille.

Le mur le plus proche de la tête du sarcophage était entièrement occupé par une fresque représentant un navire aussi haut de proue que de poupe, propulsé par trois immenses voiles et des dizaines de rames d'or. Un personnage bien plus grand que les autres, portant dans la main gauche une tablette d'argile et dans la droite un étrange instrument en forme de croix, se tenait seul à la proue, bras levés à la manière d'un prêtre antique bénissant son troupeau.

L'embarcation voguait à l'embouchure d'un grand fleuve aux rives plantées de grands conifères foisonnants, peut-être le Nil. Tout le long de la berge, des hommes à cheveux longs vêtus d'un pagne, bras et torse tatoués, semblaient rendre hommage au personnage du bateau dont la main droite était transpercée par l'unique rayon d'un soleil stylisé dominant la scène.

« D'après moi, cette fresque dépeint le voyage mystique d'Imhotep au pays de Pount, dit Alhazred. Les conifères suggèrent que Pount se situait en fait au Liban, d'où provenait l'essentiel du bois de cèdre qu'utilisaient les anciens Égyptiens. »

Il dirigea le rayon du projecteur vers le pied du sarcophage et tout parut se nimber soudain d'un halo doré. Devant Holliday et Raffi, abasourdis, se dressait un mur d'or massif de soixante-quinze centimètres de hauteur sur trois mètres de longueur, tel un rêve chatoyant inspiré par sa cupidité à l'antique roi Midas.

« Quatre tonnes d'or, reprit le Libanais, de la fierté dans la voix. Il nous a fallu trois mois pour tout transporter jusqu'ici. »

Traversant la chambre, il alla se planter devant l'énorme empilement de lingots pour le contempler à la lumière de sa lampe, l'éclat de l'or se reflétant dans ses yeux. Holliday, lui, était bien plus intéressé par le sarcophage. Il s'en approcha, le considéra un moment, puis tourna son regard vers la fresque au navire.

« Je croyais que vous vouliez me poser une question en ma qualité d'archéologue », dit Raffi en s'avançant.

Alhazred consulta sa montre.

« Une autre fois, peut-être, répondit-il. Il se fait tard.

— Où est la momie ? demanda Holliday.

— Transportée en lieu sûr.

— Elle était déjà en lieu sûr ici même, il me semble.

— Pas après l'ouverture du sarcophage.

— Portait-elle un masque en or, comme Toutankhamon ?

— Tout à fait, répondit le Libanais, dont le visage s'empourpra sans que Holliday puisse décider si c'était sous l'effet de la colère ou de la gêne. Et pour tout dire, l'intérieur du cercueil, lui aussi, était entièrement doublé d'or.

— Comme les portes ? s'enquit Holliday avec un sourire.

— Exactement. Comme les portes.

— J'imagine que le revêtement interne du sarcophage a été transporté en lieu sûr, lui aussi, dit Holliday d'un ton placide.

— Absolument, répliqua Alhazred entre ses dents. Et maintenant, je pense qu'il est vraiment temps de partir.

— Comme vous voudrez, repartit Holliday avec bonne humeur. Vous venez, Raffi ? Notre geôlier archéologue pense qu'il est temps de partir. »

Raffi, si l'on en croyait son expression, aurait été ravi de rester dans la tombe plusieurs heures encore, mais il opina silencieusement. Alhazred fermant la marche, ils revinrent sur leurs pas, traversant l'antichambre, puis enfilant le tunnel, où leurs pas sonnaient sur le sol de roche mal dégrossi. Puis ils montèrent les marches menant au fond du puits et gravirent l'échelle grinçante pour regagner l'intérieur du tumulus en forme de ruche.

Enfin, sous le regard vigilant d'Alhazred, Holliday et Raffi retirèrent la trappe et se faufilèrent rapidement à l'extérieur. Ils constatèrent en se relevant que le soleil était déjà bas sur l'horizon. L'air s'était rafraîchi à l'approche du crépuscule, mais la chaleur était encore suffisante pour les faire suffoquer au sortir du souterrain glacial. Quand Alhazred eut émergé à son tour de l'ouverture, Elhadji et lui remirent en place le panneau de polystyrène, dont ils dissimulèrent les contours en bouchant les fissures avec du sable.

Le voyage de retour se fit en silence. Holliday n'en revenait pas de ce qu'il avait vu. Par ses implications, une telle découverte dépassait en éclat et en importance celle du trésor des Templiers qu'il avait lui-même faite l'année précédente, mais le moment n'était pas opportun pour en débattre avec Raffi.

La nuit tombait quand ils arrivèrent au camp, où Alhazred les déposa devant leur tente.

« J'avais dans l'idée de vous inviter à dîner chez moi ce soir, afin que nous puissions discuter de ce que vous avez vu, mais j'ai changé d'avis. Nous nous retrouverons peut-être à un moment ou à un autre, demain, pour parler de votre amie Peggy, déclara-t-il, avant d'adresser aux deux hommes un bref salut de la tête et de redémarrer.

— Ce type est un charlatan, ou je me trompe ? dit Raffi quand ils furent dans la tente.

— Vous ne vous trompez pas, c'est un imposteur de la plus belle espèce », confirma Holliday.

Ce fut alors qu'ils entendirent les hélicoptères.

17

Ce fut d'abord un chuchotement hésitant de métronomes géants battant la mesure, puis, en se rapprochant, le bruit se transforma en un concert de stridulations monstrueuses, comme si une nuée de criquets d'acier était en train de tomber du ciel. La multiplicité des sons suggérait la présence d'au moins quatre appareils. Même sans les voir, Holliday devina qu'ils étaient gros – sans doute des Sikorsky S-92 ou des Merlin Agusta italiens.

« Qu'est-ce qui se passe ? demanda Raffi en hurlant pour couvrir le tonnerre assourdissant.

— Quelqu'un attaque le camp ! » répondit Holliday.

Quatre hélicoptères de cette taille pouvaient transporter au total près de cent hommes, un nombre largement suffisant pour affronter les Touareg.

Comme Holliday se dirigeait vers la porte de la tente, le battant de cuir s'écarta brusquement et un homme surgit, vêtu d'un treillis noir et d'un gilet pare-balles, le visage masqué par une cagoule également noire, un pistolet-mitrailleur MP5 à la main. Il portait en outre un pistolet automatique dans un holster attaché à sa cuisse droite, et un énorme couteau de combat dans un étui fixé par des Velcro à sa cuisse gauche. Sans ralentir sa course, il leva le canon court du MP5. En bon joueur de football américain, Holliday effectua un saut chassé qui atteignit le commando entre les jambes.

L'homme poussa un cri et perdit l'équilibre, lâchant une rafale qui dessina une ligne de pointillés sur le plafond en peau de dromadaire. D'un second coup de pied aussi violent que le premier, Holliday le fit culbuter sur le dos, puis, prolongeant son mouvement, il se laissa tomber genou en avant sur son visage, lui écrasant le nez. Tendant la main, il attrapa ensuite le couteau de son adversaire et lui plongea la lame crantée dans la gorge juste au-dessus de son gilet pare-balles, lui sectionnant les deux carotides et la trachée. Un jaillissement de sang éclaboussa le devant de sa chemise. L'homme émit un son de pneu qui se dégonfle et cessa de vivre.

Pendant que Raffi, bouche bée, contemplait l'horrible spectacle d'un œil effaré, Holliday s'empara du MP5 et ouvrit le holster du mort, qui contenait un Beretta M9, la version militaire du 9 millimètres standard. Après avoir tiré la glissière, il lança le pistolet à Raffi, qui l'attrapa comme s'il s'agissait d'un serpent venimeux.

« Braquez le canon et tirez ! La sécurité est à gauche. Si vous voyez le petit bouton rouge, comme maintenant, ça signifie qu'elle est mise. Poussez-le vers le bas et tirez sur tous ceux qui vous regardent de travers ! Vu ? »

L'Israélien acquiesça d'un hochement de tête.

À cet instant, un bruit les fit se retourner tous les

deux. Comme dans un vieux western, ils virent une lame percer le mur de la tente et commencer à l'entailler de haut en bas. De sa propre initiative, Raffi leva le pistolet et ôta la sécurité d'un coup de pouce. Un visage apparut dans la déchirure. À la grande surprise de Holliday, ce n'était pas celui d'un nouveau commando encagoulé, mais celui d'Emil Abdul Tidyman, le contrebandier qui les avait trahis.

« Par ici ! » ordonna celui-ci d'une voix pressante.

Le cuir de la tente fut bientôt fendu jusqu'au sol.

« Venez ! Vite ! reprit Tidyman. Le camp est attaqué !

— Pourquoi irions-nous avec vous ? » demanda Raffi tout en continuant à pointer fermement son arme droit sur l'Égyptien.

Constatant que la main de Raffi ne tremblait absolument pas, Holliday eut un sourire sans joie. L'Israélien semblait avoir appris sa leçon et surmonté ses scrupules.

« Il y a cinq hélicoptères dehors, et plus de cent hommes armés jusqu'aux dents, répondit Tidyman. Soit vous venez avec moi, soit vous êtes morts.

— Vous suivre, c'est survivre, en somme ? dit Holliday.

— Je connais un moyen de sortir d'ici.

— Pourquoi vous ferions-nous confiance ? demanda encore Raffi.

— Parce que je représente votre seule chance. »

Pistolet toujours braqué, Raffi échangea un rapide regard avec Holliday, qui confirma d'un bref signe de tête ce qu'affirmait Tidyman. L'Égyptien avait raison : les forces en présence étaient trop déséquilibrées, et s'ils restaient sur place ils se feraient massacrer en même temps que les Touareg. La question de savoir qui étaient les attaquants importait peu pour l'instant. Il serait toujours temps de se la poser plus tard… à condition qu'ils s'en sortent vivants.

« Allez-y, nous vous suivons ! » dit-il.

Raffi abaissa le M9. Le visage de Tidyman disparut et, se glissant dans l'ouverture qu'il avait pratiquée, les deux hommes le rejoignirent dehors dans l'obscurité protectrice.

Tidyman était en treillis noir, comme les commandos, mais il portait un béret, non une cagoule, et n'avait pour toute arme qu'un pistolet dans son étui. Ouvrant la voie, il se faufila entre les tentes en direction du parc à bestiaux qui se trouvait dans la partie ouest du camp.

Derrière eux, des rafales d'armes automatiques se mêlaient aux cris étouffés des mourants et à ceux des dromadaires paniqués qui tiraient désespérément sur leur longe sans autre résultat que de tomber les uns sur les autres en trébuchant sur leurs pattes entravées. Touchées par des balles traçantes ou des grenades à fusil, des tentes s'embrasaient un peu partout.

Un mouvement sur la gauche attira soudain l'attention de Holliday, qui se tourna juste à temps pour voir surgir de la nuit une silhouette drapée d'indigo : Elhadji. Le Touareg brandissait une simple épée droite d'un peu plus de un mètre, munie d'une garde et d'une poignée en bois. La redoutable lame ébréchée décrivit dans l'ombre un arc de cercle étincelant quand il l'abattit.

En un éclair, Holliday se revit face à un taliban enturbanné qui s'était précipité sur lui avec un interminable *pulwar* à lame courbe dans les ruines d'un village près de Kandahar. Il réagit exactement de la même façon qu'il l'avait fait ce jour-là : il se jeta sur le sol, roula sur le côté pour éviter le coup en revers d'Elhadji, puis, se redressant sur les genoux, il tira de son étui le poignard du commando et l'enfonça dans les plis de la robe indigo, coupant d'abord le tissu, puis les tendons des jarrets de son adversaire, qui s'effondra. Mais, bien que blessé, Elhadji parvint à faire glisser de sa manche droite une dague et lança son bras armé vers l'abdomen de Holliday. Tout en s'écartant vivement, Holliday comprit que le coup était imparable : le Touareg allait l'éventrer.

Une détonation retentit alors. Elhadji fut projeté en arrière, la partie droite de son visage désintégrée, son turban défait baignant dans un magma de sang, de cervelle et de cheveux. Holliday leva les yeux. Raffi se tenait là, une main tendue vers lui, l'autre serrée sur la crosse du Beretta, dont le canon fumait.

« Braquer et tirer, c'est bien ça ? dit l'Israélien avec une grimace.

— Exactement. Braquer et tirer, répondit Holliday en s'agrippant à la main de l'archéologue pour se relever.

— Dépêchez-vous ! » ordonna Tidyman à mi-voix.

Ils atteignirent rapidement le parapet de sable, qu'ils escaladèrent à la suite de l'Égyptien. Holliday jeta un regard par-dessus son épaule quand ils furent au sommet. Une bonne partie du camp était en feu, à présent, et des silhouettes de Touareg se détachaient sur un fond d'incendie. Des départs de balles traçantes formant une toile d'araignée lumineuse signalaient les positions des attaquants, qui étaient manifestement en train de repousser les défenseurs vers l'est du camp.

Soudain, un feu nourri se déclencha sur la crête du parapet est, provenant d'une vingtaine d'armes lourdes. Une embuscade. Une partie des attaquants qui s'étaient postés sur la butte venaient d'entrer en action et les Touareg se trouvaient pris sous des tirs croisés ravageurs.

Holliday se tourna de l'autre côté. Ils se trouvaient exactement à l'endroit du rempart où ils étaient montés le matin, mais à présent l'espace entre eux et la piste d'atterrissage, presque invisible, était occupé par cinq énormes hélicoptères rouge et blanc. Des Merlin Agusta-Westland, comme Holliday l'avait pensé. Un Merlin venait d'être testé en vue du remplacement de l'hélicoptère présidentiel, et Holliday savait que ces appareils de transport possédaient le plus long rayon d'action dans leur catégorie.

Tidyman s'accroupit, imité par Holliday, qui força Raffi à faire de même. Debout, leurs silhouettes se découpant sur les flammes, ils constitueraient des cibles parfaites.

« Et maintenant ? chuchota Holliday.

— Par là, répondit l'Égyptien en désignant du doigt l'angle nord-est du parapet. Restez baissés ! »

Il partit en courant le long du remblai. Holliday le suivit, plié en deux, vérifiant toutes les trois secondes si un éventuel gardien en faction près des hélicoptères ne les avait pas repérés. Raffi formait l'arrière-garde. Le seul obstacle qu'ils rencontrèrent fut le corps d'un Touareg égorgé par un commando. Ils enjambèrent le cadavre et continuèrent leur course.

Quand ils parvinrent à l'angle, Tidyman montra le

fossé en contrebas. De l'autre côté du saut-de-loup se trouvait un UAZ-469 comme celui qu'ils avaient acheté à Marsa-Matrouh, mais transformé en pick-up. Sur le plateau se dressait une mitrailleuse lourde montée sur pivot. Le véhicule ressemblait au 4 × 4 de l'armée libyenne qu'ils avaient croisé dans l'après-midi, mais en beaucoup plus ancien.

« Vous savez vous servir de ça ? demanda Tidyman d'une voix éraillée en désignant la mitrailleuse.

— Sûrement », répondit Holliday.

L'arme, encore plus grosse qu'une M240 américaine, devait être une Kord de l'époque soviétique. Mais une mitrailleuse était une mitrailleuse, et les Russes avaient toujours eu le chic pour fabriquer des armes simples, solides et faciles à manier, raison pour laquelle la kalachnikov était aux fusils-mitrailleurs ce que le Coca-Cola était aux boissons gazeuses.

« Il vaudrait mieux que vous en soyez vraiment sûr, avertit l'Égyptien. Parce qu'il va falloir passer près de ces hélicos et vous pouvez être certain qu'ils sont gardés.

— Attention derrière vous ! » hurla Raffi.

Holliday pivota sur ses talons tout en levant le pistolet-mitrailleur qu'il avait pris à son agresseur dans la tente. Deux commandos étaient en train de gravir le parapet au pas de charge l'un derrière l'autre. Quand Holliday ouvrit le feu, le premier des deux hommes leva les yeux vers lui.

« *Cazzo merda !* » siffla-t-il en braquant son arme.

D'une seconde rafale, Holliday l'envoya rouler au pied de la butte, où il s'immobilisa, formant sur le sol un paquet sans vie. L'autre attaquant s'arrêta, braquant à son tour son pistolet-mitrailleur, et Holliday vida sur lui le reste de son chargeur. Près du corps affaissé au bas du talus apparurent soudain trois nouveaux commandos, armes déjà pointées.

« On dégage ! » hurla Holliday, se jetant par-dessus le bord extérieur du parapet au milieu d'une pluie de balles tirées par le trio.

En même temps que ses deux compagnons, il roula sur la pente sableuse sans pouvoir contrôler sa culbute, qui s'acheva brutalement dans le fossé avec un choc qui lui coupa le souffle. Comme ils se remettaient debout pour escalader le côté opposé de la tranchée, il ressentit une vive brûlure au bras quand un projectile transperça la manche de sa chemise. D'autres balles soulevèrent de petits geysers de sable autour d'eux : les commandos tiraient à présent depuis le faîte du rempart. Parvenu enfin au 4 × 4, Holliday sauta sur le plateau et empoigna la crosse de type pistolet de la mitrailleuse, qu'il fit pivoter sur son axe.

Pendant que Tidyman démarrait, Raffi à son côté dans la cabine, Holliday engagea le levier d'armement, verrouillant la bande de munitions dans son logement, ôta la sécurité puis pointa le canon vers le haut. Après avoir vérifié que la bande jouait librement dans sa boîte, fixée sur la partie droite de l'arme, il appuya sur la détente.

La mitrailleuse s'anima entre ses mains, tressautant comme un marteau-piqueur, envoyant en lourdes pulsations sourdes une grêle de 12.7 qui laboura la crête du rempart de sable comme une déchiqueteuse hache du papier et transforma instantanément tous ceux qui s'y trouvaient en chair à pâté.

Ce premier danger écarté, Holliday bascula l'arme

à cent quatre-vingts degrés, la pointant sur les hélicoptères tandis que l'UAZ-469 fonçait sur le sol pierreux en direction de la piste. Les gros appareils, qui avaient atterri de façon échelonnée, formaient face au 4 × 4 une ligne de défense en courbe. Chacun était pourvu de portes coulissantes, comme les minibus, et d'une rampe de chargement à l'arrière. Conçus pour le transport, ces Merlin n'étaient généralement pas armés, cependant les trois grandes fenêtres qui perçaient leur fuselage de chaque côté pouvaient très bien servir à installer des *miniguns*, ou même des 12.7 comme la Kord.

Holliday prit pour cible les hélicoptères alignés, tirant de courtes rafales transversales de gauche à droite à la hauteur des cabines de passagers, en commençant par le cockpit. Même à deux cents mètres de distance, il voyait les pare-brise de Plexiglas exploser, les tôles se déchirer, les morceaux de fuselage et de moteurs voler en l'air sous l'impact des balles. Il y eut un flamboiement à l'intérieur de l'appareil situé au centre du dispositif, puis, une fraction de seconde plus tard, une énorme boule de feu jaillit, accompagnée d'un souffle et d'une détonation étouffée : le carburant pour les turbomoteurs venait de s'embraser.

Tidyman donna un brusque coup de volant pour s'éloigner de la zone de lumière produite par l'explosion. Holliday vit des silhouettes courir en avant de l'incendie.

« RPG 7 ! » hurla l'Égyptien.

L'une des silhouettes portait effectivement sur son épaule un de ces lance-roquettes légers à la forme aisément reconnaissable, assez puissants pour arrêter un char M1 Abrams… et à plus forte raison une boîte en fer-blanc comme l'UAZ-469. Qu'une seule munition de RPG les touche, et ils seraient pulvérisés tous les trois. Holliday recommença à tirer, de droite à gauche d'abord, puis de gauche à droite, fauchant les attaquants qui tombaient les uns après les autres en pleine course telles des marionnettes dont on couperait les fils. Le porteur de RPG ne fit pas exception.

Enfin, ils eurent la rangée d'hélicoptères derrière eux. Celui du milieu flambait comme une torche, et au moins deux autres étaient fortement endommagés, sinon hors d'usage. Privés de leur moyen de transport, les commandos étaient voués à la mort, aussi lourdement armés soient-ils. Les Kadhafi père et fils n'étaient pas réputés pour leur bon cœur : ils sortiraient de la naphtaline quelques vieux MiG-23 « Floggers » qui enverraient les éventuels survivants rejoindre leurs ancêtres à coups de missiles.

Tidyman arrêta la jeep au bord de la piste. Le Skymaster que Holliday avait vu le matin était là, à l'abri sous un auvent en polyéthylène, près d'une rangée de fûts de deux cents litres équipés de pompes manuelles. Le cockpit était vide, les deux portes grandes ouvertes.

« Où est le pilote ? » demanda Holliday en sautant à terre.

Le bruit d'une explosion derrière lui le fit sursauter et il se retourna. Un second hélicoptère brûlait maintenant. L'opération des commandos, sans doute calculée pour être une brève incursion entraînant un minimum de pertes tant humaines que matérielles, était en passe de virer au fiasco de première ampleur.

« Le pilote, c’est moi, répondit Tidyman, descendant à son tour du 4 × 4.

— Vous plaisantez, j’imagine, dit Raffi.

— Pas du tout. J’ai obtenu ma licence au Canada, à quinze ans. Je pilotais avant de savoir conduire des voitures. »

Contournant le nez de l’avion, l’Égyptien alla s’installer derrière le petit volant en demi-lune. Holliday et Raffi montèrent à sa suite, Holliday dans le siège du copilote.

Tidyman claqua sa porte et la verrouilla, imité par Holliday, puis il se mit à abaisser des manettes.

« Il y avait un service militaire obligatoire en Égypte dans les années soixante-dix, et j’ai passé deux ans à promener Anouar el-Sadate dans un coucou comme celui-ci », ajouta-t-il.

Après avoir réglé le rapport air/carburant au maximum, ainsi que le nombre de tours par minute, il appuya sur le bouton de contact. Les moteur toussèrent puis se turent. Relâchant le démarreur, il renouvela la procédure. Cette fois, les moteurs se mirent en route, en même temps qu’un claquement sec se faisait entendre vers la queue de l’appareil, suivi d’un deuxième.

« On nous tire dessus ! » avertit Raffi.

Holliday regarda par la fenêtre sur sa droite. Excepté les flammes qui montaient des hélicoptères, l’obscurité la plus totale régnait.

Plusieurs projectiles frappèrent encore le fuselage. Tidyman poussa légèrement les manettes des gaz et les moteurs rugirent.

« Il est temps d’y aller », dit-il en desserrant le frein.

L’avion sortit de sous son auvent et vira face à la

piste. Tidyman mit les gaz à fond, posa les pieds sur les pédales du palonnier et abaissa au tiers les volets. Propulsé par un moteur tiré par l'autre, l'appareil fit un bond en avant dans la nuit. L'instant d'après, ils étaient en l'air.

18

« Dans quelle direction allons-nous ? cria Holliday pour couvrir le rugissement continu des moteurs quand ils eurent atteint un premier palier.

— Le nord-est, vers Siwa, sauf si vous avez une autre idée », répondit Tidyman en ajustant les volets.

Seuls les voyants des instruments éclairaient la cabine. Le petit écran radar au milieu du tableau de bord jetait une lueur verdâtre sur le visage des trois hommes.

« Pour décider, il faudrait d'abord savoir d'où venaient les hélicoptères, remarqua Holliday.

— J'ai aperçu un emblème sur l'un d'entre eux, intervint Raffi. Un oiseau-mouche rouge.

— La marque de la Canadian Helicopter Corporation, dit Tidyman avec un hochement de tête. C'est la plus grosse compagnie privée au monde de location d'hélicoptères, spécialisée entre autres dans la desserte des plateformes pétrolières et le sauvetage en mer. Ils ont des antennes et des clients partout. Difficile de tirer une conclusion sur leur provenance.

— Le commando qui escaladait le rempart a lancé un juron en italien, *cazzo merda*, rappela Holliday.

— Nos amis du Vatican qui cherchaient à se venger ? suggéra Raffi.

— Ou plutôt qui cherchaient à mettre la main sur l'or, oui ! ricana Tidyman. "La vengeance m'appartient", dit le Seigneur, mais le pognon appartient à la sainte Église !

— À moins qu'ils n'aient été à la recherche d'autre chose… murmura Holliday, songeant à la tombe.

— De quoi, par exemple ? demanda l'Égyptien.

— De rien… Une idée idiote…

— Ces hélicoptères auraient-ils pu venir d'Italie ? s'enquit Raffi.

— Si je me souviens bien, leur rayon d'action est de douze ou treize cents kilomètres, dit Holliday. Ce serait suffisant ?

— En décollant de Sicile, oui, affirma Tidyman.

— Quel est l'endroit le plus proche de l'Italie où nous pourrions atterrir ?

— La Tunisie.

— Nous pourrions aller jusque là-bas ?

— Oui. Alhazred veille toujours à ce que le réservoir soit plein, en cas d'événements imprévus…

— J'imagine que ceux de ce soir s'inscrivent dans cette catégorie.

— Alhazred est un imbécile. Il aurait dû se douter d'un truc de ce genre. Une telle quantité d'or ne peut qu'attirer la malchance et la mort… »

Tidyman modifia le cap et Holliday regarda l'aiguille du compas se déplacer sur l'écran lumineux, puis s'immobiliser sur le nord-nord-ouest.

« L'ancien aérodrome de Mateur, juste au sud de Bizerte, est toujours praticable, reprit l'Égyptien. Nous pourrons refaire le plein là-bas si nous le souhaitons.

— L'idée me paraît bonne. »

Un déclic métallique provenant du siège arrière fit se retourner Holliday. Raffi braquait le canon du Beretta contre la nuque de Tidyman.

« Vous êtes encore plus stupide qu'Alhazred si vous croyez me faire peur avec ça, dit l'Égyptien. Autant vous tirer à vous-même une balle dans le crâne ! Si vous me tuez, qui pilotera l'avion ?

— Où est Peggy ? demanda Raffi, le visage fermé.

— Alhazred l'a déplacée la semaine dernière. Maintenant, posez ce pistolet !

— Faites ce qu'il dit ! » ordonna Holliday.

Ignorant ces intimations, l'Israélien appuya un peu plus fort le canon de son arme.

« Comment ça, “déplacée” ? Qu'est-ce que vous racontez ?

— Alhazred avait passé un accord avec un certain Antonio Neri, répondit Tidyman. Neri dirige une organisation criminelle qui s'appelle La Santa, ajouta-t-il après une hésitation.

— La Santa ? répéta Holliday. Je me rappelle avoir entendu ce nom dans la bouche de M. Ducos, le notaire français. Japrisot aussi en a parlé pour dire que Valador, le petit trafiquant au bateau de pêche, s'était acoquiné avec eux.

— Entre autres choses, La Santa fait dans la traite des Blanches. Une jolie fille comme Mlle Blackstock serait un bonus à leurs yeux.

— Où Alhazred l'a-t-il envoyée ? demanda Raffi avec animosité.

— Posez ce pistolet et je vous le dirai !

— Faites ce qu'il vous dit ! » enjoignit Holliday d'un ton ferme.

Raffi baissa l'arme.

« Où est-elle ? répéta-t-il.

— La Santa est basée en Corse, c'est tout ce que je sais avec certitude.

— C'est là qu'elle se trouve, ou pas ?

— Neri envoie des filles un peu partout. Elles transitent d'abord par l'Albanie, puis sont dispatchées dans toute l'Europe de l'Est. C'est un réseau, comme pour la drogue.

— Pareil pour les objets d'art ? s'enquit Holliday.

— Cette filière-là passe par la Corse, puis par Marseille ou Rome, selon la destination finale. J'ignore quelles ramifications existent au-delà.

— Ce fumier ! dit Raffi entre ses dents. J'aurai sa peau !

— Celle d'Alhazred ? Après moi s'il en reste ! dit l'Égyptien.

— Qu'avez-vous contre Alhazred ? demanda Holliday. Je vous croyais associés, tous les deux.

— Je n'avais pas le choix. Il a enlevé ma femme et ma fille, au Caire, et les a gardées en otage. Pour me donner une bonne raison de l'aider à écouler l'or, disait-il… Quand il a découvert que vous étiez sur sa trace, il a menacé de violer et de tuer Habibah et ma petite Tabia si je ne vous amenais pas à lui.

— Qu'est-ce qui vous a fait rompre votre alliance avec lui ? »

Dans la pénombre, Holliday vit des larmes perler aux paupières de Tidyman.

« Hier, je suis allé avec l'avion chercher du ravitaillement à Bardaï, au Tchad, commença l'Égyptien, le regard perdu dans le ciel étoilé, le cœur et l'esprit manifestement à des années-lumière des dunes qui défilaient loin sous eux, éclairées maintenant par la lune, comme le paysage sans fin d'un sombre rêve. J'ai réussi à joindre mon voisin du Caire au téléphone… Il m'a appris que ma femme avait été tuée en tentant de s'évader.

— Et votre fille ?

— *Al-Hamdoulillah*, Dieu merci, Tabia est parvenue à s'échapper. Elle est en sécurité chez des amis à moi qui la cachent. Quand les hélicoptères sont arrivés, je me dirigeais vers la tente d'Alhazred pour le tuer. Je suis venu vous chercher au lieu de continuer. Vous ne méritiez pas de mourir à cause de ce salaud… »

Tidyman s'éclaircit la voix, mais ne chercha même pas à essuyer ses larmes.

« Il ne s'appelle même pas Alhazred, reprit-il.

— Quel est son vrai nom ?

— Bobby Ayoub. Il est né à Ottawa.

— Et ses parents ? Les médecins ? intervint Raffi.

— Parce qu'il vous a raconté cette histoire, à vous aussi ? répondit Tidyman avec un rire qui n'en était pas un. En fait, son père tenait une épicerie dans Elgin Street et sa mère était copropriétaire d'une boulangerie. Ils s'étaient spécialisés dans la fabrication et la vente de pain pita. Ils sont morts dans un accident de la route un soir de réveillon du Nouvel An. Un chauffard ivre. Bobby était fils unique. Il a hérité de tout, y compris de l'argent des assurances. Les poches pleines, il est parti vivre au Liban et s'est mis à jouer les nababs. Il a essayé de rallier le Hezbollah, puis l'organisation d'Abou Nidal, mais ni les uns ni les autres n'ont voulu de lui. Il a ensuite cherché à s'inscrire à l'université, mais là non plus, on ne l'a pas accepté.

— Rien de surprenant, dit Holliday. Nous sommes nous-mêmes arrivés à la conclusion que c'était un imposteur.

— Le coup de Marc Aurèle fils de Vespasien n'était pas mal trouvé, j'avoue, déclara Raffi. Apparemment, Alhazred ignorait que le premier est né une cinquantaine d'années après la mort du second. Et ce n'est pas la seule perle qu'il nous ait servie ! Sans parler du fait qu'il ne savait pas lire les hiéroglyphes. Si ce gars-là était archéologue, moi, je suis Tarzan.

— C'était un malade. Un mégalomane qui se croyait né pour un destin grandiose. À l'entendre, c'était lui, le Mahdi envoyé par Dieu pour libérer son peuple du joug des tyrans… La réalité, c'est qu'il était le fils d'une boulangère et d'un bonhomme qui faisait des sandwiches à la viande fumée.

— Hitler était bien le fils d'un employé des douanes, remarqua Raffi. Comme quoi on ne peut préjuger de rien.

— En somme, il a imaginé la Confrérie d'Isis parce qu'il se sentait frustré d'être rejeté par les terroristes qu'il rêvait d'imiter, résuma Holliday.

— C'est un peu ça, acquiesça Tidyman tout en rectifiant légèrement la trajectoire de l'avion, un œil sur le compas. C'était un malade, comme je vous le disais… »

L'appareil volait à présent à vingt mille pieds, l'altitude de croisière idéale que son système de pressurisation lui permettait d'atteindre. Ils étaient trop haut pour voir l'ombre du bimoteur courir sur les dunes comme celle d'une chauve-souris au clair de lune.

« Mais les Touareg ne s'en formalisaient pas, continua l'Égyptien. Ils vandalisaient des tombes, pillaient des sites archéologiques et attaquaient des caravanes depuis des années. Pour eux, Ayoub, Alhazred ou je ne sais qui, était juste quelqu'un qui leur facilitait la tâche pour écouler leur butin et qui leur procurait des armes plus performantes. Ce petit salopard n'a rien fait d'autre que d'exporter le crime organisé en plein désert… »

Tidyman eut un soupir las et un haussement d'épaules.

« L'époque où les terroristes se battaient pour des idéaux est morte depuis longtemps, reprit-il. Ce qui les détermine, de nos jours, c'est un ego surdimensionné et l'appât du gain – tout le portrait de Bobby Ayoub.

— Il va tirer son épingle du jeu, à votre avis ? demanda Holliday.

— Oui. Il a certainement prévu une planque quelconque, un plan B… Il l'a toujours fait.

— Et quand il s'apercevra que son avion a disparu ? Vous pensez qu'il comprendra d'où vient le coup et essaiera de nous retrouver ?

— Vous pouvez en être sûr. Quand il verra que nos corps ne sont pas là, il fera vite le rapprochement. Il est du genre hargneux. Il devient fou de rage quand il n'obtient pas ce qu'il veut. Un coup pareil va le faire sortir de ses gonds. C'est avec un couteau entre les dents qu'il se mettra à notre recherche, croyez-moi ! »

En volant à un peu moins de deux cent trente kilomètres par heure pour économiser le carburant, il leur fallut jusqu'à minuit pour parcourir les douze cents kilomètres qui les séparaient de la frontière tunisienne. À ce moment de la nuit, la lune à son zénith faisait ressortir avec une grande netteté le relief au-dessus duquel ils passaient, et qui était exactement le même de part et d'autre de la frontière.

« Je ne sais rien de la Tunisie moderne, avoua Holliday, si ce n'est que George Lucas a filmé les scènes censées se dérouler sur Tatooine, la planète natale de Luke Skywalker, dans une ville tunisienne qui s'appelle elle-même Tataouine.

— Cela se trouve dans cette partie-ci du pays, au sud, indiqua Tidyman. On peut diviser la Tunisie en deux : le désert stérile, au sud, et au nord, près de la Méditerranée, des collines et des vallées fertiles qui font penser au sud de l'Espagne ou à la Grèce. C'est un petit pays qui ne s'en sort pas mal, bien qu'il soit coincé entre deux grands.

— *Carthago delenda est*, récita Raffi, à moitié endormi sur son siège. "Il faut détruire Carthage." La première phrase latine que j'ai apprise.

— Ah, j'oubliais ! Je connais aussi le col de Kasserine, dit Holliday. La première rencontre de la Seconde Guerre mondiale entre des soldats américains et les Allemands. L'armée américaine s'est fait laminer. Une des pires défaites de l'histoire militaire américaine.

— Heureusement que vous en avez vite tiré des leçons », commenta Tidyman.

Il actionna le palonnier et l'avion amorça un léger piqué, le bruit des moteurs devenant plus grave.

« Pourquoi descendons-nous ? demanda Holliday.

— Pour essayer d'échapper aux radars.

— Pourquoi ? Les Tunisiens nous cherchent ? s'enquit Raffi.

— J'en doute. Mais l'aéroport international de Tunis ou celui de Bizerte pourraient nous repérer par hasard. Si nous sommes petits, nous volons assez haut, et les opérateurs risqueraient de trouver ça bizarre s'ils voyaient surgir sur leurs écrans un avion venu du désert.

— Dans ce cas, rapprochez-nous vite du sol, je vous en prie ! » dit Holliday.

Perdant régulièrement de l'altitude, ils descendirent jusqu'à moins de trois cents mètres, puis poursuivirent leur route au ras des dunes et de la plaine aride. Loin devant eux, ils distinguaient maintenant la barrière déchiquetée de l'Atlas qui se dressait comme une ombre noire occultant le ciel étoilé. Le paysage changea tout à coup. Le désert disparut, remplacé par de petites exploitations agricoles, des routes et des hameaux épars. Ici et là, sur la plaine de plus en plus vallonnée, des collines boisées aux versants abrupts se dressaient telles des forteresses attendant l'ennemi depuis la nuit des temps. Holliday suivait des yeux l'aiguille du compas, qui s'orientait lentement mais sûrement vers l'est.

« Où est-il, cet aérodrome ? demanda-t-il alors que s'achevait leur quatrième heure de vol.

— À Mateur. C'était une base aérienne pour les chasseurs, aménagée dans un lac asséché. Le site a été occupé par les deux camps à tour de rôle, pendant la guerre. Mon père surnommait l'endroit "Mateur la Moiteur". L'installation d'origine était allemande, je crois. Plus personne n'utilise la piste, bien sûr. Ce n'est plus qu'une trace dans la terre.

— Pourquoi est-ce là que nous allons, au juste ? s'enquit Raffi.

— Si nous atterrissions sur un des grands aéroports, on ne manquerait certainement pas de nous poser des questions et Alhazred retrouverait plus facilement notre trace, dans l'hypothèse où il serait à nos trousses. De plus, Mateur n'est pas très éloigné de Kélibia.

— Kélibia ?

— Une petite ville côtière du cap Bon, de l'autre côté de la baie de Tunis. Un endroit pas très rutilant et peu fréquenté par les touristes. Le seul centre d'intérêt est un vieux fort. C'est de Kélibia que partent les femmes expédiées en Albanie, à bord du *Khamsin*.

— Emmenez-nous là-bas ! » dit Raffi.

Au bout d'une dernière heure de vol, ils arrivèrent en vue de Mateur, un bourg situé au pied d'une colline dénudée qui dominait une plaine toute plate émaillée de petites fermes. Tidyman n'eut aucun mal à trouver le lac asséché dans le clair de lune déclinant. Après avoir exécuté un atterrissage parfait sur la longue piste abandonnée qui ne formait plus qu'une vague surélévation sur un fond de boue craquelée, il plaça l'avion face au vent et coupa les moteurs. Les hélices cliquetèrent, puis s'immobilisèrent peu à peu dans un long gémissement. Enfin, pour la première fois depuis leur départ de Libye, le silence régna autour d'eux.

« Et maintenant ? demanda Holliday.

— Et maintenant, on vole une voiture et on se transporte jusqu'à la côte », répondit l'Égyptien.

19

En fin de compte, ils ne volèrent pas de voiture. Ils en achetèrent une. Une jeep Austin Champ vintage de la Seconde Guerre mondiale abandonnée là en 1943 et remise en service par un dénommé Mahmoud qui possédait un élevage de poulets. Ils firent l'acquisition du véhicule et de vingt litres de carburant en échange de cinquante dollars américains plus la clé de contact du Cessna qu'ils avaient laissé sur la piste. Mahmoud les gratifia en outre d'un petit déjeuner avant l'heure, composé d'un plat de couscous et d'un poulet tué et préparé sous leurs yeux, le tout arrosé de plusieurs litres de café fort.

Pour quelques dollars supplémentaires, leur hôte les laissa choisir ce qu'ils voulaient parmi les rares vêtements de style occidental que contenait sa garde-robe. Raffi et Holliday optèrent pour des chemises sans col usées jusqu'à la trame et des pantalons avachis qui avaient dû être taillés sur mesure pour un pot à tabac. Enfin, après une visite de l'élevage propre à les dégoûter de la volaille pour le restant de leurs jours, ils prirent le chemin de la côte selon les indications de Mahmoud alors que le soleil se levait.

Il leur fallut à peine deux heures pour parvenir à destination, mais Holliday était convaincu qu'il garderait à vie dans les narines l'odeur de fiente de poulet qui imprégnait la jeep.

La description qu'avait faite Tidyman de Kélibia était parfaitement conforme à la réalité : un ensemble poussiéreux de maisons blanchies à la chaux sur lesquelles veillait depuis une colline escarpée un grand fort datant de l'occupation romaine. Rien pour retenir l'attention, sinon une abominable odeur de poisson qui entra tout de suite en concurrence avec la puanteur acide des déjections aviaires.

L'agglomération avait dû commencer à se développer à partir du carrefour de deux grandes routes pour s'étaler ensuite inconsidérément au fil des ans en un labyrinthe de ruelles enchevêtrées, telle une tumeur de plâtre totalement anarchique. Si la forteresse désaffectée possédait une force d'attraction évidente, le véritable cœur de la ville était son port, avec sa flotte de chalutiers et de felouques. Kélibia, selon Tidyman, ne comptait pas parmi les zones touristiques du pays, ce qui expliquait sans doute les détritus qui jonchaient les rues et flottaient sur l'eau putride de la darse. Le long des quais, amarrés bord à bord à quatre ou cinq de front, des bateaux de toutes tailles, décrépits pour la plupart, s'agglutinaient dans un désordre indescriptible défiant toute logique.

Ils finirent par trouver la capitainerie, qui faisait aussi office de service de l'immigration, dans un petit bâtiment jouxtant la criée, une énorme halle ouverte en béton construite le long du bassin. À peine plus grand qu'un placard, et mal éclairé par une fenêtre crasseuse, le bureau contenait une table, une chaise et quelques vieux classeurs métalliques verts sur lesquels étaient empilés des papiers. Une odeur de tabac et de bois moisi régnait sur l'ensemble.

Le capitaine du port était un petit bonhomme trapu nommé Habib Moukaden qui portait un pantalon remonté jusqu'aux aisselles et présentait une superbe chevelure blanche frisottante surmontée d'un fez vert. Hérissée d'une repousse de poils gris, la peau de son visage chiffonné semblait aussi râpeuse que de la toile émeri. Il fumait des cigarettes Mars, très longues, qu'il extrayait d'une chiquenaude de leur paquet rouge vif avant de les planter au centre exact de sa bouche luisante et lippue.

« Je connais ce bâtiment, oui », répondit-il dans un anglais acceptable quand Tidyman lui parla du *Khamsin*.

Étant donné l'invraisemblable fouillis de bateaux, la plupart sans nom, qui encombraient le port, l'affirmation laissa Holliday dubitatif.

« Comment se fait-il que vous l'ayez remarqué ? demanda-t-il.

— Insinuez-vous que le responsable que je suis ignore quels bateaux entrent et sortent de son port de jour comme de nuit ? répondit Moukaden en plissant les paupières. La felouque verte de Hosni Thabet, la barque d'Akimi, avec sa bande jaune et son dalot rouillé sur bâbord, le sardinier de Fathi Benslimane, avec son verset du Coran peint sur la cheminée, la chaloupe de Zoubir ben Younes, qui sent si mauvais… Je les connais tous, figurez-vous. Ces bateaux, ce sont mes enfants, mes amis, mes animaux de compagnie !

— Je comprends, mais qu'est-ce que le *Khamsin* a de remarquable ? insista Holliday.

— C'est un bateau qui vient ici une fois par mois environ. Il reste une semaine, puis il repart. Pendant qu'il est là, son capitaine passe ses journées à boire du café et à jouer aux échecs au Café de Borj, sur la colline. Il dort à l'hôtel où ma sœur est cuisinière, c'est pour cette raison que je suis au courant de tout ça. Cette fois-ci, il est resté plus d'une semaine parce qu'un de ses moteurs était endommagé et qu'il avait perdu son ancien mécanicien. Il attendait des pièces de rechange, mais comme elles n'arrivaient pas, il a fini par partir quand même, ce matin, toujours avec un seul moteur, et sans mécanicien. Il est parti très tôt, précipitamment, je suis navré de vous le dire.

— Il est parti ce matin ? s'exclama Raffi.

— C'est ce que j'ai dit. Ce matin, au lever du soleil. Avant les pêcheurs.

— Pour quelle destination ? s'enquit Tidyman.

— Je n'étais pas là pour le lui demander, répondit Moukaden avec un haussement d'épaules tout en remontant son pantalon sur son gros ventre. Je suppose qu'il voulait rejoindre son port d'attache.

— Qui est ?

— Calvi, en Corse.

— À quelle vitesse peut-il aller avec un seul moteur ? demanda Holliday.

— Cinq nœuds ? Six, peut-être.

— Alors, nous pourrions l'arraisonner, suggéra Raffi.

— L'arraisonner ? Quelle idée ! s'écria Moukaden en ouvrant de grands yeux. Ce serait un acte de piraterie !

— Il détient quelque chose qui nous appartient, et nous voulons le lui reprendre, expliqua Holliday.

— Ah, c'est donc un voleur… dit le capitaine du port, l'air soudain songeur.

— Oui », confirma Tidyman.

Raffi semblait sur le point d'ajouter quelque chose, mais un regard de l'Égyptien l'en dissuada.

« Un voleur, répéta Moukaden.

— Oui, acquiesça de nouveau Tidyman.

— Un voleur qu'il faut arrêter…

— Exactement, approuva Tidyman.

— Et, pour l'arrêter, il vous faudrait un bateau…

— Tout à fait.

— Un bateau rapide.

— Oui, intervint Holliday, comprenant vers quoi tendait cet échange. Très rapide.

— Je connais un bateau de ce genre.

— Je m'en doutais un peu, dit Tidyman avec un grand sourire.

— Il appartient à mon cousin Moustafa, qui l'utilise pour… transporter des choses.

— Ah bon ?

— Ça risque d'être cher. Mon cousin tient énormément à ce bateau.

— Nous pourrions peut-être payer avec une carte Visa ? proposa Holliday.

— Oh, mais certainement ! répondit Moukaden, qui hocha la tête avec ravissement et remonta son pantalon une fois de plus. Même avec une carte American Express, si vous voulez ! Je l'appelle ? ajouta-t-il, la bouche fendue jusqu'aux oreilles, en tendant la main vers le vieux téléphone à touches qui trônait sur son bureau en désordre.

— Je vous en prie », répondit Holliday.

Moustafa habitait à quelques kilomètres, dans une

minuscule localité de bord de mer appelée Hammam Lekses. Son bateau se révéla être l'équivalent nautique de l'Austin Champ qu'ils avaient achetée à l'éleveur de poulets. Il s'agissait d'un Motoscafo Armato Silurante de vingt mètres, la vedette lance-torpilles italienne correspondant au MTB britannique et au Schnellboot allemand.

Amarrée à la jetée de pierre de Hammam Lekses, son pont encombré de filets et de caisses, son étroite plage arrière entièrement occupée par des fûts rouillés de deux cents litres de carburant de réserve arrimés les uns aux autres, l'embarcation miteuse faisait penser à un vieux matou estropié. Sa coque portait encore le camouflage peint par les Italiens à l'époque, défraîchi par le sel et le passage du temps. Un vieux matou peut-être, songea Holliday, mais un félin tout de même, avec ses lignes racées suggérant la vitesse et la puissance meurtrière dont il était capable.

La vedette avait été abandonnée en 1943, quand les Allemands et les Italiens s'étaient retirés de Tunisie. Le père de Moustafa était parvenu à la subtiliser sous le nez des Anglo-Américains, puis à la dissimuler dans une grotte de la côte. Il s'en était servi après la guerre pour faire de la contrebande entre la Tunisie et Marseille, trafiquant de tout, que ce soit de l'huile d'olive ou des mitrailleuses. Moustafa, semblait-il, marchait sur les traces de son père.

À l'inverse de son cousin Moukaden, il était maigre comme un clou et totalement chauve. À l'entendre, son bateau était comme neuf malgré ses soixante-quinze ans et filait encore ses trente-cinq nœuds, sensations fortes garanties. Il estimait que le *Khamsin* ne pourrait pas avoir parcouru plus de cent kilomètres entre son départ et le milieu de l'après-midi, et qu'il faudrait moins de deux heures à son Motoscafo, le *Fantasma* – le *Fantôme* –, pour le rattraper.

Cerise sur le gâteau, il ne demandait pas mieux que de leur fournir un lance-roquettes de fabrication soviétique, moyennant un petit supplément. Et dans la mesure où son cousin Moukaden, représentant l'autorité, donnait son feu vert à l'abordage du *Khamsin* en haute mer, lui-même ne voyait aucun inconvénient à les transporter jusqu'à leur objectif.

Il conseilla toutefois d'attendre le soir pour prendre la mer. Selon lui, en effet, les garde-côtes, basés pour la plupart à Tunis, n'aimaient pas naviguer de nuit et regagnaient généralement le port au coucher du soleil. Et, surtout, l'expérience lui avait appris que le meilleur moment pour effectuer un abordage était la nuit. Après un débat où Raffi, pressé de partir, tenta de faire valoir des arguments contraires, ils décidèrent de se rallier à la proposition de Moustafa.

Le soleil n'était plus qu'un souvenir sur l'horizon et l'air commençait à se rafraîchir quand le Tunisien mit en route les vénérables moteurs Isotta Fraschini entretenus avec amour par deux générations de contrebandiers et se dirigea vers le large. Les lumières des villas de la plage s'estompèrent rapidement derrière eux. La mer était d'huile. Tidyman se tenait près de Moustafa dans la minuscule timonerie, Holliday et Raffi dans le spacieux carré du pont inférieur, assis à la table.

Sous leurs pieds, le rugissement des moteurs augmentait au fur et à mesure que Moustafa accélérait et les petites vagues heurtaient l'étrave avec un battement rythmique de plus en plus rapide. Bientôt, la coque entière se mit à vibrer et la proue se souleva : ayant atteint sa pleine vitesse, le *Fantasma* volait littéralement sur les flots à plus de soixante kilomètres par heure.

« Vous êtes sûr qu'on peut lui faire confiance ? demanda Raffi.

— À qui ? À Tidyman, à Moustafa, ou au cousin Moukaden ? répondit Holliday. Allez savoir ! Si ça se trouve, le gros Moukaden est en train de prévenir le *Khamsin* par radio de notre arrivée. Mais de toute façon nous n'avons guère le choix si nous voulons retrouver Peggy.

— Moustafa et son cousin font ça pour l'argent. Au moins, leur motivation est claire. C'est de Tidyman que je méfie encore.

— Alhazred a fait tuer sa femme. C'est une raison suffisante pour lui accorder crédit. Je ne connais pas de meilleure motivation que la vengeance.

— Et si Peggy n'est pas sur le *Khamsin ?* Qu'est-ce que nous ferons ?

— Nous aviserons en temps voulu… »

Ils continuaient à foncer dans la nuit à travers un désert liquide aussi stérile que le désert de sable qu'ils venaient de traverser. Holliday monta sur le pont une ou deux fois pour observer la mer et le ciel étoilé, mais il tuait surtout le temps en sommeillant sur une des couchettes étroites prévues pour les dix marins italiens qui avaient jadis constitué l'équipage de la vedette. Il était plus de 2 heures du matin quand Tidyman le réveilla en le secouant.

« Il y a un problème, commença l'Égyptien sans

préambule. Nous pensons avoir repéré le *Khamsin* sur le radar, mais il n'avance pas. Il est immobile sur l'eau.

— Son deuxième moteur est peut-être tombé en panne », dit Holliday, qui suivit Tidyman sur le pont en bâillant.

Ils rejoignirent Moustafa, debout à la barre. Raffi, qui était déjà là, observait le déplacement du bras de balayage sur l'écran radar dernier cri fixé au tableau de bord. Au bruit des moteurs, et à la façon dont la vedette semblait fendre l'eau, Holliday comprit qu'ils avaient considérablement ralenti l'allure. Il regarda l'écran radar. À chaque balayage, un point lumineux apparaissait dans le coin supérieur droit. Le signal intermittent correspondant à leur propre bateau, plus brillant, scintillait dans le coin opposé. L'écart entre les deux points se réduisait régulièrement, mais celui du haut restait fixe.

« À quelle distance sommes-nous de lui ? » demanda Holliday.

Se penchant par-dessus la barre, Moustafa tourna un bouton. Sur l'écran, l'image sauta puis se reforma.

« Un mille nautique, répondit-il. Non, moins… Mille mètres.

— Pouvons-nous être sûrs que c'est le *Khamsin ?* Ça ne pourrait pas être un rocher, ou quelque chose comme ça ?

— Non, c'est un bateau, affirma le Tunisien, qui continuait à guider la vedette à travers une légère houle en scrutant l'obscurité.

— C'est à peu près là que nous nous attendions à le rattraper, observa Tidyman.

— Bon… » murmura Holliday, un œil sur les deux points lumineux qui se rapprochaient lentement.

Il s'agissait de réfléchir vite et bien. Ils disposaient de quelques armes : les pistolets qu'ils avaient rapportés du campement de Germa et le lance-roquettes de Moustafa. Ce dernier avait aussi une mitrailleuse légère Breda de la Seconde Guerre mondiale montée sur un bipied, mais cette arme ne s'était pas révélée très fiable sur le terrain à l'époque, et risquait de l'être encore moins soixante ans après. D'ailleurs, sans même parler de son grand âge, sa crosse était fissurée et décolorée par des années d'exposition à l'air marin, et son canon crasseux, piqueté de rouille, avait toutes les chances d'exploser au visage du servant dès la première rafale.

« C'est vous le soldat, dit Raffi. Qu'est-ce qu'on fait ?

— On a le choix entre la vitesse ou la prudence. Personnellement, je préfère la prudence… Mais il faut avouer que je commence à être un peu vieux pour ce genre d'exercice.

— Moi aussi, dit Tidyman.

— Eh bien, pas moi ! déclara Raffi en fronçant les sourcils. Je vous rappelle que Peggy est peut-être sur ce bateau !

— Ce qui militerait plutôt en faveur de la prudence, remarqua Tidyman. Nous ignorons qui est à bord et nous risquons de nous retrouver en infériorité numérique. Trop de précipitation pourrait coûter la vie à votre amie.

— Le *Khamsin* est un vieux rafiot avec une coque en bois, rappela Holliday. Il suffirait d'une seule roquette tirée avec le RPG pour l'envoyer par le fond.

— Que suggérez-vous, alors ? » demanda Tidyman, très calme.

Sur l'écran, les deux points lumineux tendaient à se rejoindre.

« Cinq cents mètres ! annonça Moustafa. La lune se lève. Vous allez voir le bateau d'un instant à l'autre.

— Il faut prendre une décision ! Tout de suite ! s'exclama Raffi avec impatience.

— Nous avons un projecteur à la proue, dit Holliday. Nous allons les approcher à grande vitesse en les aveuglant et les interpeller comme si nous étions des douaniers ou des garde-côtes. M. Tidyman se tiendra à l'avant avec le RPG. Nous menacerons de les couler s'ils ne nous livrent pas Peggy.

— Ça me paraît jouable, acquiesça l'Égyptien avec un sourire. Mais, à l'avenir, appelez-moi Emil !

— Allons-y ! intervint Raffi. Nous perdons du temps !

— Deux cents mètres ! Droit devant ! » dit Moustafa.

Ils approchèrent le *Khamsin* à vitesse critique, moteurs hurlants, vague d'étrave montant presque jusqu'au plat-bord. Tidyman, calé contre un winch à l'avant, tenait le lance-roquettes chargé et amorcé en équilibre sur son épaule, le doigt sur la détente.

Holliday et Raffi s'étaient accroupis derrière lui, à demi cachés par un tas de filets malodorants, pistolets en main, sécurité déverrouillée. À la barre, Moustafa attendit jusqu'à la dernière seconde, puis alluma le projecteur tout en tournant brutalement la roue et en réduisant les gaz, jetant le *Fantasma* dans un virage glissé qui l'amena presque bord à bord avec sa proie.

La vedette poussa un ultime rugissement et stoppa dans une gerbe d'écume.

« Dieu tout-puissant ! chuchota Tidyman en découvrant la scène d'épouvante qui s'offrait à sa vue dans la lumière crue du projecteur, chaque détail grotesque se détachant avec netteté contre le fond noir du ciel. Quelle horreur ! Qu'est-ce qui s'est passé ici ? »

20

Ballotté par les flots noirs, le vieux remorqueur fatigué flottait à la dérive, blessé à mort. Ses superstructures, y compris son château avant et la timonerie au-dessus, semblaient avoir été happées par une moulinette diabolique qui les aurait hachées, mâchées, puis recrachées en petits morceaux. La cheminée, arrachée à son socle, pendait sur tribord, criblée de trous gros comme des balles de tennis.

Fenêtres et cloisons en charpie, escalier d'accès réduit à l'état de ferrailles tordues, la timonerie n'existait pratiquement plus. Il était évident que le navire prenait l'eau : il gîtait tellement sur bâbord que les vagues léchaient le pont, ou ce qu'il en restait. Ce dernier n'était plus en effet qu'une ruine de bois éclaté, piquetée des mêmes perforations de la taille d'un poing qui avaient transformé la timonerie en passoire. Plusieurs corps, ou fragments de corps gisaient çà et là. Aucun n'était identifiable. Il y avait du sang partout, projeté en gouttelettes sur la peinture blanche, se déversant à pleins ruisseaux dans les dalots.

À la proue, une main agrippait une mitrailleuse, mais il n'y avait aucun corps au bout du bras. Juste à côté, un cadavre sans tête qui sortait à moitié d'une écoutille avait maculé le pont d'une affreuse traînée glaireuse de sang mêlé de cervelle et d'esquilles d'os.

« Peggy ! » gémit Raffi en se redressant.

Se relevant lui aussi, Holliday lui posa une main sur l'épaule.

« Calmez-vous, dit-il.

— Qu'est-ce qui a pu faire ça ? » demanda Tidyman, qui les avait rejoints et regardait avec eux l'horrible épave tandis que le *Fantasma* se balançait doucement sur la mer d'encre.

Ce qui avait « fait ça », Holliday le savait parfaitement. C'était une arme qu'il avait eu l'occasion de voir à l'œuvre d'abord au Vietnam, à bord d'un Douglas C-47 Spooky, puis, dans sa version russe, en Afghanistan, où il avait été envoyé comme instructeur auprès des moudjahidin, dans les années quatre-vingt. Les Russes appelaient ça un Yak-B12, les Américains un *minigun*. Il s'agissait d'un canon automatique de type Gatling à mécanisme d'entraînement électrique par chaîne dont la cadence de tir avoisinait les quatre mille coups à la minute. De quoi transformer en un clin d'œil un homme en hamburger.

« Des hélicoptères, répondit-il sans pouvoir détacher son regard de la scène cauchemardesque. Sans doute ceux qui ont attaqué le camp d'Alhazred la nuit dernière. Ils auront pris le *Khamsin* pour cible pendant leur vol de retour.

— Mais pourquoi ? s'exclama Raffi, visiblement sous le choc.

— Une vengeance ? suggéra Tidyman.

— Ou un grand nettoyage, dit Holliday. Ces gens-là voulaient réduire leurs ennemis au silence. Le marchand de souvenirs d'Alexandrie en savait sans doute trop.

— Vous croyez que c'est l'Église qui a commis cette horreur ? demanda Raffi.

— Sinon elle, du moins Sodalitium Pianum, *alias* La Sapinière. Ce ne sont pas des tendres, vous en avez eu la preuve dans le désert, hier soir.

— La terreur au nom de Dieu… Pourquoi pas ? C'est dans l'air du temps, commenta Tidyman.

— Il faut monter à bord, articula Raffi d'une voix blanche. Je veux savoir si Peggy… Je veux savoir si elle est là.

— Je peux y aller avec Emil, dit Holliday avec douceur. Vous n'avez pas besoin de venir.

— Ce serait préférable, en effet, approuva Tidyman, tendant une main hésitante pour toucher le bras de Raffi. Il est des douleurs qu'il vaut mieux s'éviter, ou du moins partager avec d'autres…

— Non, je veux voir par moi-même », répondit Raffi.

Quelques minutes plus tard, Moustafa étant parvenu à placer sa vedette bord à bord avec le *Khamsin*, les trois hommes purent prendre pied sur le pont dangereusement incliné du remorqueur. Holliday et Raffi, tous deux armés, descendirent au pont inférieur, laissant Tidyman grimper comme il pouvait vers la timonerie dévastée.

En bas, ils passèrent près du corps sans tête à demi engagé dans l'écoutille pour emprunter l'échelle presque perpendiculaire qui menait à la cale principale. Seuls les craquements de la coque agonisante troublaient le silence de mort qui régnait à l'intérieur de ce vaisseau fantôme où rien ne bougeait.

À l'origine, la cale avait sans doute servi à entreposer des vivres ou des équipements de rechange ; elle était à présent compartimentée par des panneaux en contreplaqué qui formaient des stalles à peine plus grandes que des cercueils et tapissées de paille. Chacun de ces box était occupé par une femme enchaînée à un gros anneau de fer fixé à la coque. Il y avait trente de ces casiers, et trente femmes, ou plutôt les restes de trente femmes, toutes entièrement nues et d'une saleté repoussante.

Elles étaient toutes mortes, les unes lacérées par les balles des *miniguns*, d'autres transpercées d'éclats. Certaines n'avaient pas plus d'une douzaine d'années. La plupart d'entre elles portaient des tatouages traditionnels berbères sur les mains et le visage. Aucune peur ne se lisait sur leurs traits, comme si elles étaient mortes dans leur sommeil. Il semblait raisonnable de penser qu'on les avait droguées pour qu'elles se tiennent tranquilles pendant la traversée.

« Qui sont-elles ? demanda Raffi. Elles ne sont visiblement pas arrivées là de leur propre gré.

— Je pense qu'elles venaient de Mauritanie, répondit Holliday en contemplant le pitoyable spectacle. La traite des esclaves est un commerce florissant, là-bas. Les hommes sont fermiers ou mineurs, les femmes et les filles sont vendues comme esclaves sexuelles. Alhazred sert d'intermédiaire entre les trafiquants maliens ou soudanais et les destinataires, qui appartiennent à La Santa.

— Comment des êtres humains normalement constitués peuvent-ils faire une chose pareille ? C'est de la démence !

— Non, c'est du commerce, dit Holliday d'une

voix sans timbre qui cachait mal sa fureur. Comme les prisons privées, aux États-Unis : peu importe le côté inhumain de l'affaire, du moment qu'elle rapporte… Venez, maintenant, nous ne pouvons plus rien pour elles. Au moins, Peggy n'était pas à bord.

— Dieu merci !

— Je ne pense pas que Dieu ait grand-chose à voir là-dedans. Allez, venez ! »

Ils remontèrent sur le pont, où les attendait Tidyman.

« Vous avez trouvé quelque chose ? s'enquit Holliday.

— La seule carte encore intacte était celle de la mer Tyrrhénienne.

— Naples ? Pas la Corse ?

— Naples ou un autre port, répondit l'Égyptien, qui brandit un morceau d'appareil électronique fracassé. J'ai aussi trouvé ce débris de GPS Garmin… Avec un peu de chance, j'arriverai à lire les cartes qui y ont été enregistrées… »

Il regarda alternativement Raffi et Holliday avant d'ajouter :

« Alors ?

— Peggy n'était pas sur le bateau, dit Holliday. Du moins, nous n'avons rien vu qui nous permette de l'affirmer. Par contre, il y avait un chargement de femmes, en bas. Des esclaves sexuelles. Aucune n'a survécu. Certaines ne sont que des gamines.

— Qu'est-ce qu'on fait ? Vous avez une idée ? »

Holliday parcourut le pont du regard. L'épave était à peine plus basse sur l'eau que quand ils étaient montés à bord. Elle pouvait continuer à flotter ainsi pendant des jours. Il songea aux corps enfermés dans la cale.

« Ces femmes ont droit à un peu de dignité, déclara-t-il. Offrons-leur de vraies obsèques en mer ! »

Dix minutes plus tard, quand Moustafa eut éloigné la vedette à une distance raisonnable du remorqueur, Holliday posa le lance-roquettes sur son épaule comme il l'avait si souvent fait. Visant l'écoutille ouverte sur le pont avant, il adressa au ciel une brève mais sincère prière, puis il pressa la détente.

La roquette partit dans un claquement sec et le recul poussa Holliday en arrière sur sa jambe droite. Il y eut une détonation sourde quand la charge explosa dans les entrailles de l'épave, suivie d'un coup de tonnerre lorsque le réservoir de carburant sauta.

Une boule de feu jaillit puis, dans un sinistre grincement, la lourde carène se tordit avant de se fendre dans toute sa longueur. Reins brisés, le *Khamsin* chavira pour s'enfoncer presque aussitôt sous la houle sombre, ne laissant à la surface que quelques débris enflammés et une tache de gasoil qui s'élargissait. Un moment encore et ces dernières traces elles-mêmes auraient disparu.

Debout à la proue du *Fantasma*, seul, Holliday regardait l'endroit où se trouvait le remorqueur un instant auparavant. Il eut soudain un de ces flashs venus de nulle part où le passé s'impose à la mémoire avec une intensité à couper le souffle. Il revit l'enterrement de son père, et sa cousine Peggy en train de pleurer en face de lui, de l'autre côté de la tombe, alors que lui-même ne parvenait pas à verser une larme.

Après les obsèques, son oncle Henry l'avait pris à part pour lui rappeler que, quand lui-même disparaîtrait, Peggy serait la seule famille qui lui resterait, à lui, Holliday, et qu'il aurait à veiller sur elle. Or il avait trahi l'engagement qu'il avait souscrit ce jour-là. Peggy était là, quelque part, sans doute terrifiée, réduite au désespoir. Il se devait de la retrouver et de la ramener à la maison.

Raffi apparut près de lui mais se tint là sans rien dire.

« Qu'y a-t-il ? lui demanda Holliday au bout d'un moment.

— Emil a pu accéder aux données du GPS. La destination du *Khamsin* était l'île de Ponza, sur la côte italienne.

— C'est loin ?

— D'après Moustafa, nous pouvons y être avant le lever du soleil. »

21

Ponza est un croissant de roche volcanique de huit kilomètres sur à peine deux qui surgit de la mer à environ soixante-quinze kilomètres au sud-ouest de Rome et à une distance comparable au nord-ouest de Naples. Le port le plus proche offrant un service de ferries pour s'y rendre est Anzio. L'île, nommée en l'honneur du tristement célèbre Ponce Pilate, fut tour à tour une villégiature appréciée des anciens Romains, une colonie pénitentiaire, puis une destination de vacances estivales pour les Bourbons du royaume de Naples et de Sicile au XVIIe siècle. Pendant la Seconde Guerre mondiale, elle fut utilisée comme camp d'internement pour les familles royalistes rebelles et Mussolini lui-même y fut brièvement exilé. Le XXIe siècle la voyait retrouver sa vocation d'origine comme lieu de séjour où les Romains fatigués de la ville venaient se reposer en juillet et en août.

Moustafa connaissait bien l'île. Elle servait de repaire aux pirates et aux contrebandiers depuis cinq mille ans, et les trafiquants de jadis qui faisaient entrer du vin en fraude à Pompéi pour éviter les droits d'octroi n'étaient pas très différents de ceux d'aujourd'hui qui transportaient des armes de poing ou des cigarettes à Naples et Anzio. C'était un cauchemar – voire une mission impossible –, pour la Guardia Costiera et les Carabinieri maritimes, de surveiller les centaines de grottes et de criques où l'on pouvait déposer ou transborder discrètement des marchandises, ainsi que les innombrables bateaux de plaisance ancrés dans les anses de la petite île. Moustafa prétendait que les bagages des touristes revenant en ferry de Porto Ponza contenaient davantage de haschich libanais et d'héroïne marseillaise que de linge sale.

Mais s'il était facile de pratiquer la contrebande à Ponza, il ne s'agissait quand même pas d'y arriver en terrain conquis. Une demi-douzaine de bateaux pneumatiques Zeppelin Defenders de la Guardia Costiera patrouillaient en permanence le long de la côte découpée, et l'entrée en fanfare sous le nez des autorités d'une vedette rapide camouflée dans le port bondé de Porto Ponza risquait d'attirer l'attention. Moustafa préféra donc leur vendre son propre canot gonflable, un Zodiac de quatre mètres constellé de rustines, leur indiquer le cap à suivre, puis les déposer en haute mer aux premières lueurs grises de l'aube, à la limite de portée des radars.

Poussés par le vieux moteur hors-bord British Anzani de dix-huit chevaux, ils abordèrent avec une synchronisation parfaite la plage aux eaux améthyste limpides de Luna, sur la côte ouest de l'île, au moment même où le soleil apparaissait au-dessus des falaises qui masquaient la ville.

Après avoir tiré leur embarcation au sec sur le sable gris, près d'une rangée de kayaks de location enchaînés les uns aux autres, ils prirent le tunnel de quatre cents mètres creusé sous les falaises cinq cents ans avant Jésus-Christ et en ressortirent du côté de la ville pour voir entrer dans le port le premier hydrofoil au nez arrondi en provenance de Naples.

« Et maintenant ? demanda Raffi, comme ils débouchaient de la galerie en clignant des yeux dans la lumière éclatante du soleil levant.

— Moustafa m'a recommandé de chercher un chauffeur de taxi prénommé Al, dit Tidyman.

— Al ? répéta Holliday. Un Américain ?

— De Brooklyn. »

Ils dénichèrent Al à une terrasse de café de la promenade. Il buvait un café dans un énorme *mug* débordant de mousse tout en dégustant un *cannolo* et en fumant une Marlboro – un petit déjeuner qui ne trouvait pas vraiment grâce à ses yeux à en croire ses récriminations :

« Vous n'imaginez pas comme ça peut être compliqué de dégotter des saucisses et des œufs sur une île où il n'y a ni poules ni cochons ! La croix et la bannière ! Un œuf vaut son pesant d'or, ici, et pour quelque chose de consistant, on n'a le choix qu'entre le poisson et le lapin d'élevage *cacciatore*. »

Le nom complet d'Al était Alphonso Fonzaretti, mais il préférait se faire appeler Al Fonz. Il avait trente-deux ans et affectionnait les tee-shirts rouge et jaune *I Love New York*. Ses parents, originaires de Ponza, avaient émigré à Dover Plains, dans l'État de New York, tout de suite après la guerre, comme la moitié de la population du bourg. Al venait faire le chauffeur de taxi dans l'île pendant l'été pour remplacer son cousin Mario, qui effectuait le chemin inverse et rendait visite à la famille en Amérique. Un arrangement où chacun trouvait son compte, Mario parce qu'il gagnait quelques dollars en travaillant comme éboueur dans l'entreprise Fonzaretti de Dover Plains, Al parce qu'il avait ainsi l'occasion de prendre un peu de bon temps en pratiquant sa langue maternelle avec les jolies filles de Ponza. *Ma !* À quoi servirait la famille si on ne se rendait pas service ?

« Alors, que désirent les amis de Moustafa, cette fois-ci ? demanda Al quand ils en eurent fini avec les préliminaires.

— Des filles, répondit carrément Holliday en regardant le jeune homme croquer sa dernière bouchée de pâtisserie gluante.

— Vous n'avez pourtant pas l'air d'étudiants en goguette qui cherchent des *ragazze*, dit Al en les jaugeant du regard. Ni de chasseurs de petites culottes comme on en voit quelquefois par ici…

— Ce que nous cherchons, ce sont ceux qui achètent et vendent des filles comme des marchandises.

— La traite ?

— La traite, oui.

— Pas mon domaine. Je ne joue pas dans la cour des grands, moi. Un peu d'alcool, un peu d'herbe, un peu de coke, à la rigueur, mais rien de plus. Je préfère voler bas pour ne pas être repéré par les radars, si vous voyez ce que je veux dire. Je m'en sors bien comme ça… Et je ne tiens pas à ternir la réputation de la famille, *capisce ?*

— Mais vous savez de quoi je parle…

— Bien sûr.

— Et vous connaissez ces gens…

— Peut-être, mais pas vous.

— C'est exact… Maintenant, ne vous méprenez pas, Al, mes amis et moi pouvons être très dangereux… »

Le jeune homme se cabra.

« Une menace ? répliqua-t-il en écrasant sa cigarette pour en allumer aussitôt une autre.

— Disons plutôt… un avertissement. De toute façon, nous obtiendrons ce que nous voulons d'une façon ou d'une autre. Vous avez le choix : vous pouvez soit nous aider, soit nous mettre des bâtons dans les roues. Les gens après qui nous en avons ont kidnappé ma cousine, Al. Et ma cousine, c'est ma famille à moi, voyez-vous ? Alors nous allons la récupérer, quels que soient les dégâts collatéraux. *Capisce ? »*

Al tira une longue bouffée de sa cigarette en dévisageant Holliday, puis :

« Comment avez-vous perdu votre œil ?

— Afghanistan, répondit sèchement Holliday.

— Militaire ?

— Ranger.

— En somme, vous me demandez de choisir entre l'Axe et les Alliés ?

— C'est un peu ça.

— Les Italiens auraient pu s'éviter beaucoup d'ennuis s'ils avaient commencé par se débarrasser de Mussolini…

— Exact.

— Le type qui vous intéresse habite Le Forna, à quelques kilomètres. Il tient un club de plongée. Le genre play-boy. La quarantaine grisonnante, lunettes de soleil de grande marque…

— Son nom ?

— Conti. Massimo Conti. »

Le Forna était un village endormi situé au nord-ouest de l'île. Comme la ville de Ponza, il s'accrochait à des terrasses millénaires taillées dans le tuf. Al les y conduisit dans son monospace Fiat Idea, par la route étroite et sinueuse qui suivait la ligne de crête de l'île.

« Conti n'est pas d'ici, indiqua Al en chemin. Je crois qu'il est napolitain. Il a acheté un hôtel qui était en vente à Le Forna. Il a débarqué un beau jour et s'est mis à dépenser sans compter. Après l'hôtel, il s'est offert le club de plongée, puis une petite compagnie de charters : des Turbo Otters qui transportent des stars entre ici et Rome. Une affaire qui paie, apparemment.

— Un Napolitain, répéta Holliday. La Camorra ?

— La Camorra, c'était bon du temps de Mario Puzzo ! C'est comme les Soprano… Du pipeau, tout ça ! répondit Al en s'esclaffant. En tout cas, Conti est plein aux as, ça ne fait pas de doute. Il n'est là que depuis deux ans et demi et la ville lui appartient.

— Comment s'opère son trafic en ce qui concerne les femmes ?

— Ponza n'est qu'une étape. Les filles qui travaillent ici n'ont rien à voir avec son circuit : ce sont des poules de luxe qui viennent de Rome, pas la marchandise bas de gamme dont vous parlez. Celle-là, il paraît qu'il la stocke à Santo Stefano, dans une prison désaffectée, avant de la transférer sur le continent quand il est prêt. Il évite de saloper son propre nid, en quelque sorte. Pour le transport, il utilise les bateaux de son club de plongée. C'est une bonne couverture.

— Santo Stefano ? Qu'est-ce que c'est ? Et où est-ce que ça se trouve ?

— C'est une île à une quarantaine de kilomètres d'ici, vers l'est, plus près de la côte. À peine plus qu'un gros rocher. La prison a quatre cents ans. Elle a fonctionné jusque dans les années soixante.

— Qu'y a-t-il d'autre, là-bas ?

— Rien… Une autre île, Ventotene, à deux ou trois kilomètres, avec quelques centaines d'habitants, mais c'est tout. »

À Le Forna, Al les emmena dans un bar en haut des falaises qui dominaient le port. Après avoir commandé des cafés et des petits pains pour tout le monde, il désigna du doigt le club de plongée de Conti, loin au-dessous d'eux. Ce n'était rien de plus qu'une cabane perchée sur une ancienne digue qui semblait faire partie d'un ensemble de ruines romaines. Sur une longue cale de pierre, plusieurs personnes étaient en train de tirer vers l'eau claire qui étincelait au soleil un gros bateau gonflable doté d'une cabine en aluminium. Les boudins de l'embarcation étaient orange vif, la cabine et le pont rouge et blanc.

« Deux cent mille dollars pièce, avec deux moteurs Honda 225, commenta Al. Et Conti possède six joujoux comme celui-là. Plein aux as, le gars, je vous dis !

— Les couleurs m'intriguent, dit Holliday. J'ai remarqué un bateau identique, tout à l'heure, dans le port de Ponza.

— Quel esprit d'observation ! Ce sont les couleurs de la Guardia Costiera. Vous pouvez être sûr que Conti a aussi les autocollants qui vont avec.

— J'imagine qu'il n'importe pas uniquement des femmes. »

En bas, le bateau avait été mis à l'eau et on était en train d'y embarquer des bouteilles de plongée. Cinq ou six personnes aux allures de vacanciers observaient la scène depuis la digue.

« Il existe des endroits sur l'île où l'on peut décharger un petit cargo entier sans problème, répondit Al. J'ai vu ça de mes yeux. Ballots de marijuana, caisses d'armes… Tout un marché parallèle. Tout ce que les gens sont susceptibles d'acheter, Massimo Conti et sa bande le vendent… Tenez, regardez ! ajouta-t-il en montrant la cabane de la digue. Quand on parle du loup… »

Un quadragénaire à l'allure sportive arborant des lunettes de soleil Gucci et une coupe de cheveux à quatre-vingts dollars venait de faire son apparition. Après avoir discuté un moment avec les touristes pendant qu'on finissait de préparer leur bateau, il donna une claque amicale dans le dos de l'un d'eux et le groupe avança vers le bout de la cale. Il les suivit des yeux un instant, puis rentra dans la cabane.

« C'était lui ? s'enquit Holliday.

— Ouais.

— Vous avez une idée de son emploi du temps pendant la semaine ?

— Le mercredi, il part naviguer sur son yacht, un gros Dalla Pietà 48 qu'il garde à demeure dans le port de Ponza. Il revient le vendredi. Il prétend qu'il va plonger sur un destroyer qui a été coulé au large d'Anzio, le HMS *Inglefield*.

— Et vous croyez que c'est faux.

— Ça ne ressemble pas au bonhomme. Vous l'avez vu, avec ses pectoraux et sa gueule de jeune premier. Il se dérangerait peut-être pour fouiller une galère romaine, quelque chose de classieux, pas une vieille boîte à sardines de la Seconde Guerre mondiale. »

L'Italien de Brooklyn alluma une nouvelle Marlboro avant d'ajouter :

« D'ailleurs, des amis à moi l'ont vu faire la fête à Ventotene, certains jeudis.

— Et alors ? intervint Raffi.

— Alors, Ventotene n'est pas du tout près d'Anzio. C'est même à l'opposé, par rapport à ici.

— Vous pensez qu'il va là-bas pour réceptionner de la marchandise, ou en livrer ? demanda Holliday.

— Possible.

— Demain est un mercredi, dit Raffi.

— Oui, confirma Al.

— Vous pourriez nous emmener à Santo Stefano d'ici demain soir ? s'enquit Holliday.

— Tout à fait, répondit Al avec un grand sourire. Le tapin, c'est une chose ; l'esclavage sexuel, c'en est une autre. Ça discrédite le crime organisé, *capisce ?* »

22

L'oncle d'Al, Paolo – le père du cousin Mario –, qui cumulait les activités de marin pêcheur et d'éleveur de lapins, possédait un petit chalutier de sept mètres, le *Sofia*. *Zio* Paolo ne demandait pas mieux que de le louer à Holliday, pourvu que celui-ci promette de le lui ramener entier, ainsi que son neveu d'Amérique… L'accent étant tout de même mis sur le bateau plutôt que sur le neveu, car l'oncle avait le sens pratique.

Peggy aurait qualifié le *Sofia* de « mignon ». Al lui trouvait « du chien ». Pour Holliday, il avait l'air d'un jouet un peu ridicule. Avec sa coque semi-planante en contreplaqué peint en blanc et son joli liseré bleu ciel le long du plat-bord, il faisait penser à un canot de sauvetage surmonté d'une cabine téléphonique.

La cale avant, doublée en zinc, pouvait contenir quarante mètres cubes, soit un peu plus d'une tonne de crevettes, que l'on pêchait autour des îles à l'aide de ce qu'Al appelait une « seine danoise », un filet traîné comme un chalut par trente mètres de fond sur le sable boueux.

En haute saison, une tonne de crevettes mêlée aux inévitables prises accessoires de merlus et de jeunes thons rouges suffisait à peu près à combler les besoins des restaurants de l'île pour une journée, et les pêcheurs locaux s'échangeaient les meilleurs coins de pêche et les meilleurs horaires afin de partager la manne. Il fallut quelques heures de négociations à Al pour obtenir le droit de pêcher entre Ventotene et Santo Stefano, mais, en milieu d'après-midi, vêtus comme il se doit de jeans, tee-shirts propres et baskets, ils sortirent du port de Ponza à bord du *Sofia* et prirent le chemin de la haute mer dans le joyeux teuf-teuf du diesel Perkins de trente-cinq chevaux qui les propulsait vers l'est à une vitesse constante de huit nœuds.

Au bout de trois heures de route, alors que le soleil couchant cuivrait la surface scintillante et légèrement plissée des flots, la silhouette de Ventotene commença à s'élever au-dessus de l'horizon. Au fur et à mesure de leur approche, l'île de Santo Stefano apparut derrière sa voisine, les hauts murs de l'ancienne prison bourbonienne couronnant telle une forteresse son sommet escarpé.

Le soleil sombrait quand ils entrèrent, toujours accompagnés des tapements du moteur deux-temps, dans le port taillé à même la roche de Ventotene. Le village ressemblait à Ponza en plus petit, avec les tons pastel de ses bâtiments du XVIIIe siècle accrochés aux terrasses de la falaise et les zigzags emmêlés de ses ruelles à escaliers.

Il y avait un appontement pour les ferries, où débarquaient les contingents de touristes venus pour quelques jours s'alcooliser tout en se faisant rôtir au soleil. Le port contenait davantage de bateaux de plaisance que celui de Ponza. Ici, vedettes de promenade et autres yachts grand format rutilants surpassaient largement en nombre les chalutiers.

Al amarra le *Sofia* à un vieil anneau de fer scellé dans la digue qui enserrait le bassin puis alla à terre prévenir la capitainerie de son arrivée et présenter ses papiers. Assis à l'avant, Raffi contemplait d'un air sombre l'eau huileuse qui clapotait entre les embarcations au mouillage, tandis qu'à l'arrière Holliday et Tidyman faisaient semblant de préparer le bateau pour la journée de pêche du lendemain en s'affairant autour des filets entassés sur le pont.

« Votre ami est malheureux, remarqua l'Égyptien, levant les yeux vers Raffi sans interrompre son prétendu travail.

— Il s'inquiète pour Peggy, répondit Holliday. Comme moi.

— J'espère qu'il ne s'attend pas à ce que nous la ramenions demain. Nous ne sommes sûrement pas assez nombreux pour affronter Conti et nous ne pourrons rien faire de plus que de reconnaître le terrain.

— Il se sent frustré. Il a l'impression de ne pas en faire assez. Je comprends très bien ce qui se passe dans sa tête.

— Ce genre de frustration peut pousser à prendre des risques inconsidérés… pour nous tous.

— Vous avez une suggestion ?

— Vous pourriez peut-être lui parler.

— Pourquoi pas vous ?

— Entre autres choses, parce que je suis égyptien et qu'il est israélien. Notre contentieux est trop important. Il y a un mur d'incompréhension entre nos deux peuples.

— Et si le temps était venu de l'abattre, ce mur ?

— Un autre jour, peut-être, dit Tidyman avec un rire désenchanté. Notre compagnon n'a pas l'air d'humeur très conciliante en ce moment. »

Le yacht de Massimo Conti fit son entrée dans le port un peu plus tard dans la soirée, son moteur de treize cents chevaux brassant l'eau en puissants remous quand il se rangea à l'emplacement privilégié qui lui était réservé près de l'escalier d'accès à la promenade.

« Amusant », commenta Holliday en s'asseyant près d'Al pour observer la manœuvre du mastodonte.

L'Égyptien alluma une Marlboro dans la pénombre.

« Qu'est-ce qui est amusant ?

— Le nom du bateau : *Disco Volante*.

— Ça signifie « soucoupe volante ». Et alors ?

— C'est comme ça que s'appelle le bateau du méchant Largo, dans *Opération Tonnerre*, le quatrième James Bond. Notre homme a le sens de l'humour. »

Au fur et à mesure qu'avançait la soirée, Conti et ses invités festoyèrent de plus en plus bruyamment, leur musique et leur tapage s'imposant à tout le voisinage, c'est-à-dire à tous les habitants du bourg. Il était à parier qu'aucun des fêtards ne serait debout de bonne heure pour le petit déjeuner.

Le *Sofia* appareilla à l'aube, en même temps qu'une demi-douzaine d'autres bateaux, et fit route vers sa zone de pêche, laissant derrière lui le yacht des bambocheurs endormi dans le port miniature et le village en gradins assoupi à l'abri de ses volets fermés.

Un peu plus tard, alors que le soleil n'était encore qu'une balafre rose vif à l'horizon, Al mouilla le filet et commença à effectuer des allers et retours dans le pertuis entre Santo Stefano et Ventotene, un œil sur l'écran du sonar pour détecter les concentrations de crevettes assez grosses pour figurer au menu des bonnes tables de Ponza. Sous le pont, serrés dans le petit carré, Holliday, Raffi et Tidyman étudiaient les cartes de Santo Stefano que, la veille, Al avait rapportées pour eux de la capitainerie.

L'île, un piton de basalte noir de sept ou huit cents mètres de diamètre, était en elle-même une véritable forteresse. Hautes d'au moins cent cinquante mètres, ses falaises découpées s'élevaient jusqu'à un large plateau couvert d'un océan de fleurs sauvages bleu vif à l'aspect curieusement sinistre qui venait se briser en vagues parfumées contre les murs en pierre jaune de la vieille prison délabrée.

Cette dernière, de forme semi-circulaire, semblait jaillir de la roche volcanique. Ses quatre étages lugubres, percés de portes et de fenêtres, cernaient une cour intérieure pourvue d'une tour de guet centrale d'où l'on pouvait surveiller les allées et venues des prisonniers. Pas de toilettes. Pas d'eau courante. La seule nourriture disponible était celle que fournissaient les familles des détenus. Santo Stefano n'était pas un bagne, le passage du temps et l'inactivité étant jugés plus efficaces pour briser un homme que les travaux forcés. Ici, la folie finissait par devenir un état normal.

Les cellules, qui contenaient chacune plus de vingt condamnés, étaient perpétuellement plongées dans l'ombre, la cour perpétuellement au soleil. Aucun obstacle ne séparait des falaises les éventuels candidats à l'évasion, excepté l'immense champ de fleurs au parfum entêtant. Qu'un homme choisisse de mourir dans le noir ou au soleil, les gardiens s'en moquaient. Une peine d'emprisonnement à vie sur Santo Stefano équivalait de toute façon à une sentence de mort dont l'exécution pouvait prendre plus ou moins de temps selon la capacité de résistance de l'intéressé.

Un prisonnier ne pouvait quitter l'île que d'une seule manière. Celle qu'avait choisie Edmond Dantès pour s'échapper du château d'If dans *Le Comte de Monte-Cristo :* cousu dans un linceul lesté. Il existait en revanche deux voies d'accès au pénitencier. Au sud-est, une étroite route en lacets montait de la mer au plateau, qui s'abaissait en pente douce de ce côté ; au nord, un sentier muletier épouvantablement raide escaladait les falaises à partir d'une minuscule plage de graviers submersible à marée haute. La route était visible de la prison, où un garde pouvait être posté ; quant au sentier, l'emprunter, c'était vouloir se suicider.

« Je ne vois pourtant pas d'autre chemin possible, commenta Holliday, penché sur la carte, tandis que le *Sofia* avançait en se dandinant dans un léger courant, suivi d'une mouette qui plongeait en poussant des cris, alléchée par la perspective d'un repas gratuit. C'est le sentier de la falaise ou rien. Même à la nuit tombante, nous serions trop faciles à repérer sur la route.

— Il faut tenir compte de la marée, observa Tidyman. D'après la carte, la plage est recouverte la moitié du temps.

— Al propose de nous déposer en fin d'après-midi et de nous reprendre en fin de soirée, vers 22 h 30 ou 23 heures. Si nous le manquons, il ne pourra revenir nous chercher que demain matin.

— En d'autres termes, si quelque chose va de travers, nous ne pourrons compter que sur nous-mêmes, grommela Raffi.

— Le fair-play n'a pas cours dans ce genre de jeu, dit Tidyman. On tire parfois les mauvaises cartes.

— Qu'est-ce que vous voulez dire, là ? demanda l'Israélien, montant sur ses grands chevaux. Vous reprenez vos billes, c'est ça ?

— Mais pas du tout, docteur Wanounou ! s'exclama Tidyman en levant la main dans un geste d'apaisement. Je faisais simplement remarquer que nous courrons un danger quelle que soit l'option choisie.

— Ça ne m'a pas échappé, assura Raffi. Mais peu importe, puisqu'il s'agit de sauver Peggy.

— Il est très possible qu'elle ne soit même pas là, avertit Holliday. Elle a pu être acheminée à l'étape suivante, à l'heure qu'il est. »

Raffi marmonna quelques mots incompréhensibles, puis se détourna et remonta sur le pont.

« Vous devez être conscient que votre cousine risque d'avoir été tuée, dit Tidyman. Surtout s'ils ont découvert qui elle est.

— Je le sais bien… répondit Holliday. J'en suis encore à me demander pourquoi elle a été engagée pour accompagner cette expédition. Si le but inavoué de l'opération était de mettre la main sur l'or allemand, pourquoi tout compromettre en s'embarrassant d'une étrangère ? Il n'y a aucune logique, là-dedans, ajouta-t-il avec lassitude tout en roulant la carte.

— Aucune, en effet… Sauf à considérer que les organisateurs n'avaient pas le choix.

— Comment ça ?

— Ils ont pu juger qu'une expédition de ce genre sans photographe aurait quelque chose de suspect. Si le magazine *Smithsonian* leur a proposé de couvrir l'événement, ils pouvaient difficilement refuser. Et Mlle Blackstock est devenue l'agneau du sacrifice.

— Je ne suis toujours pas convaincu. Une citoyenne américaine prise en otage par des trafiquants ? La meilleure façon d'attirer l'attention sur eux… Vous pensez qu'ils ont pu faire une chose pareille en connaissance de cause ?

— Il n'y a qu'une façon de le savoir. »

La cale du *Sofia* remplie à ras bord d'un grouillement de crustacés charnu dans tous les sens, Al vira de bord pour s'approcher du rivage, caché par les falaises. Dès que le fond presque plat du bateau à faible tirant d'eau racla le gravier de la petite plage, Holliday, Tidyman et Raffi sautèrent par-dessus bord et pataugèrent jusqu'au rivage. Al rentrerait à Ponza – ce qui prendrait trois heures –, y déchargerait sa pêche, puis reviendrait à Santo Stefano sous le couvert de la nuit pour accoster à marée basse dans la même crique inhospitalière, guidé par les signaux lumineux que lui enverrait Holliday avec une torche électrique.

Le plan paraissait des plus simples, mais, Holliday ne l'ignorait pas, les plans de ce genre étaient souvent ceux qui échouaient lamentablement. Comme il commençait à gravir le sentier quasi vertical, suivi de ses deux compagnons, il ne put s'empêcher de songer aux mille et une inconnues susceptibles de transformer leur expédition en désastre absolu. Plus il s'élevait, cramponné à la muraille de roche à pic, plus il se sentait vulnérable, et plus le courant d'air insistant qui tiraillait ses vêtements lui faisait penser aux doigts d'un squelette essayant de l'entraîner dans le vide. Il parvint à se reprendre, toutefois, et, se sermonnant intérieurement pour cet accès de superstition, il poursuivit son ascension.

Une bonne heure plus tard, enfin, mollets douloureux, genoux flageolants, tee-shirt collé au corps par la sueur qui lui dégoulinait du front et lui piquait les yeux, il atteignit le sommet de la falaise et se laissa tomber à quatre pattes, haletant dans le parfum capiteux de la prairie de fleurs bleues. Quand il eut repris sa respiration, il s'assit pour sortir de l'étui qu'il portait à la ceinture les puissantes jumelles que lui avait prêtées Al.

Devant lui, à cent mètres, se dressaient les hauts murs du pénitencier en forme de fer à cheval dont les portes et les fenêtres vides semblaient le regarder comme des yeux morts. Le soleil s'apprêtait à plonger dans la mer et sa lumière rasante accusait les ombres tout en donnant aux pierres des tons de vieil or. Aucun son n'était perceptible, hormis le soupir de la brise qui agitait doucement les fleurs et les cris perçants des martinets qui entraient et sortaient des ruines à toute vitesse à la manière des chauves-souris. L'espace d'un instant, devant ce paysage figé, Holliday eut l'impression que le monde retenait son souffle. Malgré la chaleur, il sentit soudain un frisson glacé lui parcourir l'échine.

Il ne s'était jamais considéré comme un adepte du paranormal, pourtant, dans certains lieux, il lui arrivait d'avoir la nette impression que l'étoffe du temps et de l'espace était tellement usée que le passé se percevait au travers. Ainsi, il ne pouvait pas se promener sur les Champs-Élysées sans entendre le martèlement des bottes nazies sur les pavés, ni se tenir sur le pont d'Antietam[1] sans avoir dans les oreilles le grondement de la canonnade et les cris des vingt mille hommes dont le sang avait rougi la rivière le jour de la célèbre bataille.

« Drôle d'atmosphère, hein ? dit Tidyman, en s'affalant près de lui sur le sol, hors d'haleine.

— Oui, acquiesça Holliday.

— Maléfique, ajouta l'Égyptien après avoir observé un instant les ruines. Quatre cents années de souffrance ne peuvent que laisser des traces, j'imagine.

— Je suis bien d'accord avec vous…

— De quoi parlent les deux vieux sages ? demanda Raffi en les rejoignant.

— Vous êtes archéologue, vous devriez ressentir ça encore plus que nous, dit Holliday.

— Ressentir quoi ?

— Le passage du temps, répondit Tidyman.

— Superstition inepte ! » répliqua l'Israélien avec un ricanement dédaigneux. À cet instant, deux martinets passèrent au-dessus d'eux en criant comme des harpies et il sursauta.

« Il n'y a personne ici, affirma tranquillement Tidyman. Je le sens.

— Nous ne pouvons pas en être certains, objecta Raffi.

— Allons vérifier, nous avons le temps, proposa Holliday. Si Conti vient, je peux vous assurer que ce ne sera pas avant la tombée de la nuit. »

1. La plus sanglante des batailles de la guerre de Sécession. Elle eut lieu le 17 septembre 1862 près de la ville de Sharpsburg et d'Antietam Creek, dans l'État du Maryland. Elle fit près de 23 000 victimes.

Ils traversèrent le champ de fleurs sauvages, tous les sens aux aguets. Aucun bruit, aucun mouvement suspect. Après être passés devant ce qui restait d'un mur datant de la première prison construite à cet endroit par les Romains, ils continuèrent d'avancer dans les derniers rayons du soleil puis, baissant la tête, ils pénétrèrent dans l'enceinte bourbonienne par l'une des ouvertures béantes. Rien ne bougeait ici non plus.

Ils montèrent quelques marches taillées grossièrement à même le socle rocheux et débouchèrent dans la cour intérieure. Celle-ci se présentait comme un cloître bordé de trois galeries en arc de cercle superposées sur lesquelles donnaient les portes des cellules. Une quatrième galerie, souterraine, était réservée aux prisonniers à l'isolement. Quatre escaliers, régulièrement espacés sur le pourtour du fer à cheval, reliaient entre eux les différents étages.

Au milieu de la cour, tel un beffroi sans cloche, se dressait la tour de guet inexplicablement ornementée, avec son dôme surmonté d'une croix en fer depuis longtemps métamorphosée par la rouille en un tortillon informe.

« C'est dans des endroits comme celui-ci qu'est née la mafia, déclara Holliday. Le communisme, aussi…

— Comment cela ? demanda Tidyman avec intérêt.

— Les Bourbons mettaient tous les œufs dont ils ne voulaient pas dans le même panier. Rassemblez au même endroit tous les francs-maçons et tous les révoltés du pays, et vous aboutissez inévitablement à des problèmes. La Bastille a engendré la Révolution française, Attica le Black Power… Pendant la Seconde Guerre mondiale, les

Allemands enfermaient leurs prisonniers de guerre les plus agités dans le Stalag Luft III, résultat : la Grande Évasion !

— En tout cas, je ne pense pas qu'il y ait jamais eu de grande évasion ici, dit Tidyman.

— Tout cela est très intéressant, intervint Raffi, mais ça ne nous aide pas à retrouver Peggy ! »

Les trois hommes se séparèrent pour inspecter les cellules, étage après étage. À part quelques bouteilles de bière vides, les traces d'un petit feu de camp et, plus bizarrement, une bouilloire électrique dépourvue de prise, Holliday ne trouva rien. Pendant un long moment, tandis qu'il fouillait les lieux, quelque chose lui titilla l'esprit sans qu'il parvienne à déterminer de quoi il s'agissait, puis il comprit ce qui avait attiré son attention : les fenêtres des cellules n'avaient plus de barreaux. Ceux-ci avaient été arrachés systématiquement de leurs logements, ne laissant que des trous dans la pierre qui s'effritait.

Une demi-heure plus tard, alors que les dernières lueurs du jour s'estompaient rapidement, Holliday retrouva Tidyman au rez-de-chaussée.

L'Égyptien soupira, puis il ramassa un caillou parmi les herbes folles et le lança contre un mur fissuré.

« Il n'y a rien, ici, dit-il. Aucun signe de vie. Nous perdons notre temps. J'ai l'impression que notre petit camarade de Brooklyn nous a raconté des histoires à dormir debout. »

Soudain, depuis la galerie au-dessus d'eux, Raffi attira leur attention.

« Quelqu'un vient ! » chuchota-t-il d'un ton pressant.

Ils coururent jusqu'à l'escalier le plus proche et montèrent au premier étage. Quand ils eurent rejoint l'Israélien sous une des arches, il les entraîna dans une des grandes cellules, où régnait une odeur de moisi. Prenant soin de rester dans l'obscurité, ils s'approchèrent de l'embrasure vide de la fenêtre, qui donnait au sud-est, où le terrain descendait en pente douce. Droit devant eux, ils reconnurent aussitôt les lignes racées du yacht blanc de Massimo Conti, ancré à peut-être deux cents mètres du rivage. Sur la route en zigzag qui montait de la mer, Holliday distingua un petit groupe qui avançait. Il prit les jumelles et régla la mise au point.

« Je crois que c'est Peggy », murmura-t-il, incrédule.

La jeune femme marchait entre deux hommes armés d'allure robuste. Conti et un autre individu les suivaient en discutant, Conti en short et tee-shirt, son interlocuteur en costume sombre et col blanc immaculé. Un prêtre ? Peggy semblait indemne, mais très fatiguée. Elle d'ordinaire si enjouée avait les traits tirés, la mine défaite.

« Montrez-moi ça ! » ordonna Raffi.

Holliday lui tendit les jumelles.

« C'est bien elle ! s'exclama l'Israélien à mi-voix après avoir poussé un juron. C'est donc sur son bateau que ce salaud la retenait !

— Reste à savoir pourquoi il l'amène ici, dit Tidyman.

— Peu importe ! Je vais tuer cette ordure !

— Les deux gorilles portent des holsters, indiqua Holliday. Ils vous tueront avant que vous ayez pu faire quoi que ce soit. »

Raffi tourna légèrement les jumelles.

« Celui qui parle avec Conti… Quand il a été question de la fameuse expédition, j'ai vu sa photo dans le magazine *Archeology*. C'est Charles-Étienne Brasseur, de l'École biblique et archéologique de Jérusalem, le chef de l'opération.

— Celui qui cherchait à mettre la main sur l'or ? demanda Holliday en reprenant les jumelles pour observer de nouveau le groupe. Qu'est-ce qu'il peut bien faire ici ? Et avec Peggy, par-dessus le marché !

— Écoutez ! » chuchota Tidyman.

Au loin, ils entendirent le bruit rythmé caractéristique d'un hélicoptère qui se rapprochait. Un gros.

« Qu'est-ce que c'est que cette histoire ? » dit Holliday, sans cesser d'épier les cinq personnes qui avaient atteint le sommet de la côte et s'étaient arrêtées.

L'hélicoptère surgit de l'ouest à basse altitude et passa avec un grondement de tonnerre au-dessus de la prison en soulevant des tourbillons de poussière.

Puis, tel un insecte géant, il se posa lentement sur la vaste prairie légèrement en pente, les fleurs se penchant sous le souffle puissant des rotors à cinq pales. C'était un gros Sikorsky SH-3 « Roi des mers ». Sa livrée était blanche, avec une large bande médiane bleue. Des caches étaient collés aux emplacements où devaient se trouver ses cocardes et le nom du corps auquel il appartenait, mais il s'agissait à l'évidence d'un appareil militaire. Aucune arme n'était visible : il servait au transport de personnalités. Restait à savoir d'où il venait, et où il allait.

Le SH-3 avait un rayon d'action de neuf cents kilomètres au bas mot, ce qui n'était pas énorme, mais mettait tout de même à sa portée la côte espagnole, la mer Noire, et tout le territoire européen entre les deux.

Et si on l'équipait d'un réservoir de grande capacité, un engin de ce genre pouvait parcourir la moitié de la distance qui séparait l'île de Moscou. Deviner sa destination revenait à chercher une aiguille non pas dans une, mais dans cent meules de foin.

Les moteurs descendirent en régime, mais continuèrent à tourner au ralenti avec une plainte aiguë, les rotors brassant paresseusement l'air. Une porte s'ouvrit juste à l'arrière du cockpit et quelqu'un abaissa depuis l'intérieur une courte passerelle. Massimo Conti et les autres avancèrent de quelques pas puis s'arrêtèrent de nouveau. Peggy regarda autour d'elle, l'air indécis, comme si elle cherchait à se repérer. Holliday sentit son estomac se nouer. Mais, tout en éprouvant une immense peine pour sa cousine, il était conscient de son impuissance.

Avec un gémissement, Raffi lui arracha les jumelles des mains. Un homme de haute taille, complètement chauve, descendit à cet instant de l'hélicoptère en adressant un signe de la main à Conti, qui se tenait à quelques mètres. Raffi braqua les jumelles sur lui, puis les écarta soudain de ses yeux et resta là, le regard fixe, blêmissant à vue d'œil.

« Qu'est-ce qu'il y a ? demanda Holliday.

— C'est lui ! murmura Raffi, dont le visage exprimait un véritable effroi. Le chauve. Je le reconnaîtrais entre mille. C'est le type qui nous a volé le rouleau des croisés. Celui qui m'a fait tabasser par ses sbires et laissé pour mort, l'an dernier à Jérusalem. C'est lui. Il est là. »

Il rendit les jumelles à Holliday, qui regarda à son tour le nouveau venu. Il ne l'avait jamais vu, mais les gens qui avaient battu Raffi étaient aussi ceux qui avaient tenté de les assassiner, Peggy et lui, le même soir, dans une ruelle de la vieille ville de Jérusalem. Qu'ils s'appellent Templiers noirs, La Sapinière, Sodalitium Pianum, Organum Sanctum ou Instruments de Dieu importait peu. L'essentiel était que, maintenant, Holliday savait exactement d'où venait l'hélicoptère et où il se rendait : il allait à Rome. Au Vatican.

23

Une heure après avoir pris le train à Anzio, les trois hommes arrivèrent à la gare Roma Termini dans la soirée, environ vingt-quatre heures après avoir vu Peggy sur l'île-prison de Santo Stefano. La première personne que Holliday remarqua en débarquant du train était un homme en uniforme des marines qui accueillait un ami sur le quai. Il se présenta aussitôt à lui et le questionna. Le garçon se trouva être un diplômé de West Point, même s'il avait quitté l'académie longtemps avant que Holliday n'y enseigne. La chance voulut également qu'il fasse partie du service de sécurité de l'ambassade des États-Unis, qui occupait un palais sur la Via Veneto. Après avoir indiqué à Holliday comment s'y rendre, il lui communiqua les noms de quelques membres du personnel susceptibles de lui faciliter la vie.

Pendant que Holliday passait les contrôles de sécurité de l'ambassade, Raffi et Tidyman s'installèrent pour l'attendre de l'autre côté de l'avenue, à une table en terrasse sous l'auvent du Café de Paris. Holliday les rejoignit une heure plus tard. Suivant les conseils qui lui avaient été donnés à l'ambassade, ils prirent un taxi qui les emmena vers le nord-ouest en traversant le centre trépidant de la ville. La voiture les déposa devant l'hôtel Alimandi, au numéro 99 du Viale Vaticano, en face des hautes murailles du Saint-Siège.

Le bâtiment, qui comptait trois étages, avait jadis été un commissariat, puis une maison de retraite pour policiers, avant d'être rénové et de devenir un hôtel quatre étoiles avec jardin et restaurant sur le toit, d'où la vue plongeait sur l'enceinte du Vatican et son porche principal, très ouvragé, qui permettait d'accéder aux musées et à la chapelle Sixtine.

Quand ils furent installés dans leur suite, Holliday sortit sur le balcon et embrassa du regard les toits du Vatican. La cité, bien de l'Église depuis l'empereur Constantin, soit depuis plus de quinze siècles, ressemblait exactement à ce qu'elle était : un État forteresse protégé par ses hautes murailles de pierre, ses deux mille ans de traditions… et sa qualité de plus grosse multinationale du monde. Il fallait être fou pour s'en prendre à un tel monument comme il s'apprêtait à le faire ! songea-t-il en soupirant.

Alors qu'il se tenait là, dans la lumière chaude de l'après-midi, un picotement dans la gorge lui rappela l'époque où il fumait ses deux paquets de Camel sans filtre quotidiens et il comprit qu'il serait capable de se remettre au tabac dans la minute après vingt années d'interruption. Il observa le parvis pavé sur lequel donnait la haute ouverture en plein cintre percée dans la muraille. Garées devant l'entrée monumentale, des camionnettes de marchands de souvenirs et de glaces faisaient penser à des rémoras en train de curer les dents d'un requin.

Il soupira de nouveau et retourna à l'intérieur.

« Qu'est-ce que tout ça va donner ? demanda Raffi.
— Peut-être rien, répondit Holliday.
— Vous croyez vraiment que Peggy est en face ?
— Sans doute pas, mais c'est en face que se trouve la solution qui nous permettra de la libérer.
— La libérer ! Et comment allons-nous nous y prendre pour réussir ce tour de magie ? » intervint Tidyman en se laissant tomber dans un fauteuil recouvert de soie.

Holliday regarda de nouveau la vue qu'offrait la porte-fenêtre ouvrant sur le balcon.

« Tout d'abord, il va nous falloir trouver l'oiseau susceptible de servir notre plan. Ensuite nous l'attirerons hors de sa cage pour qu'il puisse chanter en toute liberté.
— Et comment trouverons-nous l'oiseau en question ? s'enquit Raffi.
— C'est bien simple, nous allons l'appeler. »

Tout se passa le plus simplement du monde, en effet. Holliday n'eut qu'à téléphoner à l'Institut pontifical d'archéologie chrétienne, situé Via Napoleone III, en mentionnant dans la même phrase son propre nom associé à ceux de Sodalitium Pianum et de Walter Rauff, pour recevoir un premier coup de fil très poli en réponse. Un second appel, provenant d'un responsable de la deuxième section du ministère des Affaires étrangères du Vatican, le remercia de son intérêt et lui suggéra qu'une visite au Musée grégorien égyptien le lendemain à midi serait peut-être appropriée s'il désirait « approfondir ses connaissances ».

« Et vous comptez y aller seul ? demanda Raffi.
— Bien sûr que non ! Je veux que vous me preniez en filature, et qu'Emil en fasse autant pour vous. Il

est à parier qu'ils me feront surveiller, et il importe de mesurer l'ampleur de leur dispositif. »

Raffi descendit acheter à un des marchands de souvenirs installés de l'autre côté du Viale Vaticano trois guides touristiques comportant le plan des musées du Vatican. Le Musée grégorien égyptien se situait directement au-dessus de l'entrée principale et on y accédait par le célèbre escalier en spirale où fut tournée la scène de meurtre finale du *Parrain, troisième partie*. Il fut décidé que les trois hommes pénétreraient séparément dans le musée à cinq minutes d'intervalle et demeureraient constamment à bonne distance les uns des autres. La tactique n'était pas infaillible, mais ils ne pouvaient pas faire mieux.

À 11 h 30, le lendemain matin, Holliday quitta l'hôtel, traversa la rue et pénétra sous le grand porche voûté. Après avoir acheté un billet, il monta à l'étage par le large escalier en hélice, puis, tournant à gauche dans un bref couloir, il suivit les flèches indiquant la direction du Musée égyptien. Parvenu à destination, il trouva une banquette en face d'une vitrine remplie d'urnes funéraires et s'assit pour attendre.

Quelques minutes plus tard, un homme en costume foncé prit place près de lui. Brun, les yeux sombres, il avait le menton et les joues hachurés de barbe. Il parlait l'anglais d'un ton monocorde, sans accent. Ses chaussures noires, cirées à la perfection, devaient coûter une fortune. D'ailleurs, était-ce un hasard, Holliday n'avait jamais vu un prêtre mal chaussé.

« Vous êtes le colonel Holliday ?

— Pourquoi me le demander si vous le savez ? répliqua Holliday, certain de ne pas avoir mentionné son grade au téléphone.

— Que cherchez-vous ?

— Cela aussi, vous le savez. »

Un homme plus jeune – prêtre lui aussi – passa devant eux. Il portait un attaché-case, ce qui était un peu surprenant étant donné que tous les sacs ou autres paquets étaient censés être déposés au vestiaire du rez-de-chaussée. Il secoua brièvement la tête en arrivant à leur hauteur et poursuivit son chemin. L'interlocuteur de Holliday parut alors se détendre.

« Drôle de peuple, vous ne trouvez pas, colonel ? dit-il, désignant du menton la vitrine et les urnes funéraires. Curieuse coutume que de morceler un corps avant de l'enterrer…

— Pas plus curieuse que celle des nazis qui dépouillaient les Juifs de leurs dents en or.

— Une comparaison un peu rude, mais vous faites sans doute allusion au colonel Rauff…

— Au *Standartenführer* Rauff, rectifia Holliday. Il n'appartenait pas à l'armée régulière, mais à la SS.

— Il est vrai que vous êtes bien placé pour faire ce genre de distinguo, murmura l'homme aux chaussures cirées.

— Qui êtes-vous, au juste ?

— Vous pouvez m'appeler Thomas.

— Thomas l'incrédule ?

— Si vous voulez, acquiesça l'ecclésiastique avec un sourire dégagé. Alors, que peut faire l'Église pour vous être agréable ?

— Elle pourrait commencer par me rendre ma cousine.

— Votre cousine ?

— Peggy Blackstock. La photographe qui accompagnait votre expédition en Libye, conduite par un certain Charles-Étienne Brasseur. Vous savez, celle qui était censée rechercher la tombe d'Imhotep, mais qui était en réalité sur les traces d'une cargaison d'or embarquée en 1944 sur *Votre plus cher désir*, un bombardier américain capturé, à destination de l'Amérique du Sud…

— Vous semblez disposer d'informations fort détaillées, commenta le père Thomas sans se départir de son sourire affable.

— Le diable est dans les détails, vous ne l'ignorez pas…

— Si j'en crois les articles de presse, le père Brasseur et son équipe sont retenus en otages par un groupe terroriste connu sous le nom de Confrérie d'Isis, c'est bien cela ?

— Cette confrérie est une blague, et ni Peggy ni Brasseur ne sont ses otages. Ils ont été vus tous les deux il y a deux jours montant à bord d'un hélicoptère sur l'île de Santo Stefano, à soixante-quinze kilomètres au sud d'ici.

— Vus. Et par qui ?

— Par moi.

— Vraiment ? Vous devez être un homme plein de ressources, colonel Holliday, pour être au courant de ce genre de chose.

— Et je ne vous ai pas encore tout dit. Peggy et votre père Brasseur n'étaient pas seuls. Ils étaient accompagnés d'un malfrat nommé Massimo Conti, qui travaille pour une organisation criminelle appelée La Santa. Ce sont des gens de cette organisation, apparemment, qui faisaient sortir de Libye les lingots de Rauff et les transportaient à Marseille. Mais vous les connaissez bien, puisque c'est vous qui les payez, au même titre que Pesek et Kay, le couple infernal qui a éliminé Valador.

« Cela nous a pris un certain temps, mais nous avons fini par comprendre, mes amis et moi. C'est Alhazred qui a trouvé l'or perdu par les réseaux du Vatican en 1944. Il a pris contact avec vous, et vous avez conclu un marché ensemble. Seulement, vous n'avez pas tenu parole et vous l'avez trahi. Le problème, c'est qu'Alhazred avait déjà déplacé le magot dans une cachette que vous ne connaissiez pas. Et maintenant qu'il a disparu, vous pouvez dire adieu aux lingots.

— Un véritable roman, colonel !

— Un roman assez réaliste, je crois. »

Le révérend père eut un soupir accablé.

« Bon. Vous avez peut-être une proposition à me faire ?

— Rendez-nous Peggy, nous vous donnons l'or. Environ trois tonnes si mes estimations sont exactes. Largement de quoi financer les agissements de votre sale petite clique pendant un certain temps.

— Puis-je savoir à quelle “sale petite clique” vous faites allusion ? s'enquit l'homme d'Église avec onction.

— C'est que vous avez changé bien souvent de nom au fil du temps ! À l'époque des Templiers, vous étiez l'Organum Sanctum, l'Instrument de Dieu. Dans les années vingt et trente, on vous appelait Sodalitium Pianum, la Confrérie de Pie. L'Église a toujours fait usage de faux nez, comme Nixon a fait usage de faux plombiers pour cambrioler le siège des Démocrates dans l'immeuble du Watergate. Ce faux nez, c'est vous, quel que soit le nom que vous vous donnez.

Vous êtes au Vatican ce que la CIA parallèle est à l'État américain : une bande de gros bras qui n'ont de comptes à rendre à personne. Au XIIe siècle, il a suffi à Henry II d'Angleterre de susurrer "Qui me débarrassera de ce prêtre turbulent ?" pour que quatre individus dans votre genre aillent assassiner l'archevêque Thomas Becket dans sa cathédrale de Canterbury. Des hommes de main. Toutes les grandes entreprises en ont à leur service. Vous baignez là-dedans jusqu'au cou. Une sacrée saloperie, comme dirait Peggy.

— Et quel intérêt pourrait trouver une organisation aussi remarquable que celle dont vous parlez dans l'enlèvement d'une photographe de presse comme Mlle Peggy Blackstock ?

— Ça, allez le demander au grand chauve qui se trouvait dans l'hélicoptère, celui qui a presque battu à mort mon ami Raffi il y a un an. Ou bien au type qui s'est fait descendre dans une ruelle de Jérusalem au moment où il essayait de nous tuer, Peggy et moi, à cause de l'épée des Templiers ! Vous saviez déjà, à l'époque, que l'ordre des Templiers existait encore, et que leur vrai secret se cachait dans le carnet que Helder Rodrigues m'a remis en mourant : dix mille contacts donnant potentiellement accès à mille milliards de dollars d'actifs. De quoi concrétiser quelques beaux rêves de puissance, n'est-ce pas ? Et c'est dans l'espoir de mettre la main sur ce carnet que vous avez kidnappé Peggy à la première occasion. Vous l'avez utilisée comme appât en sachant que je me mettrais à sa recherche, et votre calcul était bon puisque je suis là. Alors, à vous de jouer, maintenant !

— Possédez-vous des preuves de ces étranges allégations ? demanda le père Thomas en le dévisageant tranquillement.

— Je n'ai pas besoin de donner des preuves : j'ai l'or, répondit Holliday en se levant.

— Vous êtes descendu à l'hôtel Alimandi ? s'enquit le prêtre après s'être levé à son tour.

— Oui. C'est juste en face.

— Nous ne tarderons pas à vous appeler. Cela a été un plaisir de bavarder avec vous, colonel Holliday. »

Sur ces mots, le père Thomas pivota sur ses talons hors de prix et s'éloigna.

« Alors ? Est-ce qu'ils ont mordu à l'hameçon ? demanda Raffi quand ils se retrouvèrent à l'hôtel.

— Quelques touches. À mon avis, ils pensaient que j'avais peut-être un micro sur moi.

— L'homme à l'attaché-case ? avança Tidyman.

— Oui. Il devait avoir un détecteur dans sa mallette.

— Ils jouent la prudence, commenta Raffi.

— Ce que je crains surtout, c'est qu'ils décident de faire les morts indéfiniment. Ils savent bien que nous avons plus à perdre qu'eux. Rien ne les oblige à jouer le jeu.

— Ça, je n'en suis pas aussi sûr que vous... dit Tidyman, songeur, avant d'avaler une gorgée de l'excellent café que venait de leur apporter le garçon d'étage. Ces gens-là sont des rapaces, comme tous ceux de leur espèce. Comme Alhazred, ou comme ce malheureux M. Valador, de Marseille, qui passait l'or en fraude...

— Les rapaces sont très dangereux, rappela Holliday. Notre joyeux duo d'assassins tchèques, Pesek et

Kay, ont tout de même transpercé le cerveau de Valador avec une aiguille à chapeau, ne l'oublions pas ! Et si les petits camarades du révérend père Thomas ont déjà tenté de nous tuer une fois, Peggy et moi, ils ne s'en tiendront pas là, soyez-en sûr !

— Je vous concède volontiers que la cupidité rend les gens dangereux, dit l'Égyptien. Mais elle est aussi leur point faible. Et c'est en jouant sur ce point faible que nous gagnerons la partie, mon ami. »

24

Le père Thomas téléphona le lendemain matin pour fixer un nouveau rendez-vous.

« La première rencontre a eu lieu sur votre terrain, dit Holliday. Verriez-vous un inconvénient à ce que la seconde se passe ailleurs ?

— Quel lieu suggérez-vous ? » demanda le prêtre.

En fond sonore, Holliday entendait dans l'écouteur des bruits étouffés de circulation. Thomas devait appeler avec un portable, depuis une voiture.

« Vous pourriez venir ici…

— Ça ne me semble pas une bonne idée, colonel, répondit l'ecclésiastique en riant.

— Vous pouvez vous faire accompagner par votre spécialiste en nouvelles technologies, avec son attaché-case. Nous n'avons rien à cacher.

— Pour reprendre les paroles de la célèbre chanson des Beatles, colonel Holliday, "Tout le monde a quelque chose à cacher, sauf moi et mon singe".

— Dans ce cas, que diriez-vous d'un restaurant ? Il y en a un très agréable en terrasse, ici, sur le toit.

— Ce n'est pas vraiment un terrain neutre non plus.

Et l'endroit est trop connu. Quelque chose d'un peu plus discret, peut-être ?

— Il y a une pizzeria à deux pas d'ici, sur la Via Candia. Ça s'appelle Piacere Molise, et c'est très familial.

— Vous connaissez donc Rome, colonel ? demanda le père Thomas, manifestant pour la première fois de la surprise.

— Nous y avons dîné hier soir. Le réceptionniste de l'hôtel nous l'avait recommandée. »

Il y eut un moment de silence. Holliday entendit le hurlement modulé d'une sirène dans l'appareil. Puis il se rendit compte que le bruit lui parvenait également par la porte-fenêtre ouverte du balcon. Le prêtre n'était pas loin. Ils étaient sous surveillance.

« D'accord, dit enfin le père Thomas. À quelle heure ?

— Tôt. La salle est vite bondée. 17 heures ?

— Entendu.

— Pour combien de personnes dois-je réserver ?

— Je serai avec un collègue.

— Le spécialiste en informatique ?

— Celui-là viendra aussi, mais ne restera pas. Le collègue dont je parle jouera un rôle central dans notre discussion.

— Cela ne vous dérange pas si j'amène un ami ?

— Plus on est de fous... répondit le prêtre d'un ton enjoué. Il est toujours bon de savoir à quoi ressemblent ses ennemis. »

La Via Candia était une rue banale bordée de vieux immeubles dont les rez-de-chaussée avaient été transformés en restaurants et en boutiques au fil du temps. Le Piacere Molise se trouvait au numéro 60, dans un bâtiment au crépi saumon, en face d'une parfumerie et d'un magasin de sport qui ne vendaient sans doute que des contrefaçons. À cette heure tardive d'un après-midi d'été, la plupart des commerces avaient déjà baissé leur rideau, à l'exception des cafés et des restaurants. Les voitures garées le long du trottoir étaient toutes de petits modèles bon marché. La clientèle de la Via Candia appartenait manifestement à la classe moyenne : les passants étaient tous habillés comme des employés de bureau ou des secrétaires. On voyait peu d'enfants.

Les locaux du Piacere Molise, qui jouxtaient une porte cochère à l'ancienne menant à une arrière-cour, avaient été occupés jadis par la loge du concierge de l'immeuble. Ils consistaient à présent en une cuisine et trois pièces étroites peintes dans un jaune chaleureux, où étaient disposées une douzaine de tables, plus quatre à l'extérieur sur le trottoir. Le décor était constitué de reproductions encadrées de célèbres toiles impressionnistes alternant avec des assiettes décoratives. Quelques lustres modernes assuraient l'éclairage. Les nappes étaient jaunes, et les sets de table assortis aux tons rouille et jaune du carrelage en damiers qui habillait le sol. L'ensemble respirait le plaisir sans façon, comme le suggérait le mot *piacere* de l'enseigne.

Comme il fallait s'y attendre, le père Thomas était déjà là quand Holliday et Raffi entrèrent dans le restaurant. Il était installé à une table pour quatre, dans la salle du milieu, avec deux autres hommes : le chauve qu'ils avaient vu à Santo Stefano et le jeune prêtre à l'attaché-case du Musée égyptien.

« Je vais avoir du mal à m'asseoir en face de ce salopard, déclara Raffi.

— Lequel ? Yul Brynner ? Vous n'avez qu'à l'imaginer en caleçon, suggéra Holliday.

— Plutôt en cadavre », grommela l'Israélien.

Comme ils s'approchaient de la table, le jeune homme à la mallette se leva. Il avait une petite baguette à la main, reliée à un écouteur unique enfoncé dans son oreille. Il brandit l'instrument dans leur direction, puis le leur passa le long du corps tout en se concentrant sur les sons émis par l'appareil. Enfin, il secoua la tête et rangea son attirail dans l'attaché-case.

« *Qualcosa ?* lui demanda le père Thomas.

— *Nulla. Sono puliti.* – Rien à signaler. Ils sont clean.

— *Grazie. Vattene via !* ordonna le prêtre en chassant son jeune confrère d'un revers de la main.

— *Come desidera, Padre* », acquiesça ce dernier.

Il ferma l'attaché-case d'un coup sec, l'empoigna et quitta le restaurant. Holliday et Raffi prirent place en face des deux autres hommes.

Pour la première fois, Holliday put examiner de près le chauve de l'hélicoptère. C'était un costaud qu'on devinait très musclé sous le tissu uni de son costume sombre. Il avait des mains épaisses comme des battoirs. Il n'était pas chauve du tout, en réalité : son crâne était seulement rasé de très près. Il y avait quelque chose de slave dans son visage dur aux pommettes hautes, aux joues légèrement creuses et au menton pointu. Un Russe ? Ses yeux étaient d'un bleu pâle, et un défaut à la pupille gauche donnait l'impression qu'une larme noire coulait sur l'iris luisant. Il tourna vers Holliday et Raffi un regard fixe de pie-grièche qui se demande sur quelle épine elle va empaler ses proies. Un regard de croyant fanatique, ou de bête fauve tenue en laisse. Le prêtre l'avait manifestement amené pour lui faire flairer le gibier sur lequel il allait être lâché.

« Je crois que le Dr Wanounou et le père Damaso se sont déjà rencontrés », déclara le père Thomas en adressant un sourire à Holliday.

La brute au crâne rasé jeta sur Raffi un regard dépourvu de toute expression, puis il eut un bref rictus qui dévoila des dents étonnamment blanches. Raffi soutint son regard.

« Nous n'avons jamais été présentés de manière officielle, dit-il.

— Le père Damaso a été très heureux d'apprendre que vous étiez à Rome, reprit Thomas l'incrédule. Il m'a informé que vous avez une affaire en suspens, tous les deux.

— Nous ne sommes pas ici pour un combat de coqs, remarqua Holliday.

— À dire vrai, je ne sais pas trop pourquoi nous sommes ici », répondit le prêtre.

Un jeune serveur en tablier long apparut, portant une assiette d'olives et une panière de pain qu'il plaça sur la table avant de sortir de ses poches profondes un grand moulin à poivre et un bloc-notes. Il posa le moulin et leur demanda dans un anglais très approximatif ce qu'ils désiraient. Le père Thomas l'interrogea en italien, obtint en réponse une longue énumération correspondant sans doute à la liste des entrées, puis se tourna de nouveau vers Holliday.

« Le Molise est une région très pauvre, mais on y fait un plat renommé qui est la spécialité de ce restaurant, la *zuppa di pesce alla termolese* – une sorte de bouillabaisse italienne, expliqua-t-il. Ils ont aussi un vin blanc local qui irait très bien avec le poisson : un Falanghina del Molise 2005. Une assez bonne année…

— Nous ne sommes pas venus pour faire un gueuleton.

— Un Italien n'a jamais besoin de prétexte pour faire un bon repas, répondit le prêtre. Et puis, rien ne s'oppose à ce que nous partagions un dîner… À mes frais, bien sûr », ajouta-t-il avec un bref sourire.

Il adressa quelques mots au serveur, qui nota rapidement la commande, la répéta à haute voix pour confirmation, puis s'éloigna à la hâte vers le fond du restaurant.

« Pouvons-nous en venir à l'affaire qui nous occupe, à présent ? demanda Holliday sans chercher à cacher son agacement.

— Une affaire ? J'ignorais que nous étions en compte. »

Le père Thomas prit les burettes d'huile d'olive et de vinaigre balsamique qui étaient devant lui, se versa tranquillement un peu de chaque sur une petite assiette, puis trempa dans le mélange un morceau de pain qu'il engloutit en même temps qu'une olive.

« Vous détenez ma cousine Peggy. Il faut nous la rendre, dit Holliday.

— Ah, oui ! La bien-aimée du Dr Wanounou ! » s'exclama l'ecclésiastique en adressant un sourire à Raffi.

Il trempa une nouvelle bouchée de pain dans sa vinaigrette.

« Nous vous offrons l'or de Rauff en échange, reprit Holliday.

— Comment puis-je être sûr que vous avez cet or ?

— Je n'ai jamais dit que nous l'avions. J'ai dit que nous savions où il était.

— Vous ignorez si nous ne l'avons pas déjà trouvé.

— Il n'était pas dans le camp. D'autre part, si vous aviez pris Alhazred vivant pendant votre petit raid, il vous aurait déjà révélé l'emplacement de sa cache, et vous ne seriez pas là à négocier avec nous.

— L'Église est très riche, colonel Holliday. Pourquoi aurions-nous besoin de vos prétendus lingots ?

— Premièrement, je ne suis pas certain que l'Église soit aussi riche que vous le prétendez. Comme General Motors, Ford ou Chrysler, vous essayez de vendre aux gens un produit de qualité médiocre qui n'intéresse plus grand monde. Ensuite, même si l'Église a de l'argent, je suis prêt à parier que votre budget n'est plus ce qu'il a été. Et troisièmement, si les liens de l'Église avec Rauff et son butin étaient rendus publics, vous n'auriez plus qu'à mettre la clé sous la porte. Donc, vous devez absolument récupérer cet or avant qu'il ne commence à être écoulé sur le marché, comme à Cannes, où vous avez fait tuer Valador par Pesek et Kay parce qu'il grappillait des lingots. Et ensuite vous comptez faire tout fondre pour effacer la trace de vos relations avec Rauff. Le fait d'avoir élu un pape allemand qui a fait partie des Jeunesses hitlériennes n'améliore déjà pas franchement l'image de l'Église, mais s'il apparaissait en plus que le Saint-Siège avait des accointances avec l'inventeur des chambres à gaz, ce serait un désastre.

— Comme vous le rappelez, colonel Holliday, l'or est sans doute la valeur la plus facile à blanchir. Les dents en or de jadis font les alliances de demain… Mais là n'est pas la question. L'essentiel est que le

Standartenführer Rauff a passé un accord avec nous en 1944. Aux termes de cet accord, notre organisation s'engageait à lui fournir l'aide et les documents nécessaires afin qu'il puisse échapper aux poursuites, en échange de quoi il promettait de nous remettre son or tunisien. Nous avons rempli notre engagement et, même à titre posthume, il doit remplir le sien. Cet or nous appartient de droit.

— Libérez Peggy et vous l'aurez. »

La conversation fut interrompue par l'arrivée du serveur, qui apportait le vin. Derrière lui venait le chef, coiffé de sa toque avec, dans chaque main, une soupière remplie de fruits de mer, moules et autres coquillages baignant dans un bouillon aromatique. Les deux hommes à peine repartis, une femme aux rondeurs avenantes vêtue d'une robe à fleurs vint déposer sur la table deux autres soupières de *zuppa di pesce* puis se retira en lançant un joyeux *buon appetito !*

S'aidant de sa fourchette, le prêtre préleva une moule sur le tas de fruits de mer qui garnissaient sa soupière. Après avoir extirpé le mollusque de sa coquille noire avec un doigté de chirurgien, il savoura ce fin morceau puis avala une gorgée de vin. Aucun des trois autres convives n'avait touché à son plat. Le père Thomas reposa son verre avec un petit soupir.

« Si je puis me permettre, colonel Holliday, vous seriez bien inspiré de vous retirer de l'esprit que vous êtes en position de négocier quoi que ce soit, dit-il. Vous êtes en état d'infériorité, que ce soit sur le plan de l'armement, des effectifs ou de la tactique. Si vous décidez de ne pas me révéler où est caché l'or, je prierai le père Damaso ici présent de faire subir à votre cousine des traitements dont vous n'avez pas idée. Et si vous vous avisez de persister dans votre mutisme, il exécutera Mlle Blackstock en faisant en sorte qu'elle souffre le plus longtemps possible. Et il y prendra plaisir.

« C'est que, voyez-vous, le père Damaso a bénéficié de l'enseignement des meilleurs tortionnaires d'Augusto Pinochet, au Chili, lesquels ont eux-mêmes été formés, bien sûr, par le personnage central de toute cette histoire : le *Standartenführer* Rauff. D'après ce que le père Damaso m'a laissé entendre, les méthodes de Herr Rauff auraient impressionné le Grand Inquisiteur Torquemada lui-même… »

Le père Thomas prit un deuxième coquillage, avec ses doigts cette fois, en aspira bruyamment le muscle entre ses lèvres, le mâcha et l'avala.

« Voilà, colonel Holliday, c'est ainsi que se présentent les choses, reprit-il. Pas de négociation, un ultimatum. »

Il sortit de la poche intérieure de sa veste un petit bristol et un stylo à plume Mont Blanc dont il dévissa le capuchon. Puis il griffonna quelque chose sur la carte et la tendit à Holliday par-dessus la table. Un numéro de téléphone.

« Appelez-moi à ce numéro ! Vous avez vingt-quatre heures pour prendre une décision, déclara-t-il avant de préciser, avec un regard éloquent en direction du chauve, qui n'avait pas encore ouvert la bouche : Passé ce délai, je ne réponds plus de rien… Puis, souriant aimablement : Maintenant, mangez, ça va être froid !

— Je crois que je vais vomir, dit Raffi, qui se leva en repoussant bruyamment sa chaise et foudroya du regard le nommé Damaso, qui attaquait sa soupe.

Touchez à un cheveu de sa tête, je vous tue de mes mains ! » siffla-t-il.

Damaso leva les yeux de sa soupière, quelques gouttes de bouillon s'écoulant sur son menton.

« Tu peux toujours essayer, sale youpin », répliqua-t-il tranquillement, presque sans remuer les lèvres.

Raffi sortit du restaurant comme une furie.

« J'ai l'impression que votre ami a perdu son appétit. Peut-être votre camarade égyptien qui nous surveille depuis l'autre côté de la rue aimerait-il finir le plat du Dr Wanounou… Il doit commencer à avoir faim, depuis le temps, dit le père Thomas en désignant du bout de sa fourchette la soupière fumante de l'Israélien. Ce serait dommage de gâcher un si bon repas.

— Je n'ai pas faim non plus, répliqua Holliday, se levant à son tour.

— À votre guise, colonel Holliday, mais vous vous privez d'un grand moment gastronomique… »

Le prêtre but une gorgée de vin avant d'ajouter :

« Vingt-quatre heures. »

Holliday quitta le Piacere Molise sur les talons de Raffi. Le père Thomas le suivit un instant des yeux puis accorda de nouveau son attention à son dîner.

Une demi-heure après qu'ils eurent regagné l'élégante suite de l'hôtel Alimandi, Raffi bouillonnait de rage dans un fauteuil tandis que Holliday, assis à l'autre bout de la pièce, attendait près du téléphone. À travers la porte-fenêtre ouverte sur le Viale Vaticano leur parvenaient les vrombissements de guêpes des scooters lancés à toute allure au milieu de la circulation.

« Vous croyez que ça a marché ? demanda Raffi.

— Patience ! répondit Holliday. Nous le saurons d'ici quelques minutes.

— Nous devrions déjà avoir la réponse. Et comment se fait-il que Tidyman n'ait pas appelé ?

— Détendez-vous !

— Comment voulez-vous que je me détende après avoir entendu ce fumier parler de torturer Peggy ? répliqua vivement l'Israélien. Si votre plan échoue, tout est foutu ! »

La sonnerie du téléphone retentit, faisant sursauter Raffi. Holliday décrocha.

« Merci. Faites-le monter ! ordonna-t-il après avoir écouté son correspondant. Il est arrivé, ajouta-t-il à l'adresse de Raffi en raccrochant.

— Pas trop tôt ! »

Se levant, Holliday alla jusqu'à la porte de la suite. Quelqu'un frappa presque aussitôt et il ouvrit. Le serveur du Piacere Molise entra, sans tablier, un sac en papier à la main, souriant de toutes ses dents. Holliday le fit entrer dans le salon.

« Vous n'avez pas été présentés, tous les deux, dit-il. Raffi, voici le lieutenant Vince Caruso, un ancien élève à moi, de la promotion 2006. Si je me souviens bien, je lui ai mis une moyenne de C moins. Il travaille pour l'attaché militaire de l'ambassade.

— Ravi de vous rencontrer », assura Raffi.

Le jeune lieutenant s'assit sur le canapé, posa le sac en papier sur la table basse et en sortit le moulin à poivre qu'il leur avait apporté au moment de prendre leur commande, au restaurant. Après en avoir dévissé la base, il tira hors de l'appareil un micro plat à modulation de fréquence prolongé par un fil. Il prit ensuite dans le sac un objet qui ressemblait à un lecteur de cassette miniature et le plaça à côté du micro.

« Mon chef ferait une crise s'il savait que je lui ai emprunté ce truc, dit-il.

— Alors ? Qu'est-ce que ça a donné ? demanda Holliday.

— Ils ont continué à discuter pendant une bonne demi-heure après votre départ, répondit Caruso, l'air réjoui. Du gâteau. Le genre de chose que les médias s'arrachent. Ces gars-là sont de vrais méchants… Des loups déguisés en agneaux !

— La pire espèce, commenta Raffi.

— Pas de problème avec les propriétaires du restaurant ? » s'enquit Holliday.

Caruso éclata de rire.

« Vous plaisantez ? Le patron traite ces gens-là de *corvi neri*, de corbeaux noirs. Il était plus que ravi de pouvoir aider ses amis américains.

— Alors nous les tenons ! s'exclama Holliday en frappant dans ses mains avec jubilation.

— Peut-être, mais nous n'avons toujours pas Peggy », observa Raffi.

Le téléphone sonna de nouveau et Holliday alla répondre. Il écouta un moment, puis reposa le combiné.

« C'était Emil, annonça-t-il avec un large sourire. Votre traceur GPS a fonctionné à la perfection, Vince. Nous savons exactement où aller.

— Où est-elle ? demanda Raffi.

— Dans un endroit qui s'appelle le Lido del Faro – la plage du Phare. C'est à moins de vingt-cinq kilomètres d'ici, à l'embouchure du Tibre. Peggy est enfermée dans une vieille cabane de pêcheur. »

25

« Je suis quand même surpris que ça ait marché », avoua Holliday.

Les trois hommes étaient en train de prendre leur petit déjeuner dans le jardin suspendu de l'hôtel Alimandi. Il n'était que 9 h 30, mais l'air était déjà chaud sous le soleil d'été qui brillait dans un ciel sans nuage. De l'autre côté du Viale Vaticano, Holliday voyait les toits de tuiles alignés de la cité pontificale, dont celui de la chapelle Sixtine.

« Pas moi, affirma Emil Tidyman, qui avait opté pour un déjeuner des plus occidentaux, avec saucisses et œufs brouillés. La façon de penser de ces types m'est familière, sans doute parce que je vis en Égypte, où l'intégrisme religieux prospère depuis des siècles.

— Moi, je suis né et j'ai été élevé en Israël, vous croyez que c'est mieux ? ironisa Raffi.

— Israël est une démocratie où l'État n'est pas entre les mains des religieux, alors qu'en Égypte les oulémas continuent à contrôler l'essentiel de ce qui fait la nation. Pour bien des Juifs, la pratique religieuse se limite à ne pas manger de porc, dit Tidyman en brandissant un morceau de saucisse piqué sur sa fourchette. Les gens dont nous parlons ont une mentalité bien différente. »

Il croqua la saucisse puis souleva la cafetière en argent étincelant qui trônait sur la nappe blanche et remplit sa tasse vide.

« Pour les Juifs, penser par soi-même est une vertu ; pour les catholiques et les musulmans, c'est un péché, reprit-il en désignant du menton les toits du Vatican. Qu'ils soient catholiques ou musulmans, les intégristes se ressemblent, car ils partagent une conviction fondamentale : l'individu n'existe pas, seule compte la Foi avec un grand F. Tout découle de la volonté de Dieu ou de celle d'Allah, point final. Le commun des mortels n'a aucun pouvoir. Le libre arbitre n'appartient qu'à la divinité, dont seuls les prêtres et les mollahs peuvent interpréter la volonté. Une telle croyance est une force, mais aussi une faiblesse fatale.

— Les exemples historiques abondent pour prouver ce que vous avancez, acquiesça Holliday. On ne plaisantait pas avec les prophéties, dans l'ancien temps. Les rois de Macédoine étaient moins puissants que l'oracle de Delphes, par exemple. Troie est tombée pour n'avoir pas cru aux prédictions de Cassandre, et César pour n'avoir pas écouté les augures à propos des Ides de Mars.

— Je ne vois toujours pas le rapport entre ce que vous racontez et nos prêtres assassins, objecta Raffi.

— J'y viens, dit Tidyman en étalant sur un toast épais une généreuse couche de miel. Selon le dogme de ces fanatiques, l'homme ne peut pas changer l'histoire, seule l'histoire peut changer l'homme. Ils ont l'arrogance absolue des gens qui se croient infaillibles. Ils représentent l'Église, après tout ; comment une poignée de non-initiés oseraient-ils défier leur toute-puissance ? Il n'est jamais venu à l'esprit du père Thomas, Tartempion ou je ne sais quoi, que nous pourrions chercher à lui nuire… Et c'est là une erreur de sa part, dont nous devons tirer avantage, conclut l'Égyptien en mordant à belles dents dans son toast avec un grand sourire.

— Belle théorie, mais il se peut aussi que nous ayons simplement eu de la chance, dit Raffi, d'un ton caustique.

— L'un n'empêche pas l'autre, remarqua Tidyman après avoir accompagné son toast d'une gorgée de café.

— Selon les termes de leur ultimatum, il nous reste une douzaine d'heures pour agir, rappela Holliday.

— Dans ce cas, vous devriez aller passer votre coup de fil sans attendre, suggéra Tidyman. Pendant ce temps-là, je vais descendre à la réception chercher le paquet que notre ami de l'ambassade a déposé pour nous tout à l'heure. »

De retour dans la suite, Holliday appela le numéro que le prêtre lui avait noté sur une carte. Celui-ci décrocha à la première sonnerie.

« Alors, colonel, dit-il. Avez-vous pris une décision ?

— J'ai changé les règles du jeu.

— Vraiment ? demanda le père Thomas, manifestement peu impressionné.

— Écoutez ceci… »

Holliday approcha le haut-parleur de l'enregistreur numérique dont s'était servi Vince Caruso et pressa la touche de mise en route.

«“Les dents en or de jadis font les alliances de demain” », fit la voix enregistrée de l’ecclésiastique.

Holliday éteignit l’appareil.

« Cela vous dit quelque chose ? » demanda-t-il.

Il y eut un long silence. Quand le prêtre répondit enfin, ce fut d’une voix tendue.

« Comme j’en faisais la remarque avant-hier, vous êtes un homme plein de ressources, colonel Holliday, mais il apparaît que je n’avais pas bien mesuré l’étendue de ces ressources. Vous avez manifestement bénéficié de l’aide d’un tiers… Le serveur ?

— Vous affirmiez que je n’avais aucune carte en main pour négocier, répliqua Holliday, ignorant la question. Ce n’est plus le cas.

— Nous pourrions tout simplement nier. Affirmer qu’il s’agit d’un faux, d’un coup monté par des ennemis de l’Église. Les gens ne vous croiraient pas.

— Il se trouverait toujours quelques personnes pour nous croire, et cela suffirait pour déclencher une enquête. Comme dans l’affaire du Watergate, mon père, ce n’est pas tant le délit lui-même qui nuit à son auteur, mais le fait de nier contre toute évidence. »

Nouveau silence prolongé.

« Que proposez-vous ? demanda finalement le prêtre.

— La même chose qu’hier soir. Sauf que vous avez droit à un bonus à présent : l’or plus l’enregistrement. Le gros lot.

— Et comment puis-je m’assurer que vous n’avez pas fait de copies ?

— Vous ne le pouvez pas. Mais je ne suis pas fou. Je tiendrai mes engagements pour une bonne raison : je sais que vous avez le bras long.

— Et vous feriez bien de ne pas l'oublier.

— Un marché et une trêve. Nous sommes d'accord ?

— Cela nécessitera un échange.

— Je vous rappellerai, promit Holliday avant de raccrocher.

— Vous pensez qu'il respectera le contrat ? demanda Raffi.

— Jamais de la vie ! »

Tidyman revint quelques minutes plus tard, portant un lourd paquet rectangulaire enveloppé dans du papier kraft. Il s'assit sur le canapé, sortit de sa poche un canif et découpa l'emballage marron, découvrant un Tupperware bleu de taille moyenne, qu'il ouvrit. À l'intérieur, noyés dans des billes de polystyrène, se trouvaient trois pistolets automatiques, trois boîtes de munitions montées sur des lames-chargeurs en plastique, un GPS et cinq téléphones portables Nokia.

« Le lieutenant risque-t-il des ennuis si tout ou partie de ce matériel est découvert ? demanda l'Égyptien.

— Nous sommes censés jeter les armes et les téléphones après usage. Leur origine ne peut pas être identifiée, répondit Holliday. En revanche, il aimerait récupérer le GPS si possible.

— Le bateau ?

— Il part à midi du pont Marconi et arrive à Ostia Antica à 13 h 30. Nous avons une heure et demie pour nous préparer, dit Holliday en consultant sa montre. Vous vous rappelez ce que vous devez faire ?

— Je cache un téléphone dans le grand bac à plante à l'entrée de la pizzeria au store vert qui se trouve à l'angle de la Via Santamaura et de la Via Candia, récita Tidyman. Quand c'est fait, je vous appelle et je me rends au pont suffisamment tôt pour ne pas manquer le bateau.

— Raffi ?

— J'attends votre appel puis je prends le métro jusqu'à la station Castro Pretorio. De là, je téléphone au prêtre en m'arrangeant pour qu'il entende le haut-parleur annoncer le nom de la station.

— Et ensuite ?

— Je reprends le métro en sens inverse jusqu'à la station Marconi, d'où je gagne le pont et prends le bateau… Si l'un ou l'autre d'entre nous est suivi, nous nous en serons rendu compte à ce moment-là. Du moins on peut l'espérer.

— Bien. Vous êtes prêts, tous les deux ?

— Oui », répondirent ensemble Tidyman et Raffi.

Holliday sourit dans sa barbe, un peu surpris par l'intensité de son excitation. Il sentait presque le sang bouillonner dans ses veines à l'approche de l'action. Cela faisait des années qu'il ne s'était pas senti à ce point vivant et en accord avec sa personnalité profonde.

« Alors, en selle ! dit-il.

— Comme dans *Lock'n Load ?* demanda Raffi avec un sourire en coin.

— Plutôt comme dans *Fort Apache :* je préfère John Wayne aux jeux vidéo. Mais chacun ses références. »

Holliday voyait l'opération comme un exercice assez simple de tactique appliquée : en cas de confrontation avec des éléments supérieurs en nombre, le premier objectif était de faire diversion pour amener l'ennemi à diviser ses forces. L'exemple classique était le débarquement de juin 1944 en France. Après avoir fait croire à Rommel que celui-ci aurait lieu dans le Pas-de-Calais – l'option la plus évidente –, les Alliés avaient attaqué ailleurs, en l'occurrence sur les plages de Normandie.

Pour Raffi et Tidyman, la manœuvre s'apparentait à la ruse grossière d'un footballeur qui feinte à gauche pour partir à droite.

Mais quelle que soit l'analogie, il s'agissait d'envoyer le prêtre et le gros de sa troupe de nervis courir après des courants d'air sur la ligne nord du métro pour attaquer au sud avec un effectif réduit le cœur dégarni de leur dispositif.

S'aidant de plans de Rome, et mettant à profit la connaissance que Vince Caruso avait de la ville, les trois hommes avaient élaboré à l'intention du prêtre et de ses acolytes un jeu de piste aussi embrouillé qu'un scénario de Robert Ludlum, mélange de rallye et de chasse à l'homme censé les mener jusqu'à l'endroit où Peggy devait être échangée contre la révélation de l'endroit où étaient cachés les lingots. Ce n'était qu'un vaste trompe-l'œil, bien sûr. Des messages enregistrés sur des téléphones portables semés le long du parcours indiquaient chaque nouvelle étape de la progression, que le lieutenant Caruso suivrait discrètement au guidon de la Vespa GTS-250 Dragon Red prêtée par sa petite amie italienne. Le père Thomas et ses hommes ainsi occupés, Holliday, Raffi et Tidyman se retrouveraient au pont Marconi, en aval du centre-ville, d'où ils descendraient le Tibre sur une vedette touristique jusqu'aux ruines d'Ostie, l'ancien port de Rome, à présent situé trois kilomètres à l'intérieur des terres par suite de trente siècles d'envasement.

Si tout se passait comme prévu, une embarcation

à moteur amenée là par Vince Caruso les attendrait près du débarcadère où accostait le bateau-mouche. Ils l'utiliseraient pour rejoindre la cabane où Peggy était retenue prisonnière.

Comme dans la plupart des cas, ce plan de sauvetage semblait parfait sur le papier ; comme dans la plupart des cas aussi, il fallait en être conscient, il se révélerait tout sauf parfait à l'usage. Mais il était difficile d'en élaborer un meilleur dans l'urgence. D'ailleurs, dans toute sa carrière sur le terrain, Holliday en avait surtout connu de bien pires, échafaudés pourtant par des cohortes entières de prétendus experts. Il avait même fini par en déduire empiriquement que pour réussir, aussi bien sur un champ de bataille que dans la cuisine, mieux valait un chef que trente-six. Dans son esprit, donc, le scénario se résumait à quelques éléments simples : localiser Peggy, s'emparer d'elle en abattant toute personne essayant de s'interposer, déguerpir au plus vite.

Le pont Guglielmo-Marconi, large et moderne, traversait le Tibre au sud de Rome au milieu d'un paysage étonnamment champêtre, surtout sur la rive sud. L'embarcadère des bateaux-mouches se trouvait un peu en aval de l'ouvrage, coincé entre un terrain de rugby et des courts de tennis grillagés. On y accédait par un chemin de terre qui donnait l'impression de ne mener nulle part. Sans les indications précises du lieutenant Caruso, aucun des trois hommes ne l'aurait trouvé. D'un autre côté, l'endroit était idéal pour leur regroupement discret, car personne n'aurait pu les suivre jusque-là sans être repéré à plusieurs centaines de mètres. Le bateau-mouche était un ancien ferry reconverti baptisé *Horatio*. Tout en hauteur, il ressemblait à une pièce montée, avec ses trois ponts divisés en boxes de restaurant accolés à de grandes baies vitrées teintées.

Arrivé le premier, Holliday attendit sur le quai, répondant aux appels de Caruso, qui le tenait informé régulièrement de ce qu'il voyait. À entendre le lieutenant, tout se déroulait selon le plan prévu. Après avoir récupéré le téléphone dissimulé pour lui dans le bac à plante par Tidyman, le père Thomas s'était lancé dans sa vaine chasse au trésor. Le père Damaso, en revanche, restait invisible.

À 11 h 40, Emil Tidyman arriva à son tour, affublé d'une chemise hawaïenne, d'un chapeau de paille et de grandes lunettes de soleil, des jumelles et un appareil photo suspendus à son cou. Le parfait touriste. Raffi apparut dix minutes plus tard. Apparemment ni l'un ni l'autre n'avait été suivi. Holliday attendit que l'équipage soit sur le point de retirer la passerelle du ferry pour monter à bord. Un instant plus tard, après s'être écarté lentement du quai sur l'eau verdâtre, l'*Horatio* entamait sa descente poussive vers l'estuaire.

Ils parcoururent les méandres du fleuve pendant une heure. D'un point de vue touristique, le trajet présentait peu d'intérêt, tous les grands monuments de Rome étant situés en amont, aux alentours des sept collines. Seuls étaient visibles depuis le bateau les berges envahies de roseaux et les tabliers des ponts, tous modernes, sous lesquels ils passaient. Mais en empruntant ce moyen de transport, Holliday et ses compagnons limitaient les risques d'être pistés.

Enfin, l'*Horatio* mit le cap sur la rive et vint accoster l'appontement aussi délabré que pittoresque d'Ostia Antica, dont les ruines – pour l'essentiel des murs croulants et des pavements de mosaïques – s'étendaient sur des centaines d'hectares, témoins silencieux d'une époque révolue.

En 67 avant Jésus-Christ, des flottes hétéroclites de pirates avaient razzié et incendié la ville, ce qui avait conduit à l'adoption de la *Lex Gabinia*, ou loi de Gabinius, conférant à un consul des pouvoirs aussi exorbitants qu'arbitraires, dont semblait s'inspirer la législation américaine votée dans la panique de l'après 11 Septembre.

Le pouvoir corrompt. Le pouvoir absolu corrompt absolument, récita mentalement Holliday, songeant au père Thomas et à ses sous-ordres, qui transformaient en armes de guerre les enseignements pacifiques d'un prophète errant.

Une fois à terre, au lieu de prendre avec les autres passagers le chemin des ruines, Holliday, Raffi et Tidyman tournèrent à droite pour suivre un sentier à peine marqué sous les vieux arbres qui bordaient la rive.

« On se croirait dans *Sacrés rongeurs* ou dans un très mauvais Disney, commenta Tidyman. On s'attendrait à voir Bambi sortir des fourrés et des petits oiseaux bleus nous répandre des pâquerettes sur la tête avec de joyeux cui-cui.

— Vous connaissez bien les films de Disney ? demanda Holliday.

— Je rentrais de l'école en courant tous les jours pour voir pousser les seins d'Annette Funicello dans le *Mickey Mouse Club*. Ah ! Zorro, Davy Crocket…

— Panpan le lapin, Bambi…

— Ça, j'aime moins. Rappelez-vous ce qui est arrivé à la mère de Bambi ! dit Tidyman en riant.

— Vous avez un curieux sens de l'humour pour un Égyptien.

— Que racontent les vieux sages, cette fois ? intervint Raffi, qui fermait la marche.

— Rien du tout. Ils sifflent pour se donner du courage. Ils font des pieds de nez au destin, si vous préférez », répondit Tidyman.

Cent mètres plus loin, ils tombèrent sur le pêcheur à la ligne que leur avait décrit Vince Caruso : un vieillard aux joues hérissées de poils blancs et au crâne tavelé sous des cheveux aussi fins que ceux d'un nouveau-né. Sans doute l'un des innombrables parents que le lieutenant semblait posséder un peu partout. Près de lui était posé un seau en plastique où se tortillaient des anguilles au ventre argenté.

« *Qual è la pesca ?* demanda Holliday, répétant fidèlement la phrase que lui avait apprise Caruso. Qu'avez-vous attrapé ?

— *Oggi c'è la pesca del salmone*, répondit le vieil homme avec un sourire édenté. Des saumons. »

La réplique convenue.

« *La barca ?* Le bateau ? »

L'homme pointa son menton mal rasé.

« *Lí.* »

Ils trouvèrent l'embarcation un peu plus loin, savamment camouflée avec des branchages et des roseaux. Il s'agissait d'une barque classique, avec une haute proue et un tableau de poupe étroit auquel était fixé un moteur hors-bord à la forme étrange.

Un épervier, ou filet à lancer, formait un tas puant à l'avant et une demi-douzaine de longues cannes en bambou étaient suspendues à l'extérieur de la coque, dont la peinture tombait en lambeaux. Les sièges, couverts d'écailles de poissons, étaient aussi crasseux que le reste. Une paire de rames peintes sans soin était rangée le long des plats-bords et tout un attirail comprenant du matériel de pêche, des gaffes et autres crochets jonchait le plancher. L'ensemble dégageait une odeur de poisson pourri abandonné trop longtemps au soleil.

« Si c'est une plaisanterie, je la trouve de mauvais goût, déclara Raffi, regardant d'un œil scandalisé le bateau amarré à la branche d'un saule.

— Ce n'est pas une plaisanterie, c'est du déguisement, rectifia Holliday. Le seul contrôle que Vince ait jamais réussi avec moi portait sur l'histoire du camouflage… J'ai toujours su que ce gamin irait loin malgré ses mauvais résultats, ajouta-t-il avec un large sourire. Cette barque est parfaite. Que fait-on sur une rivière ? On pêche ! Et, regardez, nous avons un moteur électrique conçu pour la pêche à la traîne, donc silencieux ! Et de toute façon, avec le reflux, nous n'en aurons presque pas besoin : nous serons aspirés vers l'aval à la vitesse d'un train de marchandises. »

Comme pour illustrer son propos, une grosse branche d'arbre à moitié noyée passa à cet instant devant eux en roulant sur elle-même au milieu du fleuve, entraînée par le courant impétueux.

« Quelle distance avons-nous à parcourir ? s'enquit Tidyman.

— D'après Vince, trois kilomètres, répondit Holliday en détachant l'amarre. Et maintenant, messieurs, tout le monde à bord ! La partie se termine. Allons chercher Peggy ! »

26

« À quoi reconnaîtrons-nous l'endroit ? » demanda Raffi, assis à la proue de la barque lancée à toute allure sur le fleuve, qui s'élargissait d'instant en instant.

Ce fut Tidyman qui combla sa curiosité.

« Nous cherchons ce que les Italiens surnomment une *chiesetta*, une “chapelle”. Ce sont des cabanes de pêche sur pilotis. Il y en a des dizaines sur les brise-lames à l'embouchure du Tibre. Elles sont équipées de carrelets que l'on descend dans l'eau à l'aide d'un treuil. Celle qui nous intéresse est la dernière de la rive gauche, la plus proche de la mer. Elle a un toit tout neuf en tôle d'aluminium et elle est peinte en rouge vif. »

La couleur de l'eau changeait au fur et à mesure de leur avancée, passant d'un brun glauque et boueux à un bleu profond à l'approche de la mer. Le terrain de part et d'autre du fleuve consistait essentiellement en polders divisés en champs de blé tirés au cordeau. Des voiliers et des chriscraft s'alignaient le long des berges, amarrés à de courts appontements. On voyait partout des gens pêcher depuis des barques semblables à la leur, la plupart se laissant dériver dans le courant plus faible à proximité des rives. Personne ne prêtait la moindre attention aux trois hommes.

Devant eux, la mer Tyrrhénienne était en vue, à présent, chatoiement bleu foncé contre le ciel sans nuage. Sur les énormes rochers renforçant les berges contre l'érosion se dressaient les pontons délabrés des carrelets, posés là tels de pitoyables insectes à longues pattes. Proches les uns des autres, tous se ressemblaient, avec leur balcon branlant équipé d'un, deux, parfois trois bras de quinze mètres suspendus au-dessus de l'eau par des haubans arrimés au toit de la cabane. La marée étant basse, les filets étaient relevés ; quand elle remonterait, ils seraient de nouveau descendus dans le fleuve.

« Que pêche-t-on avec ça ? demanda Raffi.

— D'après Vince, surtout des mulets et des anguilles, comme le vieux bonhomme de tout à l'heure.

— Des anguilles ? Beurk ! Il y a vraiment des gens qui mangent ça ?

— Ah, une tourte à l'anguille ! murmura Tidyman avec nostalgie. Quel délice ! Et des anguilles en gelée ! Mmm ! »

Assis à l'arrière, Holliday mit en route le petit moteur hors-bord et manœuvra pour écarter la barque du courant principal et la rapprocher de la rive nord du fleuve, qui était à une centaine de mètres.

« Maintenant, jetez l'ancre ! » dit-il.

Tidyman tira de côté le tas que formait le filet, découvrant une ancre Danforth, petite, mais très lourde. Il la fit glisser par-dessus bord, puis dévida lentement la ligne de nylon jusqu'à ce que les pelles se plantent dans la vase du fond. La barque effectua un demi-tour sur elle-même avant de s'immobiliser face au courant, dos à la mer. À trois cents mètres, de l'autre côté de l'estuaire, on voyait la *chiesette* rouge avec son toit étincelant au soleil, ses pattes d'araignée et ses deux longues perches dressées comme des antennes.

Tidyman prit ses jumelles et les passa à Raffi, qui les tendit à Holliday.

« Faites semblant de vous activer pendant que j'observe les lieux ! ordonna ce dernier.

— À vos ordres, mon capitaine », dit Tidyman.

Imité par Raffi, il saisit une des cannes de bambou et les deux hommes lancèrent leur ligne, hameçon nu. Holliday braqua les jumelles.

La cabane rouge mesurait environ neuf mètres sur six, son côté le plus étroit faisant face au fleuve. Le devant était percé d'une large ouverture donnant sur le balcon auquel étaient fixés les bras pivotants des carrelets. Le toit en tôle ondulée s'inclinait vers l'arrière. Depuis le chemin non goudronné qui longeait la berge, l'accès au ponton s'effectuait par une passerelle qui enjambait l'enrochement. À demi masquée par la cahute, une camionnette blanche à panneaux latéraux pleins était garée au bout du chemin. À ce que pouvait voir Holliday par l'ouverture côté balcon, l'intérieur de la cabane était plongé dans l'ombre. Personne ne paraissait faire le guet.

Il abaissa légèrement les jumelles pour examiner le dessous du ponton. Depuis une trappe dans le plancher, une échelle bricolée permettait de descendre directement sur les rochers, sans doute pour dégager le carrelet s'il crochait. Pour finir, Holliday balaya la rive de gauche à droite. Le ponton le plus proche se trouvait quinze mètres en amont de la baraque rouge. En aval, il n'y avait rien, sinon l'enrochement qui se prolongeait, puis la mer.

« Nous ne pourrons entrer que par l'arrière ou par le dessous, dit-il. Nous n'avons pas d'autre choix.

— Pourquoi ne pas nous séparer et entrer des deux côtés à la fois ? suggéra Raffi, qui avait manifestement du mal à détacher son regard de l'endroit où était retenue Peggy.

— Trop dangereux. Ce genre d'attaque en tenaille échoue presque toujours. Les assaillants finissent par se tirer dessus en confondant amis et ennemis.

— Quoi que nous fassions, nous devrons prendre des risques, objecta l'Israélien.

— Je suis désolé, colonel, mais je partage l'avis de Raffi, intervint Tidyman. Si nous arrivons par la passerelle, nous perdons l'effet de surprise ; si nous entrons par la trappe, nous créons un bouchon…

— D'une façon ou d'une autre, il faut agir, maintenant, insista Raffi. Nous ne pouvons pas rester ici plus longtemps. »

Holliday réfléchit un instant, puis il regarda pardessus son épaule.

« Nous sommes passés devant un petit port de plaisance, tout à l'heure. L'un de vous a-t-il remarqué s'il y avait une pompe à essence ? »

Holliday était tapi dans l'ombre, sous le ponton voisin de celui qui constituait son objectif. Au-dessus de lui, les grands bras des carrelets grinçaient et gémissaient dans la brise iodée qui soufflait de la mer. L'eau clapotait contre les rochers à ses pieds.

Poussée par son moteur silencieux, la barque avait

disparu derrière l'extrémité de l'enrochement. Holliday consulta sa montre en fronçant les sourcils. Tout allait se jouer sur la qualité de la synchronisation. Que lui ou ses compagnons commettent une erreur de minutage, Peggy était perdue. Certes, ses deux amis avaient effectué leur service militaire, Tidyman pour engranger des heures de vol supplémentaires comme pilote de chasse et confirmer sa citoyenneté égyptienne, Raffi parce qu'il y était obligé en tant que *Sabra* – natif d'Israël. Mais seraient-ils capables de réagir d'instinct comme Holliday, instruit par des années d'expérience dans tous les points chauds du globe ? Rien n'était moins sûr.

Et il fallait également tenir compte de Peggy. Si elle flanchait à un moment critique, ils risquaient d'y passer tous les quatre. Il fallait espérer qu'elle prendrait dès la première seconde la mesure de la situation et ferait profil bas pour éviter les balles perdues. Holliday ferma un instant les yeux pour adresser une prière muette à tous les dieux de la guerre. Le pire de tout était qu'ils allaient devoir attaquer à l'aveugle, n'ayant aucune idée du nombre d'hommes qui gardaient Peggy.

Il jeta un nouveau coup d'œil à sa montre puis se baissa et empoigna le jerrican de vingt litres d'essence qu'il avait acheté au petit port de plaisance en amont. Le moment était venu. Nerfs tendus, cœur battant, bouche sèche, il déglutit et tendit l'oreille, tous les sens aux aguets.

Il connaissait bien ce sentiment fait de peur, d'excitation et de soif de sang. Il sentait monter du plus profond de lui-même cette émotion qu'il s'étonnait toujours de trouver agréable, au point qu'il se demandait parfois si elle ne répondait pas à un besoin pathologique chez les soldats, le combat et le jeu avec la mort agissant sur eux comme une drogue. Combien en avait-il connu, de ces engagés qui rempilaient encore et encore ! Incapables d'oublier la griserie de la tuerie et de s'accommoder d'une vie routinière.

Il se força à faire le vide dans son esprit, à accorder tous ses sens avec son environnement, à faire en sorte que chaque part de son être, chacun de ses mouvements entre en résonance synchrone avec les autres, comme dans un rêve psychédélique au ralenti.

Il perçut simultanément les éclats étouffés d'une dispute entre un homme et une femme dans la cabane au-dessus de sa tête, le couinement d'un câble remué par la brise, les frémissements d'un cerf-volant en forme d'oiseau géant qui montait au-dessus du fleuve, plumes au vent, le toussotement lointain d'un canot à moteur, le chuchotement continu et rythmé de la mer…

Le mur de la cabane sous laquelle il se trouvait était aveugle, percé seulement d'une bouche d'aération rudimentaire. Si les occupants des lieux pêchaient à chaque marée montante, soit une dizaine d'heures par jour, ils devaient stocker leurs prises quelque part, probablement dans des bacs en acier galvanisé. Avec la canicule qui transformait sans doute ces cahutes à toits de tôle en véritables fours, la puanteur devait être insoutenable à l'intérieur.

Le jerrican à la main, Holliday sortit de l'ombre, traversa rapidement l'espace entre les deux *chiesette* et s'engagea prudemment entre les pilotis de la seconde. De l'autre côté de l'embouchure se détachait la silhouette trapue du phare octogonal rayé de bandes grises et blanches qui donnait son nom au Lido del Faro, la plage de galets qu'il dominait.

La cabane rouge reposait sur six pilotis, trois courts et trois longs. Chacun d'entre eux était constitué de pieux carrés de dix centimètres de côté liés ensemble de façon à former des piliers assez forts pour soutenir le poids de la construction. Levant les yeux, Holliday put constater que le plancher consistait en feuilles de contreplaqué posées sur des poutres en pin largement espacées qui étaient en fait de simples planches de cinq centimètres d'épaisseur dressées sur chant. Qualifier de frêle cet assemblage aurait été un euphémisme.

Il dévissa le bouchon du jerrican, le retourna et le vissa de nouveau, bec verseur à l'extérieur. Puis il en répartit le contenu entre les trois pilotis les plus proches de l'eau avant de le poser, vide, près de celui du milieu. Il vérifia l'heure. Encore deux minutes.

Sortant une boîte d'allumettes, il mit le feu à chacun des trois piliers sans s'arrêter, sautant de l'un à l'autre sur les rochers. Il regarda un instant les flammes se propager, à peine plus perceptibles que des vibrations de chaleur dans l'air limpide, puis il se détourna, courut jusqu'à l'échelle et commença à grimper vers la trappe.

Comme il atteignait les derniers barreaux, une idée terrifiante lui traversa subitement l'esprit : et si la trappe était verrouillée ? Il se traita intérieurement de tous les noms. Ce genre d'erreur grossière pouvait être fatal. Il regarda derrière lui. Les flammes, qui avaient gagné le haut des pilotis, léchaient déjà le dessous du plancher. Quelques secondes encore, et… En bas, le jerrican vide explosa avec une détonation sèche. Le temps sembla se suspendre un instant dans un silence assourdissant, puis un brusque bruit de cavalcade se fit entendre au-dessus de sa tête. Des volutes de fumée noire commençaient à se former.

« Cazzo merda ! Fuoco ! Fuoco ! » cria quelqu'un.

Holliday vérifia l'heure une dernière fois. Trente secondes. Trop long. Les langues des flammes rampaient vers lui. S'il attendait plus longtemps, il allait être grillé. Il tira de sa ceinture le Tanfoglio 9 millimètres. Les pistolets italiens que leur avait procurés Vince Caruso étaient des armes grand public, d'usage facile, surtout destinées au tir sportif ou à l'autodéfense. Chacune contenait seize cartouches. Quarante-huit à eux trois. Dans un instant, il allait pleuvoir des balles dans la cabane. Ce serait comme s'il allait fourrer sa tête dans un nid de frelons. Holliday réprima une grimace, puis s'efforça de ne plus penser. Prenant une profonde inspiration, il poussa la trappe. Elle s'ouvrit.

La scène lui apparut comme une succession d'images stroboscopiques saccadées tronçonnant les mouvements simultanés de plusieurs boules de billard. La situation se présentait bien mieux qu'il l'avait espéré.

Il y avait cinq hommes à l'intérieur et, au cri d'alarme poussé par l'un d'eux, ils s'étaient séparés en trois groupes. Deux hommes couraient vers le balcon dans un nuage de fumée suffocante ; deux autres se tournaient vers la porte arrière, par laquelle Raffi et Tidyman venaient de faire irruption avec fracas en se laissant rouler au sol, l'un à droite, l'autre à gauche, selon les instructions de Holliday. Le cinquième homme, qui n'était autre que le père Damaso, était resté confortablement assis dans un fauteuil, d'où il surveillait l'otage, allongée sur un matelas posé à même le sol dans un coin de la pièce et enchaînée à une fixation en U.

Une fine cloison de contreplaqué percée d'une ouverture divisait la cabane en deux compartiments communicants : côté fleuve, le local réservé au stockage des poissons ; côté terre, la pièce à vivre, qui servait aussi de cuisine. L'abattant de la trappe, située entre les deux, s'ouvrait vers l'avant, et c'est aussi dans cette direction que Holliday était tourné quand il passa la tête par l'ouverture dans le plancher. Les pieds encore sur l'échelle, il leva son automatique et vida sans viser la moitié du magasin, arrosant rapidement l'espace de droite à gauche. Il toucha les deux hommes, qui lui avaient fait face. Le premier au visage, le second à la poitrine. Ils s'écroulèrent sans un bruit, repoussés par les impacts dans les flammes et la fumée.

D'un rétablissement, Holliday acheva de se dégager de la trappe tout en tournant le dos à l'incendie, puis, roulant sur son côté gauche, il brandit de nouveau son arme, mais sans tirer. Raffi s'était déjà relevé à demi. Il se trouvait entre les gardes et Peggy, qui s'était aplatie sur le matelas. Il tenait son pistolet d'une main et de l'autre la gaffe en acier dont il s'était servi pour forcer la porte. Tidyman était de l'autre côté de la pièce, une disposition imaginée par Holliday afin que les deux hommes puissent croiser leurs tirs.

Ils ouvrirent le feu tous les deux en même temps, criblant de balles les deux gardes, qui n'eurent même pas le temps de sortir les automatiques trapus qu'ils portaient dans leurs étuis.

Après avoir vidé son chargeur, Raffi se rua sur le

père Damaso, gaffe pointée, en hurlant des insultes. Le chauve, qui avait pour toute arme une batte de cricket posée sur ses genoux, leva celle-ci d'une main dans un geste défensif et parvint à se mettre debout tout en portant à l'Israélien un coup de côté qui le fit tomber. Assurant alors sa prise à deux mains sur la batte il s'apprêtait à l'abattre comme une hache sur la nuque offerte de Raffi quand Holliday fit feu, lui logeant ses six derniers projectiles en pleine poitrine. Le torse transformé en une bouillie de chair et d'os, le prêtre retomba en arrière sur son fauteuil rembourré, mort.

L'avant de la cabane n'était plus qu'un brasier qui progressait de seconde en seconde. Les deux premiers tués avaient été entièrement consumés, et la grande pièce ne tarderait pas à être à son tour engloutie par les flammes. Ramassant la gaffe au passage, Holliday courut vers sa cousine, qui se tenait recroquevillée sur le matelas, bras croisés au-dessus de la tête.

Pendant que Raffi se relevait en gémissant, il entreprit d'arracher le crampon qui retenait au sol la chaîne de Peggy en utilisant le fer de la gaffe comme levier. Tout en s'affairant, il regarda attentivement la jeune femme. Elle avait le visage maculé de crasse et ses cheveux bruns étaient tout emmêlés, mais elle semblait en meilleur état qu'il l'avait craint étant donné les circonstances.

« Peggy ?

— Doc ? » répondit-elle d'une voix éraillée.

Il écarta doucement les cheveux qu'elle avait dans les yeux.

« Tout va bien, mon petit. Je suis là, maintenant », murmura-t-il.

Elle eut un rire las.

« Eh bien, vous en avez mis un temps, les gars ! dit-elle.

— Moi aussi, je suis content de te revoir, moustique », répliqua Holliday avec un large sourire, auquel elle répondit par un rictus fatigué.

Puis Raffi la prit dans ses bras et elle ne put retenir ses larmes. Un instant plus tard, Holliday ayant réussi à extirper la fixation du sol, Peggy était libre. Comme Tidyman sortait du brouillard de fumée, un trousseau de clés dans une main, son pistolet dans l'autre, il y eut soudain une détonation aussi forte qu'un coup de fusil. L'avant de la *chiesetta* vacilla et s'affaissa. Les flammes bondirent vers eux en rugissant.

« Notre carrosse est avancé, déclara l'Égyptien. Mais vous feriez pas mal de vous remuer si vous ne voulez pas finir en friture. »

Sur les pas de Tidyman, ils quittèrent l'enfer de la cabane en feu pour se retrouver au grand soleil. Aucune sirène d'incendie ne retentissait encore. N'était le grondement du brasier derrière eux et l'épaisse colonne de fumée qui s'élevait dans l'air marin, tout semblait normal. Raffi venait en dernier, un bras autour des épaules de Peggy, qui marchait en titubant légèrement, la tête appuyée contre lui.

Tidyman déverrouilla les portières de la vieille camionnette Fiat Ducato que Holliday avait aperçue de la barque et ils grimpèrent tous les quatre, Raffi et Peggy à l'arrière, Holliday et Tidyman à l'avant. L'air brûlant était presque irrespirable à l'intérieur du véhicule. Les premiers ululements de sirènes se firent entendre au loin, quelque part devant eux, au moment où Tidyman mettait le contact.

« Et maintenant, on décroche ! » dit Holliday.

Les flammes crevèrent soudain le toit de la cabane et jaillirent en bouillonnant vers le ciel. Holliday se renversa contre le dossier de son siège, terrassé par un cocktail d'adrénaline et de fatigue.

« Si quelqu'un trouve des corps criblés de balles dans ce barbecue, nous ne sommes pas au bout de nos ennuis », marmonna-t-il.

Il jeta un coup d'œil à l'extérieur par la vitre de Tidyman. Des gens sortaient des cabanes et contemplaient l'incendie, bouche bée. Il se trouverait bien parmi eux un petit malin qui aurait l'idée de relever l'immatriculation de la camionnette. Auquel cas il ne faudrait pas longtemps aux autorités pour lancer sur les ondes un message d'alerte tous azimuts.

Le portable de Holliday vibra dans sa poche. Il le sortit pendant que Tidyman enclenchait la première et braquait le volant. Ils commencèrent à avancer sur le chemin, dont les graviers crissaient sous les pneus. Le hurlement des sirènes se rapprochait.

« Un SMS de Caruso…

— Que dit-il ? » demanda Tidyman.

Holliday fronça les sourcils, perplexe.

« *Gare Termini. 19 h 45 précises. Tenue chic. R.S.V.P.* » lut-il à haute voix.

27

« C'est une plaisanterie ? » demanda Holliday à Vince Caruso.

Ils se trouvaient sur le quai numéro 11 de la gare centrale de Rome. À côté d'eux, l'œil rond, Raffi, Peggy et Emil Tidyman contemplaient la longue rame de wagons pimpants alignés devant eux. D'un beau bleu profond étincelant de propreté, chaque voiture était frappée d'un blason doré très décoratif comportant les lettres entrelacées VSOE. Juste sous le rebord du toit arrondi de couleur crème, un bandeau annonçait *Compagnie internationale des wagons-lits*, également en lettres dorées.

« Mon colonel, vous m'avez demandé hier soir de vous trouver un moyen de quitter Rome. Le voici ! C'est ce qu'on appelle se retirer avec panache, répondit le jeune homme, manifestement très content de lui.

— Mais enfin, Vince, tout de même ! L'Orient-Express !

— Sauf votre respect, mon colonel, c'est un très bon choix tactique. Excellent, même. D'après mes sources, la moitié des flics de Rome sont à vos trousses. Si j'ai bien compris, vous êtes impliqués dans la mort suspecte d'un prêtre du Vatican et de quelques mafieux napolitains liés à La Santa. Je ne me trompe pas, mon colonel ? J'ai bien évalué la situation ? »

Une soupape de freins émit à cet instant un sifflement assourdissant en même temps que les haut-parleurs de la gare diffusaient une annonce incompréhensible et que retentissait un coup de sifflet strident. Holliday attendit que le vacarme cesse pour répondre :

« Vous ne vous trompez pas de beaucoup, en effet.

— Donc, nous pouvons être sûrs que les aéroports sont bouclés. Et la police étant ce qu'elle est, des barrages ont probablement été mis en place sur toutes les routes. De plus, il y a davantage de caméras de surveillance à Rome qu'à New York vu que, sauf erreur de ma part, les Italiens ont connu le terrorisme bien avant les Américains.

— C'est exact.

— D'où ma solution. Qui vous soupçonnerait de chercher à fuir en train ? Et surtout à bord d'un train de luxe rempli de gros bonnets ! C'est comme si vous preniez le *Queen Mary* pour vous évader de Sing Sing… Croyez-moi, mon colonel, j'aurais préféré vous cacher à l'ambassade, vous et vos amis, mais c'est vraiment impossible. Ce serait trop dangereux diplomatiquement.

— Ne vous inquiétez pas pour ça, Vince. Je tiens à vous remercier pour tout ce que vous avez fait. Sans votre aide, jamais nous n'aurions réussi. »

Peggy, dont les traits étaient encore un peu tirés, s'approcha. Se haussant sur la pointe des pieds pour atteindre la joue de Caruso, qui mesurait bien un mètre quatre-vingt-dix sans chaussures, elle y déposa un baiser.

« Moi aussi, je tiens à vous remercier, lieutenant, dit-elle à mi-voix. Vous m'avez sauvé la vie. »

Caruso rougit comme un adolescent à son premier rendez-vous tandis qu'elle s'écartait de lui pour prendre la main de Raffi. Tidyman, lui, continuait à examiner d'un air déconcerté le décor insolite du wagon le plus proche.

Quelques voies plus loin, un train beaucoup plus moderne démarrait, le ronronnement de sa locomotive électrique s'amplifiant au fur et à mesure qu'il prenait de la vitesse. La lune commençait à apparaître à travers les verrières du toit de la gare.

« Et… en ce qui concerne les papiers d'identité ? » dit Holliday.

Caruso cligna des paupières et sortit de son envoûtement.

« Les papiers… Ah, oui ! Les voici, mon colonel, répondit-il, prenant dans sa poche une grosse enveloppe qu'il tendit à Holliday. Des passeports pour chacun d'entre vous. Déjà utilisés, mais les noms ont été changés. Des cartes de crédit, un peu de liquide… Quand vous arriverez à Paris, allez à l'ambassade. Ensuite, nous verrons.

— Parce que nous allons à Paris ? » demanda Peggy d'une voix ensommeillée.

Elle bâilla et s'appuya contre Raffi, qui ne parut pas s'en formaliser le moins du monde.

« Oui, confirma Caruso. Vos places sont réservées pour l'ensemble du trajet : Venise, Vienne, Paris. J'ai prévu une escorte qui prendra contact avec vous à

Bologne aux environs de minuit. Il s'appelle Paul Czinner. Il sait tout de vous.

— Comment le reconnaîtrons-nous ? s'enquit Holliday.

— Il a toujours une tenue débraillée et porte une chevalière de West Point. Il est des nôtres.

— Ça me va. »

Un agent de sécurité de la compagnie en blazer et pantalon bleu approcha en zigzaguant entre les voyageurs. Il pilotait un gyropode Segway. Il y avait quelque chose de bizarre dans le contraste entre cet engin ultramoderne et l'élégance des vieux wagons qui mit soudain Holliday sur ses gardes. Il détourna son regard pour ne pas attirer celui de l'homme, mais celui-ci passa près de lui sans lui prêter la moindre attention. Holliday se détendit.

« Vous vous êtes débarrassés des armes ? lui demanda tout bas Caruso.

— Oui. Dans le Tibre. »

Le quai grouillait de monde, à présent. Des retardataires en tenue ultrachic tourbillonnaient alentour comme un essaim d'abeilles, s'interpellant dans toutes sortes de langues, suivis de porteurs en uniforme bleu qui poussaient des chariots chargés de valises de grandes marques.

« Nous ne sommes pas vraiment habillés pour la circonstance, remarqua Holliday en regardant les vêtements élégants des passagers.

— Ce problème-là est réglé, assura Caruso. Vous trouverez chacun une valise pleine dans vos compartiments. »

Il tira de sa poche une deuxième enveloppe, fermée par un élastique.

« Vos billets. »

Holliday les prit.

« Comment avez-vous su quelle taille je fais ? s'enquit Peggy.

— Euh… Le colonel m'a fait une description de vous, madame, répondit le lieutenant en rougissant de nouveau jusqu'aux oreilles. Pendant l'été, je travaillais avec mon oncle Ziggy, dans le quartier des confectionneurs. Il tenait une boutique de mode dans Canal Street où il vendait des vêtements démarqués. Je traînais souvent avec des mannequins. J'ai pensé qu'un 36 vous conviendrait.

— Vous êtes un ange », dit-elle avec un grand sourire.

Le teint de Caruso passa de rouge à cramoisi. Il regarda sa montre.

« Il est temps d'y aller, mon colonel », balbutia-t-il.

Ils montèrent dans le wagon à la suite du jeune homme. L'étroit couloir était encombré, mais ils finirent par atteindre l'entrée d'un compartiment au milieu de la voiture. La porte, plaquée en loupe de palissandre ou de quelque autre bois exotique, avait des ferrures en cuivre. Dans le couloir, la moquette était ornée d'un motif cachemire dans des tons sombres et des appliques fixées au plafond dispensaient une douce lumière tamisée. Tout respirait le luxe. Holliday eut le sentiment d'entrer de plain-pied dans une photographie ancienne. Il n'aurait pas été surpris de voir surgir une princesse russe couverte de bijoux, un long fume-cigarette d'ivoire entre les lèvres.

Caruso ouvrit la porte coulissante et s'effaça pour libérer le passage. La cabine comportait un salon équipé d'une longue couchette et une deuxième pièce, séparée de la première par une cloison mobile pour le moment ouverte, où l'on voyait deux lits superposés. Ici aussi régnaient la marqueterie, le cuivre et l'impression cachemire, que ce soit sur la moquette ou le tissu d'ameublement.

Quatre petites valises noires en nylon étaient rangées sous la couchette et sur le porte-bagages à cadre de cuivre qui la surplombait. Holliday vit aussi une robe noire et plusieurs costumes pendus sur des cintres dans un étroit placard situé près de la porte. Net, ramassé, élégant.

« On appelle ce genre de double compartiment une “cabine suite”, indiqua le jeune lieutenant d'une voix altérée en regardant Peggy. Chaque voiture compte dix compartiments. Les vôtres portent les numéros 6 et 7. Il y a trois wagons-restaurants, une voiture-bar et trois wagons-lits en allant vers la queue du train ; quatre autres wagons-lits et le fourgon à bagages en allant vers la tête. Toutes les cabines sont privées. Vous avez des toilettes aux deux extrémités de la voiture. Sauf pour vous y rendre, vous n'aurez pas besoin de quitter votre suite avant l'arrivée à Paris. Le steward vous apportera vos repas si vous le désirez. Il s'appelle Mario. Voilà, je crois que c'est tout… Quelle note me donnez-vous, mon colonel ? ajouta-t-il en tendant la main à Holliday, qui la lui serra en riant.

— A+, élève Caruso.

— Bonne chance, mon colonel. »

L'ancien de West Point recula d'un pas, adressa à Holliday un énergique salut réglementaire, puis se retira.

Après avoir refermé la porte et mis le loquet, Holliday se tourna vers l'intérieur de la cabine. Peggy était déjà étendue sur la couchette, ses pieds sur les genoux de Raffi. Assis près de la fenêtre, Tidyman regardait le quai. Pour la première fois depuis l'après-midi, Holliday se rendit compte qu'ils empestaient tous la fumée.

Il ressentit une légère secousse sous ses pieds, entendit le bourdonnement d'un générateur qui se mettait en marche, puis, de façon presque imperceptible, le train se mit à avancer silencieusement et tellement en douceur qu'il eut un instant l'illusion que c'était le quai qui se déplaçait.

« Ça y est, nous avons réussi, dit Raffi.

— Je pourrais dormir une semaine entière, soupira Peggy en fermant les yeux.

— Oui, c'est une réaction classique quand on a été pris en otage par des terroristes touareg », affirma Raffi, malicieux, en lui adressant un sourire plein de tendresse.

Holliday éprouva un pincement au cœur tant le couple lui rappelait celui qu'il avait formé avec Amy, il y avait bien longtemps maintenant, avant qu'un cancer incontrôlable ne la lui enlève à jamais.

Quelques coups discrets frappés contre la porte le firent se retourner. Il déverrouilla et entrebâilla le panneau. Un bel homme d'une trentaine d'années se tenait là, vêtu d'un uni forme bleu à boutons dorés. Il portait même des gants blancs.

« Je suis Mario, votre steward pour toute la durée du voyage, *signore*, déclara-t-il. Pour votre plaisir, nous servons actuellement des cocktails dans la voiture-bar. Un buffet de nuit est également à votre disposition dans le premier wagon-restaurant.

— Je vous remercie, Mario, répondit Holliday.

— *Prego, signore.* »

Les deux hommes échangèrent un signe de tête courtois, puis Holliday referma la porte et remit la targette.

« Ça dit à quelqu'un de venir boire un verre ? demanda-t-il. Pour ma part, je dois rester debout pour accueillir ce M. Czinner à minuit, alors…

— Je passe, marmonna Peggy, déjà à moitié endormie.

— Moi aussi, répondit Raffi.

— Je viens avec vous, dit Tidyman.

— Si j'en juge par la mimique de Mario quand il m'a regardé, je pense que nous ferions mieux de nous changer avant d'y aller », suggéra Holliday.

Costumes Zegna et Armani, chemises Enrico Monti, cravates Cadini, chaussures Mirage, tous les vêtements avaient exactement la taille voulue.

Ils les avaient emportés pour s'habiller dans le second compartiment, refermant derrière eux la cloison mobile. De l'autre côté, Peggy dormait à poings fermés sur la couchette tandis que Raffi, assis, émettait des ronflements sonores. Holliday n'avait pas le cœur de les réveiller pour que Mario puisse préparer les lits superposés.

« J'ai vraiment l'impression de jouer un rôle qui n'est pas le mien », déclara Tidyman en se regardant dans le petit miroir au-dessus du lavabo.

Il passa ses doigts dans ses longs cheveux gris.

« Vous avez l'air de sortir des pages de *GQ Magazine*, répondit Holliday avec un sourire tout en nouant sa cravate club rouge et bleu.

— Un *GQ* pour vieillards, alors ! Après nos tribulations d'aujourd'hui, j'ai l'impression d'avoir mille ans. J'ai passé l'âge de jouer les James Bond.

— Je pourrais en dire autant. On va le boire, ce verre ? »

La voiture-bar était confortablement agencée, avec des bergères capitonnées disposées autour de guéridons, un comptoir avec un barman à pied d'œuvre, et un quart-de-queue sur lequel un pianiste improvisait d'après des classiques du music-hall et des morceaux de Scott Joplin. Le barman paraissait s'ennuyer à mourir et le pianiste arborait un sourire totalement factice. Les clients ne se bousculaient pas. À croire que les gens assez riches pour s'offrir un voyage en Orient-Express étaient aussi trop vieux pour faire la fête.

Les deux hommes s'installèrent à la table la plus éloignée du piano. Un serveur en spencer blanc vint prendre leur commande et ils se laissèrent aller dans leurs fauteuils. Les roues claquaient et grondaient sur les rails. À travers les vitres, le paysage se limitait à des lumières fuyantes et des formes fugitives surgies de la nuit, déformées par le ruissellement oblique de la pluie qui s'était mise à tomber dès le départ de Rome. Le serveur apporta le Martini *on the rocks* de Holliday et l'eau-de-vie de Tidyman.

« C'est proprement stupéfiant, dit celui-ci après avoir trempé les lèvres dans son verre à liqueur. J'occupe mon après-midi à tuer du monde, et je me retrouve le soir en train de déguster un calvados dans la voiture-bar de l'Orient-Express avec un costume Armani à deux mille dollars sur le dos ! Le monde est un endroit étrange, vous ne pensez pas, colonel ? »

Holliday fit tourner un instant les glaçons dans son

verre, en faisant fondre les angles, avant de répondre avec un haussement d'épaules :

« Nous sommes allés au bout de ce que nous voulions faire. Nous avons secouru Peggy. Les hommes qui sont morts aujourd'hui, et en particulier ce salopard de prêtre, s'apprêtaient à la violer, à la torturer et à l'assassiner. Ces gens-là vivent dans un monde différent du nôtre, Emil, un monde obscur qui obéit à des règles encore plus obscures. Je me suis contenté de jouer selon ces règles-là.

— Aucun remords ? Aucune compassion ?

— Pas plus qu'ils n'en auraient éprouvé en nous tuant, vous, moi ou Peggy.

— Une belle jeune femme… Elle et votre ami israélien semblent très épris.

— C'est le moins qu'on puisse dire ! » s'exclama Holliday en riant.

Il but une gorgée de son Martini, se délectant de la légère amertume.

« C'est un petit modèle, votre Peggy, reprit Tidyman avec attendrissement. En fait, elle me rappelle beaucoup ma femme… »

Sa voix se brisa et il se détourna vers la fenêtre, le regard lointain.

« Je suis désolé, Emil, dit Holliday. Je sais ce que vous éprouvez. Moi aussi, j'ai perdu ma femme.

— La douleur finit-elle par s'estomper ?

— Un peu… Comme les couleurs d'une vieille photo avec le temps. Mais elle ne disparaît jamais complètement.

— C'est bien ainsi. Je veux au moins la garder dans mon cœur… »

La voix de Tidyman se fit soudain dure, ses yeux s'assombrirent.

« Et je veux aussi garder à l'esprit ce que je ferai à ce porc d'Alhazred si je le retrouve, siffla-t-il en frappant sa paume de son poing. *Alaan abok, labo abook, yabn al gahba, okho elgahba, yal manyoch kess, ommek, o omen, yabetek !*

— Ça a l'air plutôt méchant, ce que vous venez de dire, commenta Holliday.

— Vous n'avez pas idée à quel point », murmura l'Égyptien.

Il tourna de nouveau son regard vers la vitre rayée de pluie comme s'il espérait trouver des réponses à ses questions dans la nuit noire au-delà. Ils demeurèrent ainsi un long moment sans parler. Ce fut Holliday qui rompit le silence.

« Parlez-moi de votre fille », dit-il.

Tidyman lui fit face. On aurait dit qu'il revenait à la vie. Son visage rayonnait.

Ils étaient encore dans la voiture-bar quand tous les autres clients furent partis. Le pianiste finit par jouer *Kiss Me Good Night, Dear* et s'en alla tandis que le barman se mettait à astiquer ostensiblement des verres de cristal déjà étincelants. Dehors, les lumières qui passaient devant la fenêtre se faisaient de plus en plus nombreuses à l'approche de Bologne. Holliday vérifia l'heure. Presque minuit.

Tidyman se leva en vacillant légèrement sous le double effet de la fatigue et des alcools qu'il avait bus.

« Désolé, il faut que j'aille dormir, déclara-t-il avec un sourire. Mario a sûrement fait les lits. Je prendrai celui du bas, si ça ne vous dérange pas. Je crois que grimper à une échelle serait au-dessus de mes forces, dans mon état.

— Pas de problème, répondit Holliday.

— Je vous remercie d'avoir parlé avec moi. Dans des moments comme celui-ci, il est dur de rester seul avec ses pensées.

— Tout le plaisir a été pour moi, Emil. Bonne nuit. Faites de beaux rêves !

— J'espère ne pas en faire du tout ! Bonne nuit à vous, Doc. »

Sur ces mots, Tidyman s'éloigna d'un pas mal assuré que les oscillations du train rendaient encore plus chancelant. Quand il tira la porte du sas d'accès au wagon suivant, le bruit des boggies se mua en rugissement. Puis le battant retomba derrière lui et il disparut. Holliday se remit à scruter la pluie par la fenêtre, ignorant le long regard éloquent que lui adressa le barman.

Quinze minutes plus tard, le train entra en gare de Bologne.

28

« Combien de temps dure l'arrêt ? » demanda Holliday au barman.

Prélevant cinquante euros sur la somme en liquide que lui avait donnée Caruso, il les posa sur le comptoir en merisier. L'employé jeta un coup d'œil dédaigneux au billet plié sans cesser de polir avec son torchon l'intérieur immaculé d'un verre ancien.

« Vingt minutes, *signore*. Juste le temps du changement d'équipe, répondit-il. Il vous faudra prendre garde à l'heure, sinon le train repartira sans vous, *signore*, ajouta-t-il, priant à l'évidence pour que cela arrive vraiment.

— Merci. »

Holliday faillit remettre le billet dans sa poche, mais il se ravisa et partit en le laissant sur le bar. Il dut parcourir trois wagons avant de trouver une portière ouverte sur le quai. Il descendit. Le sol était sec, mais une puissante et salubre odeur de pluie remplissait encore l'air.

Comme dans toutes les gares du monde, le quai était un long ruban de ciment constellé de taches, éclairé *a giorno* par des luminaires industriels et marqué d'une ligne jaune de sécurité le long de la bordure. Au-dessus des têtes bourdonnaient les fils d'alimentation suspendus aux caténaires.

Holliday dénombra quatre personnes sur le quai : un garçon et une fille avec des sacs à dos qui s'embrassaient à bouche que veux-tu sur un banc décoré d'une publicité pour un produit nommé Zaza ; un agent d'entretien en bleu de travail qui poussait un lourd balai, casquette de base-ball enfoncée jusqu'aux yeux ; et un homme seul, en trench-coat douteux, qui ressemblait à l'inspecteur Colombo jeune. Colombo portait une mallette à fermoirs d'un modèle ancien et un costume marron tout fripé. En voyant Holliday, il fit un petit salut de la main et se dirigea vers lui. Holliday le regarda approcher sans bouger de sa place. Il remarqua que les chaussures de l'homme étaient noires et cirées à outrance.

« Colonel Holliday ? »

La voix était râpeuse. Une voix de fumeur et de buveur, indubitablement américaine, avec des intonations du Midwest – de l'Illinois ou du Kansas, peut-être – mais un nasillement bizarre. L'homme au trench-coat semblait tendu, sur le qui-vive.

« Vous êtes Czinner, je présume ?

— Lui-même. »

L'homme tendit à Holliday une main dont l'annulaire s'ornait d'une grosse chevalière de West Point, en or et sertie d'une pierre couleur rubis. Holliday serra la main offerte en disant :

« Quel superbe talisman vous a donné là votre établissement ! »

Czinner eut un instant d'hésitation, puis comprit l'allusion.

« Ah, oui, la bague ! s'exclama-t-il en faisant tourner l'anneau autour de son doigt. J'ai perdu pas mal de poids depuis ce temps-là.

— Comment nos affaires se présentent-elles ? demanda Holliday.

— Pas trop bien… Les deux Tchèques, Pesek et sa femme, sont arrivés à Venise aujourd'hui. Nous les avons repérés à l'aéroport de Trévise alors qu'ils débarquaient d'un vol SkyEurope en provenance de Prague. Nous pensons qu'ils sont là pour exécuter un contrat sur vous et vos amis. Ils ignorent que nous les avons localisés, mais nous préférons ne prendre aucun risque. Nous vous ferons donc descendre en route.

— Où ça ? »

Czinner jeta un coup d'œil nerveux autour de lui.

« Nous ne pouvons pas parler ici, dit-il. Montons dans le train ! »

Il parcourut de nouveau d'un regard inquiet le quai, où le garçon et la fille continuaient à s'occuper l'un de l'autre sur le banc. Le balayeur était parti. Rien ne bougeait. Il y eut un sifflement de freins qu'on purgeait, un rire lointain résonna, puis ce fut le silence.

Ils grimpèrent à bord par la première portière ouverte. Déjà, des employés en uniforme bleu descendaient sur le quai à la recherche d'éventuels retardataires. Holliday et Czinner parcoururent les couloirs du train, passant d'une voiture à l'autre.

Ils traversèrent les trois wagons-restaurants au décor somptueux. Vides à cette heure, ceux-ci étaient déjà préparés pour le petit déjeuner, chaque place marquée par une serviette amidonnée, disposée en couronne, et des couverts en argent qui luisaient dans la lumière douce, chaque centre de table occupé par un soliflore en cristal prêt à accueillir une fleur fraîche. Après avoir consulté son billet, Czinner trouva enfin son compartiment et en ouvrit la porte coulissante.

« Entrez donc, mon vieux ! dit-il en s'effaçant.

— Après vous », insista poliment Holliday.

L'homme au costume chiffonné haussa les épaules et pénétra dans la petite cabine, Holliday derrière lui.

Le compartiment était de moitié plus petit que la suite réservée par Caruso. Il comportait une unique banquette, convertie en couchette pour la nuit, et une tablette pliante sous la fenêtre. Se glissant entre la tablette et la couchette, Czinner baissa le store roulant.

« On n'est jamais trop prudent », commenta-t-il.

Il s'assit sur le lit et invita Holliday à prendre place à sa droite en tapotant la couverture tirée au carré. Pendant que Holliday s'installait à côté de lui, il tira de sa poche un horaire de la compagnie Trenitalia et une carte, qu'il posa sur la table. Caruso n'avait pas exagéré en parlant du débraillé de Czinner. Celui-ci arborait en effet une authentique tache de moutarde sur le nœud Windsor de sa cravate, et son trench-coat empestait la naphtaline. En revanche, il était parfumé à l'eau de toilette Roger & Gallet. Holliday se serait plutôt attendu à de l'Old Spice, ou quelque chose de ce genre.

Czinner prit dans sa poche intérieure un gros stylo à bille qui devait coûter une fortune puis ouvrit l'horaire des trains à une page préalablement cornée et désigna avec son stylo un point sur la carte.

« Bologne est ici, dit-il. Et voici la ligne principale qui traverse le Pô une cinquantaine de kilomètres au nord d'où nous sommes, au niveau de Pontelagoscuro – un bled de six mille habitants sans intérêt, mais qui possède un viaduc ferroviaire sur le fleuve… Vous me suivez, colonel ?

— Oui, oui. Tout à fait », acquiesça Holliday.

Il y eut un coup de sifflet retentissant à l'extérieur du train, qui s'ébranla et commença à prendre de la vitesse. Czinner tourna de nouveau son attention vers la carte.

« À l'allure où nous roulons, nous serons là-bas dans environ quarante-cinq minutes. Les trains à grande vitesse et les convois plus lents, comme celui-ci, empruntent tous le pont. Nous avons bloqué au rouge les signaux à l'entrée de l'ouvrage et notre *Orient-Express* s'arrêtera pour laisser passer un TGV venant de la direction opposée. Il faudra au moins dix minutes aux conducteurs pour comprendre que les signaux sont en panne et qu'aucun train n'arrive en face, ce qui nous laisse plus de temps qu'il en faut pour descendre.

— Et ensuite ?

— Il y a un sentier qui mène au fleuve. Le terrain est assez plat et les berges en pente douce. Un bateau vous attendra sous le pont. Il vous conduira jusqu'à Ferrare, en amont, où nous avons prévu un avion qui vous transportera en Suisse.

— Remarquable d'efficacité, commenta Holliday. Surtout pour un plan élaboré dans l'urgence. Je suis impressionné…

— C'est notre métier », dit Czinner, modeste.

Il appuya sur le mécanisme de son stylo à pointe rétractable et il y eut comme un éclair. À cet instant, les lampes du compartiment clignotèrent et s'éteignirent brièvement, sans doute à cause d'une caténaire défaillante. Czinner passa à l'action. Mais Holliday, depuis longtemps sur ses gardes, le devança.

Quand Czinner, d'un brusque revers du bras, voulut lui planter le stylo dans la gorge, il para le coup de sa main gauche tout en lui plaquant fermement la paume de la droite sous le menton. La tête rejetée en arrière, Czinner lança ses jambes, qui heurtèrent avec fracas le dessous de la tablette. Se tournant alors, Holliday lui emprisonna le bras droit avec son coude et le lui tordit jusqu'à ce qu'il entende un os craquer. Czinner hurla. Se servant de nouveau de son coude, Holliday le fit taire d'un coup violent au visage qui lui brisa les dents et lui ensanglanta le nez, puis, dans un même mouvement, il s'empara de son poignet droit pour le lui plier en arrière selon un angle impossible. Il y eut un nouveau craquement et les doigts inertes du tueur lâchèrent le sinistre stylo. Le temps que Holliday le ramasse, Czinner était parvenu à sortir de sous son trench-coat un Walther P22 dont il tentait fébrilement d'ôter le cran de sûreté avec sa seule main gauche.

Holliday n'hésita pas. Du même revers de bras fulgurant qu'avait tenté d'utiliser contre lui son adversaire, il lui enfonça l'aiguille du stylo hypodermique dans la gorge. Czinner fut aussitôt pris de convulsions. Ses pieds se mirent à frapper le sol, ses bras à battre l'air avec des soubresauts. Ses yeux se révulsèrent tandis que des spasmes lui contractaient la gorge. L'écume à la bouche, il étouffait en émettant d'horribles râles. Enfin, son dos se cambra et sa langue gonflée jaillit entre ses lèvres. Dans un dernier spasme, il s'affaissa sur la couchette, ses joues empourprées parodiant d'une manière grotesque les couleurs de la santé florissante, ses yeux grands ouverts contemplant l'éternité. Curare, strychnine ou quelque chose d'approchant, songea Holliday. Comme ce qui avait tué son agresseur de West Point. Il regarda le cadavre, conscient qu'il s'en était fallu d'un centième de seconde pour qu'il soit étendu là à sa place.

Ôtant le pistolet de la main sans vie de Czinner, il le mit dans sa propre poche. Puis il fit de même avec la chevalière de West Point.

« Là où tu vas, tu n'auras pas besoin de tout ça », murmura-t-il.

Un léger toc-toc à la porte le fit sursauter.

« *Biglietto, signore* », fit une voix paisible.

Pour une raison quelconque, le contrôleur pensait que l'occupant du compartiment était italien.

« *Momento* », répondit Holliday.

Il fouilla frénétiquement les vêtements du mort et trouva la pochette bleu et vert contenant le billet. Après avoir éteint le plafonnier, il écarta le panneau coulissant de quelques centimètres et passa le titre de transport par la fente.

« *Grazie* », dit le contrôleur.

Holliday entendit le bruit d'un coupon qu'on détachait puis le billet reparut dans l'ouverture.

« *Conserva il biglietto fino alla fine del viaggio, signore !* »

« Conservez votre billet jusqu'à la fin du voyage ! » crut comprendre Holliday.

« *D'accordo, grazie*, répondit-il.

— *Prego. Buona serata, signore.* »

« Bonne nuit », devina Holliday.

« *Buona serata* », risqua-t-il.

Refermant la porte, il serra les paupières et retint son souffle tout en adressant au ciel une prière muette.

Mais le contrôleur poursuivit son chemin dans le couloir et Holliday poussa un soupir de soulagement. Il demeura ainsi un long moment, debout dans l'ombre, le dos contre la porte, regardant la masse sombre du cadavre sur la couchette. L'arrivée à Venise était prévue pour 3 heures du matin, mais les passagers ne seraient pas réveillés avant l'annonce du petit déjeuner, servi à partir de 7 heures, après lequel ils iraient visiter la vieille cité des doges, des canaux et des gondoles. Cela lui donnait une avance d'environ sept heures. C'était peu, mais il faudrait s'en contenter. Il ralluma et, serrant les dents, il entreprit de fouiller de façon plus systématique les poches de Czinner dans l'espoir d'y trouver quelque chose qui pourrait lui servir.

L'homme avait sur lui deux passeports, dont un américain, noir et or, au nom de Peter Paul Czinner, quarante-deux ans, né à Chicago, dans l'Illinois. La photo, lourdement tamponnée, était à l'évidence trop ancienne, mais, si l'on n'y regardait pas de trop près, elle aurait pu passer pour celle de l'homme qui gisait sur la couchette.

Le second document était un passeport diplomatique du Vatican au nom d'un certain John Pargetter, de Toronto, au Canada – ce qui expliquait le nasillement bizarre. Si l'on en croyait ce qu'indiquait la rubrique « Profession », Pargetter était un photographe officiel du Saint-Siège. Le visage que montrait la photo était sans conteste celui du mort. Une opération montée par le père Thomas ? C'était vraisemblable. Ces gens-là semblaient être infiltrés partout, alors pourquoi pas à l'ambassade américaine ? Ils avaient eu vent d'une façon ou d'une autre du scénario élaboré par Caruso et avaient envoyé le nommé John Pargetter pour intercepter Czinner et prendre sa place. Le coup avait bien failli réussir.

En plus des passeports, il y avait un porte-billets contenant dix mille euros en grosses coupures, une clé unique attachée à un porte-clés en cuir usé, un couteau pliable à manche de corne et talon de cuivre, et un silencieux Gemtech pour le semi-automatique Walther P22. Le mort portait au cou une médaille pieuse en or : un saint Nicolas barbu, chauve et émacié. Holliday grimaça un sourire. Le faux Czinner avait-il eu de l'humour ? Nicolas était le saint patron des services de renseignements militaires !

Dédaignant la médaille, il prit le couteau, le silencieux, la clé et le porte-billets, puis il se redressa et consulta sa montre. Ils seraient au pont dans moins de vingt minutes. Il devait se dépêcher de réveiller les autres. Ils n'avaient plus guère de temps. Il éteignit de nouveau, entrouvrit la porte, jeta un coup d'œil à l'extérieur… Dans la faible lueur des plafonniers, le couloir était vide. Ouvrant le panneau en grand, il sortit du compartiment et referma résolument derrière lui.

Il marcha à pas de loup jusqu'au bout du couloir en se dirigeant vers la queue du train, puis il se faufila dans le wagon suivant. Un steward sommeillait dans une petite alcôve, en face des toilettes. Holliday passa devant lui sans bruit, continuant son chemin. Le wagon suivant était le sien. La porte du réduit où dormait Mario était fermée. Il avança jusqu'à la cabine numéro 7 en priant pour que Tidyman ait pensé à ne pas mettre le verrou. Il tira sur la poignée de cuivre et constata avec soulagement que la porte s'ouvrait sans difficulté. Il entra, se retourna pour refermer…

Le temps s'arrêta.

Dans la lueur violette de la veilleuse, un homme en bleu de travail, accroupi, était en train de fouiller une valise. Le balayeur de la gare de Bologne. Emil Tidyman était étendu sur son lit, paupières closes, la gorge barrée par une plaie béante aux lèvres caoutchouteuses d'où un filet de sang continuait à s'écouler sur les draps déjà détrempés. Assassiné en pleine nuit, dans son sommeil, par un voleur qui ne lui avait laissé aucune chance.

L'intrus en bleu de travail se leva tout en se tournant. Il tenait un gros poignard de commando à manche gainé de gomme. Bouche bée, horrifié, Holliday reconnut le visage hagard de Rafik Alhazred, qui le regardait avec des yeux de fou. Puis le terroriste se précipita sur lui couteau levé en sifflant entre ses dents : « *Wad al haram !* »

Des années plus tôt, un sergent instructeur des rangers affublé du patronyme de Francis Marion – le héros de la guerre d'Indépendance immortalisé par le film *Le Chemin de la liberté* – avait appris deux choses à Holliday : la première, qu'il faut être un véritable crétin pour exprimer ses états d'âme pendant un combat au couteau ; la deuxième, qu'il faut être un crétin véritable pour tenter de poignarder son adversaire de haut en bas comme Anthony Perkins dans *Psychose*.

Holliday suivit à la lettre les enseignements de Francis Marion. Il shoota dans le genou d'Alhazred et lui envoya son propre genou dans l'aine tout en lui écrasant le cartilage du nez avec le plat de sa paume.

Le couteau dévia vers l'avant-bras de Holliday, entamant la manche de son costume et la peau en dessous, puis Alhazred s'abattit à plat ventre sur le sol. Holliday poursuivit son attaque sans se préoccuper de sa blessure. Après avoir désarmé son assaillant d'un violent coup de talon sur le poignet, il se laissa tomber de tout son poids, genou en avant, sur sa nuque, qui se brisa dans un craquement humide. Puis il se releva, haletant, son bras dégouttant de sang, et s'adossa à la cloison en luttant pour reprendre son souffle.

« Immonde pourriture, murmura-t-il. Tu as réussi à tuer mon ami. »

Le train ralentit et s'arrêta brutalement. Ils avaient atteint le viaduc sur le Pô. Holliday essaya d'ouvrir le panneau de communication entre les deux compartiments, mais il était verrouillé.

« Raffi ! » appela-t-il en tambourinant contre le bois.

Il y eut un silence, puis un gémissement.

« Qui est-ce ? demanda l'Israélien.

— Doc ! Ouvrez !

— Quelle heure est-il ? fit la voix ensommeillée de Peggy.

— Mais ouvrez donc, bon sang ! »

Soupir, nouveau gémissement, bruit de quelqu'un qui se déplace, glissement de la tige du verrou dans sa gâche, puis enfin, le panneau s'ouvrit. Raffi se tenait debout dans l'encadrement, les yeux bouffis, mais toujours habillé. Peggy, les cheveux en bataille, était assise sur la couchette derrière lui. Bien qu'embrumé, le cerveau de Raffi finit par assimiler ce qu'il voyait, et en particulier le bras ensanglanté de Holliday.

« Qu'est-ce que… » commença-t-il.

Puis il aperçut les deux corps à l'arrière-plan.

« Oh, mon Dieu ! s'exclama-t-il d'une voix blanche. Qu'est-ce qui s'est passé ?

— Pas le temps d'expliquer, répondit Holliday, qui entra dans le compartiment et referma le panneau de communication. Tidyman est mort. Il faut que nous descendions du train. Tout de suite.

— Mais… intervint Peggy, manifestement dépassée.

— On ne discute pas, mon petit, il y a urgence », coupa Holliday.

Il ouvrit la porte et coula un regard à l'extérieur. Personne. Tout le monde dormait. Par les fenêtres du couloir, il voyait des lampes à arc dont la lumière jaune se reflétait dans les eaux du fleuve. En amont, au-delà d'une petite zone industrielle assoupie à l'entrée d'un bourg, un pont routier peu élevé enjambait le Pô qui semblait mesurer dans les trois cents mètres de largeur à cet endroit.

« Allons-y ! » ordonna-t-il par-dessus son épaule.

Encore un peu hébétés de fatigue, Raffi et Peggy le suivirent jusqu'au bout du wagon. Parvenu devant la portière, il l'ouvrit et sortit sur le marchepied, que Mario, réveillé par l'arrêt du train, avait déplié pour descendre voir ce qui se passait. Quand le steward aperçut de loin Holliday et les deux autres à la portière, il se précipita aussitôt vers eux, ses semelles crissant sur le ballast, tout en secouant la tête et en leur faisant signe de reculer.

« Non, non, s'il vous plaît, *signore ! La prego !* Restez dans le train ! s'exclama-t-il. Il n'y a pas de danger. Nous avons stoppé à cause du *segnale* – du signal, oui ? Rentrez dans le wagon, *signore*, je vous en prie ! »

Puis il vit le sang qui gouttait du bras de Holliday et il pâlit. Sortant le Walther de sa poche, Holliday le pointa vers l'employé.

« *Signore ?* bredouilla celui-ci.

— Reculez ! » dit Holliday en descendant les marches, arme toujours braquée.

Le steward obéit, les yeux rivés sur le petit pistolet noir. Une fois au sol, Holliday adressa de sa main libre un signe à Raffi et Peggy pour qu'ils le rejoignent, ce qu'ils firent aussitôt. Puis il abaissa le semi-automatique, qu'il laissa pendre au bout de son bras, et, se tournant vers la gauche, il suivit du regard l'alignement de wagons jusqu'au pont. Celui-ci était constitué de deux tabliers parallèles, chacun supportant une voie. Les deux voies convergeaient sur un aiguillage, à la hauteur du signal à deux feux superposés – tous les deux au rouge – devant lequel était arrêtée la locomotive. La berge du fleuve se trouvait soixante mètres au-delà de ce point.

Soudain, le feu du dessus s'éteignit et l'autre passa au vert. Le sifflet du train retentit.

« Mario, je veux que vous m'écoutiez attentivement, dit Holliday d'une voix calme, mais ferme.

— Oui, *signore*.

— Je veux que vous remontiez dans le train et que vous retourniez à votre compartiment.

— Oui, *signore*, répéta le steward en hochant la tête.

— Une fois dedans, n'en sortez plus ! Si je vous revois, si le train s'arrête de nouveau, ou si quelqu'un nous poursuit, je vous abats. *Capisce ?*

— Oui, *signore*.

— Bien. Exécution !

— Oui, *signore* », acquiesça Mario avec zèle.

Holliday s'écarta pour le laisser passer. Il y eut un nouveau coup de sifflet. Mario grimpa à bord, replia le marchepied et claqua la portière. Holliday observa un instant le convoi, sceptique. Le steward s'était probablement déjà mis à la recherche du contrôleur.

« Qu'est-ce qu'on fait, maintenant ? s'enquit Raffi.

— On court », répondit Holliday.

Lui en tête, ils partirent ventre à terre le long de la voie en direction du fleuve, éclairés comme en plein jour par les lampes à arc qui encadraient l'entrée du pont. Le train se mit en marche à côté d'eux en sifflant une troisième fois, et le deuxième feu du signal passa au vert. Toujours pas d'alarme. Les wagons les dépassaient de plus en plus vite. Holliday se prit à espérer. Ils allaient peut-être finir par s'en tirer, en fin de compte ! La motrice atteignit le viaduc et la rame s'y engagea dans un bruit de tonnerre.

Ils arrivèrent à leur tour aux premiers piliers de l'ouvrage, et Holliday aperçut le sentier qui descendait entre les deux tabliers, exactement comme dans la description du faux Czinner. Il s'arrêta pour reprendre haleine, mains appuyées sur les genoux. Raffi et Peggy le rejoignirent.

« J'aimerais quand même bien savoir où nous en sommes, dit l'Israélien. Je croyais que vous deviez rencontrer Czinner. Et maintenant voilà que Tidyman est mort ?

— Czinner aussi est mort… Ou du moins le type qui se faisait passer pour lui. Un membre de la bande du prêtre. Un imposteur. »

Les dernières voitures du convoi passèrent dans un grondement puis ils se retrouvèrent seuls au bord des voies vides. Mario avait apparemment pris la menace au sérieux. Holliday vérifia si le Walther était chargé. Il l'était. Il remit en place le chargeur, qui se cala dans son logement avec un déclic de mécanique teutonne bien huilée.

« Qu'est-ce que nous faisons ici ? demanda Peggy d'une voix lasse.

— Nous prenons l'issue de secours qu'avait prévue Czinner pour lui-même », répondit Holliday.

Il fouilla dans sa poche et en sortit le silencieux, qu'il vissa sur le canon court du pistolet.

« Vous vous attendez à des problèmes ? s'enquit Raffi en regardant l'arme.

— On ne sait jamais. Le transport de Czinner est en bas, mais j'ignore s'il y a un conducteur.

— Je ne veux pas que Peggy risque quoi que ce soit », avertit l'Israélien.

Il entoura d'un bras protecteur les épaules de la jeune femme, qui se dégagea.

« Je suis assez grande pour me défendre toute seule, Raffi, affirma-t-elle d'un ton agacé.

— De toute façon, vous restez là tous les deux et vous ne bougez pas avant que je vous appelle en sifflant *Dixie's Land*, dit Holliday.

— *Dixie's Land*, répéta Raffi.

— L'équivalent pour les petits Blancs du Sud de ce qu'est *Hava Nagila* pour les Israéliens », expliqua Peggy.

Raffi sembla encore plus perdu.

« Bon, bref, vous restez là jusqu'à ce que vous m'entendiez siffler ! » ordonna Holliday.

Les laissant là, il descendit le sentier qui s'enfonçait entre les deux tabliers et tournait sous celui de gauche pour suivre la berge envahie d'aulnes et de saules qui masquaient le fleuve. Les puissantes lumières du viaduc se trouvaient à présent derrière Holliday, et il avançait dans le noir. Il entendait le clapotis de l'eau contre la rive boueuse en contrebas, et aussi le son différent de vaguelettes venant lécher la coque d'une embarcation.

Une silhouette dégingandée surgit soudain de l'obscurité, droit devant lui. Un homme en pull-over noir qui portait une arme à la bretelle. Rien qu'à la forme, Holliday reconnut un vieux Colt Commando de la guerre du Vietnam, le dérivé à canon court du M16. L'homme prit son fusil en main. Il était à moins de dix mètres.

« *Padre ?* » chuchota-t-il d'une voix rauque.

Holliday n'attendit pas le déclic d'armement de la culasse. Levant le Walther à deux mains, il visa la poitrine de son vis-à-vis et tira six fois de suite à intervalles rapprochés. Amorties par le silencieux, les détonations ne firent pas plus de bruit que des brindilles sèches qui se cassent.

Il ignorait qui pouvait bien être l'homme qui s'était fait passer pour Czinner, mais son professionnalisme ne faisait aucun doute : ses munitions devaient être subsoniques pour que les décharges soient si discrètes. Probablement des Fiocchi Super Match, puisqu'on était en Italie. L'homme en noir s'effondra tel un sac vide, face contre terre.

« Eh bien, non, dit Holliday entre ses dents. Je ne suis pas ton *padre* flingueur. »

Il resta un moment aux aguets. Rien ne bougeait.

Seul le murmure de l'eau perturbait le silence. Il s'approcha de l'homme, pistolet pointé sur sa nuque, puis se baissa pour lui tâter le pouls. Rien. Le contraire aurait d'ailleurs été surprenant après un tir à si courte distance. Il se redressa.

Quelques pas derrière le cadavre, un vieux hors-bord en bois aux formes effilées était amarré à un débarcadère en ciment à moitié en ruine qui devait dater de la construction du viaduc. Holliday en avait vu un identique, des années plus tôt, dans les ruines de la résidence d'été de Milosevic, sur le Danube.

Le bateau était un Ravi Aquarama – la Ferrari des vedettes rapides, si l'on croyait sa réputation –, un rêve nautique en acajou conçu par les Italiens pour concurrencer n'importe quel modèle de chez Chris-Craft. D'une longueur de neuf mètres, il était équipé de moteurs Cadillac qui lui permettaient de voler sur l'eau à près de cinquante nœuds.

Mais chaque chose en son temps… Holliday dévissa le silencieux du Walther et remit dans sa poche l'arme et l'accessoire. Puis il jeta le fusil d'assaut dans le fleuve après l'avoir tiré de sous le corps sans vie. Cela fait, il saisit le mort sous les aisselles, le traîna sur les galets de la berge et le fit rouler dans les taillis. Peggy avait vu suffisamment de cadavres comme cela, inutile de lui en imposer un de plus.

Enfin, satisfait de son travail, il remonta sur le sentier et siffla les premières mesures de la vieille chanson populaire devenue, il y avait bien longtemps et on ne sait pourquoi, l'hymne d'une armée qui marchait vers la défaite. Tout en modulant la mélodie, il eut l'impression que le poids du monde lui tombait sur les épaules, et il éprouva la sensation de vide que l'on ressent après une bataille. Il siffla encore quelques notes puis se dirigea vers le bateau.

Montant sur le pont bombé, il sortit de sa poche le porte-clés de cuir qu'il avait pris au faux Czinner. Il s'installa derrière le volant de bakélite blanc, introduisit la clé dans le contact et tourna la commande du démarreur bâbord. Il y eut un toussotement, puis l'imposant moteur s'ébroua dans un grondement sourd. Il procéda de même avec le moteur tribord.

Une très légère traction sur la manette des gaz suffit à transformer le marmonnement des deux puissants V8 en un rugissement étouffé. Holliday sourit. Il avait l'impression de tenir deux tigres en laisse.

« Emil Tidyman aurait aimé ça », songea-t-il tristement.

Puis Raffi et Peggy sortirent de l'ombre et son moral remonta aussitôt en flèche.

« Ouah ! s'exclama Raffi en découvrant le horsbord.

— Super, dit Peggy. Je peux conduire ?

— Non, répondit Holliday. Détache l'amarre ! On rentre à la maison. »

Et c'est ce qu'ils firent.

29

Holliday était assis à son bureau dans sa petite maison de Professors Row, à West Point. Dehors, la première neige recouvrait le sol et un feu brûlait dans l'âtre. En cette veille de Thanksgiving, le campus était désert une fois de plus. Tous les gens qui avaient un foyer étaient rentrés chez eux pour les vacances.

Son regard fit le tour de la pièce, s'arrêtant aux étagères dégarnies, aux cartons qui encombraient le plancher, prêts à partir pour le garde-meubles. La maison ne serait bientôt plus qu'une coquille vide, ses murs dénudés, ses pièces démeublées. Un lieu sans âme.

Il avait été entièrement blanchi par l'enquête sur la mort du tueur qui l'avait agressé le jour où Raffi s'était présenté chez lui pour réclamer de l'aide. Ses fonctions à la tête du département d'histoire de l'Académie militaire des États-Unis étaient arrivées à leur terme. Il avait donné sa démission, décliné l'offre d'un renouvellement de contrat, signé tous les papiers officiels. La vie telle qu'il l'avait connue n'existait plus, comme l'écrivaient jadis les auteurs de science-fiction. Il était désormais sans emploi et sans domicile.

Peggy vivait à Jérusalem avec son époux tout neuf. Il était seul.

Curieusement, il s'accommodait très bien de cette situation. En fait, il avait hâte de savoir ce que l'avenir lui réservait. De son périple africain sur les traces de Peggy, il avait au moins retenu que la vie et l'amitié étaient des biens précieux et que le seul trésor véritable était le temps.

Les yeux sur les flammes dansantes, il revit en pensée la fin de l'aventure. Après avoir descendu le Pô jusqu'à l'Adriatique en hors-bord, ils avaient tourné le dos à Venise pour suivre la côte vers le sud et atteindre Ravenne, d'où ils avaient pu gagner Paris sans difficulté. C'est là qu'ils s'étaient séparés.

Pendant leur dîner d'adieu au restaurant Terminal R de l'hôtel Radisson Blu, près de l'aéroport Charles-de-Gaulle, Raffi lui avait demandé à quoi il avait vu que le faux Czinner était un imposteur. Avec un sourire, Holliday avait posé sur la table la chevalière de West Point qu'il gardait dans sa poche en récitant :

«"Quel superbe talisman vous a donné là votre établissement."

— *Je vous demande pardon ?* s'était exclamé Peggy en français, avec un accent épouvantable.

— Czinner a eu exactement la même réaction que toi quand je lui ai dit ça, et c'est ce qui m'a mis la puce à l'oreille, avait répondu Holliday. Il s'est repris, mais pas assez vite, et j'ai compris qu'il ne connaissait pas West Point. À partir de là, je me suis tenu sur mes gardes.

— Je ne comprends toujours pas, avait dit Raffi en prenant la bague pour l'examiner avec toute l'attention d'un archéologue sondant le mystère d'un objet ancien.

— Cette phrase est extraite d'un poème que tous les cadets de West Point ont appris, avait expliqué Holliday. C'est une sorte de rituel :

Mon Dieu, monsieur, quelle jolie bague vous avez là !
Que de verre dans son chaton !
Que d'or et de laiton !
Comme cette fine œuvre d'orfèvre
orne fièrement votre doigt !
Quel superbe talisman vous a donné
là votre établissement !
Voyez comme il brille et chatoie !
Il vous a coûté une fortune assurément.
S'il vous plaît, monsieur, puis-je le toucher ?
Monsieur, s'il vous plaît, laissez-moi le toucher !

— Dans le genre vers de mirliton, on ne fait pas mieux ! » avait commenté Peggy.

Toujours perplexe, Raffi avait reposé la chevalière sur la table. Holliday l'avait remise dans sa poche. Les nom et prénoms du vrai Czinner y étaient gravés, et il comptait l'envoyer à Caruso, à l'ambassade, pour que celui-ci puisse la faire parvenir à qui de droit.

« Comme je vous le disais, avait-il repris, poursuivant son explication, il s'agit d'un rituel. D'un rituel de bizutage. Dans le temps, tous les cadets de première année devaient apprendre ces vers par cœur, sous peine de "mort" – c'est-à-dire sous peine de se faire passer un savon et d'être soumis à une corvée particulièrement pénible. Quand un nouveau croisait un cadet de dernière année qui portait sa bague, il devait le saluer, se mettre à genoux et réciter le poème. Si un seul poème restait dans la mémoire des cadets, c'était bien celui-là ! La tradition se perpétue, d'ailleurs, sauf qu'on n'exige plus du bizuth qu'il se mette à genoux à présent.

— Quel étrange endroit que ce West Point ! s'était exclamé Raffi, moqueur. Qu'est-ce que c'est que cette école militaire dont le premier directeur a trahi sa patrie, où l'on tente d'assassiner les gens, et où vous nous dites maintenant qu'on obligeait des élèves à s'agenouiller pour réciter des vers lamentables ? C'est à se demander comment vous avez pu gagner tant de guerres ! avait-il ajouté, affectant un air consterné.

— Vous avez cent fois raison, mais que voulez-vous… Rien ne vaut son chez-soi », avait répondu Holliday.

Et maintenant, il n'était plus chez lui, ici. West Point appartenait au passé.

Le passé…

Holliday esquissa un sourire en regardant pétiller son feu tandis que la bise de novembre secouait les fenêtres avec furie. S'il n'avait plus vraiment de maison, il possédait au moins quelque chose qui lui permettrait de trouver le chemin d'un nouveau chez-lui… et celui qui menait à l'or caché d'Alhazred. Un or qu'il se promettait bien d'aller rechercher pour le restituer aux héritiers de ses propriétaires légitimes.

Il ouvrit un tiroir et en sortit le seul souvenir qu'il ait rapporté de sa terrible équipée dans le désert : deux petites lattes de bois noircies par le passage de plusieurs millénaires, chacune longue de vingt centimètres et portant de minuscules symboles et chiffres gravés, l'une percée d'un trou carré correspondant exactement aux dimensions de l'autre.

Assemblées, elles formaient une croix dont une traverse coulissait à travers l'autre, légèrement plus épaisse. Cette croix, délaissée par les pillards, était identique à celle que portait Imhotep sur la fresque au navire ornant le mur de sa tombe. Holliday l'avait trouvée au fond de l'énorme sarcophage de pierre.

Comprenant immédiatement ce qu'étaient ces morceaux de bois – bien plus précieux que les tonnes de lingots d'or empilés dans la tombe –, il les avait pris et était parvenu à les garder cachés sur lui jusqu'à la fin de son odyssée.

Et maintenant, il avait entre les mains ces deux réglettes qui auraient pu assurer une gloire éternelle aux archéologues de Jérusalem ou à Rafik Alhazred. Ces deux réglettes qui constituaient un *organum sanctum*, « un instrument de Dieu », autrement prestigieux que la grotesque société secrète du même nom à laquelle appartenait le père Thomas.

Il les emboîta l'une dans l'autre et les fit coulisser. Il y avait presque autant d'élégance dans la conception de ce petit instrument que dans l'idée qu'avait eue Imhotep de construire les gigantesques pyramides de son pays d'adoption sur un modèle adapté des tombes en ruche de sa terre natale, presque autant de simplicité et de génie, d'une certaine façon, que dans la célèbre équation $E = mc^2$.

Correctement disposés et orientés vers le soleil, ces deux bâtons, dont les symboles indiquaient des valeurs angulaires, constituaient le premier instrument de navigation ayant permis à l'homme de s'éloigner des côtes et de traverser les mers. Un « instrument de Dieu » au sens propre du terme pour un homme comme Imhotep, qui croyait en Râ, le dieu soleil, et, à titre plus personnel, en un autre dieu : celui de la connaissance.

Quoique plus simple, l'instrument n'était pas différent dans son principe du bâton de Jacob, ainsi nommé en l'honneur de son inventeur, Jacob ben Machir ibn Tibbon, un astronome juif provençal du XIIIe siècle. En vérité, on pouvait dire qu'Imhotep avait créé le premier bâton de Jacob environ quatre mille ans avant Tibbon. Et cela ouvrait des perspectives jusque-là insoupçonnées que semblait corroborer le sujet de la fresque décorant la tombe.

Qui pouvait jurer, en effet, que le paysage peint sur cette fresque était celui du pays quasi mythique de Pount ? L'île représentée ne pouvait-elle pas aussi bien être Manhattan, et la rivière Hudson, qui coulait vers l'Atlantique à quelques centaines de mètres de l'endroit où il se trouvait, derrière les collines ? Imhotep n'avait-il pas pu traverser la mer océane sur son grand bateau trois mille ans avant notre ère et prendre possession du Nouveau Monde au nom de son pharaon Djoser quatre mille cinq cents ans avant que Colomb ne le fasse au nom des souverains d'Espagne ?

Récemment, des barques funéraires enfouies dans le sable avaient été mises au jour près de la tombe de Ramsès, dans la vallée des Rois : des bateaux deux fois plus longs que ceux utilisés par Colomb pour voyager jusqu'aux Antilles. Il n'était donc pas impensable qu'Imhotep ait précédé le Génois. Et si c'était le cas, il y avait là matière à réveiller les historiens qui dormaient sur leurs deux oreilles.

Holliday remit la petite croix de bois dans le tiroir

où il avait aussi rangé le carnet des Templiers à la couverture tachée de sang que lui avait confié le vieux prêtre défroqué Rodrigues. Tandis que le feu s'éteignait dans la cheminée et que le froid gagnait dans la pièce, il songea à Imhotep, à l'or, au passé. Puis ses pensées se tournèrent vers l'avenir.

Emil Tidyman avait eu raison d'affirmer que l'or et le pouvoir faisaient ressortir ce qu'il y avait de pire chez la plupart des gens. De nombreuses personnes avaient perdu la vie à cause des lingots de Rauff, et il y avait fort à parier que la liste n'était pas close. Holliday était à peu près certain que le père Thomas n'en avait pas fini avec lui. Où qu'il aille, leur duel se poursuivrait. Des comptes restaient à régler.

Et des lettres à écrire.

Il prit quelques feuilles dans son tiroir, ainsi qu'un stylo-feutre et un carnet en moleskine tout neuf. Cela lui avait pris du temps, mais, après de nombreux coups de téléphone, il avait fini par découvrir les noms des quatre hommes qui formaient l'équipage du B-17 maudit *Votre plus cher désir*.

Le *Flieger-Stabsingenieur* (commandant) Johann Biehl, pilote ; le *Flieger-Hauptingenieur* (capitaine) Hugo Dahmer, copilote ; les *Flieger-Oberingenieurs* (lieutenants) Gerhard Fischer, mécanicien navigateur, et Willi Noller, opérateur radio.

Il avait aussi trouvé les noms des proches de ces malheureux – tous des enfants survivants –, et il avait décidé d'écrire à chacun d'entre eux une lettre l'informant de la découverte de l'avion et du sort de leur père que le monde avait oublié. C'était bien le moins qu'il pouvait faire.

Et puis il y avait Tabia, la fille d'Emil Tidyman.

La localiser lui avait réclamé encore plus de temps, mais, en faisant jouer quelques relations et en appelant certains intermédiaires, il avait obtenu le nom et l'adresse d'un contact qui ferait parvenir sa lettre aux gens qui veillaient sur elle.

Quelqu'un la lirait-il aussitôt à la petite ? La lirait-elle elle-même plus tard ? Peu importait. Depuis son retour à West Point, il avait eu tout le temps de penser à ce qu'il voulait dire, si bien que les mots lui venaient facilement.

Dans le froid de la nuit, il se mit donc à rédiger, son stylo courant sans peine sur le papier, assemblant les mots d'une histoire où se mêlaient amitié, amour, crime et rédemption. L'histoire d'un homme qui avait cru à l'amitié quel que soit le prix à payer, d'un homme, surtout, dont Tabia n'avait pas à rougir de faire son héros comme toutes les enfants le font de leur père. Il écrivit longtemps, puis, quand il eut terminé, il posa son stylo et se redressa en souriant. Pour Tabia, au moins, les mauvais jours touchaient peut-être à leur fin.

Dehors, le vent d'automne ébranlait de ses coups de boutoir les gouttières et les vitres bordées de givre comme un prophète de malheur annonçant au monde des cauchemars à venir. Holliday cessa de sourire et fronça les sourcils en contemplant les cendres de son feu éteint : si les ennuis de Tabia étaient terminés, il semblait bien que les siens ne faisaient que commencer.

La Trilogie Nostradamus de MARIO READING

POCKET N° 15630

LES PROPHÉTIES PERDUES

1566. Sachant sa fin proche, Nostradamus dissimule ses quatrains prophétiques, les plus importants qu'il ait jamais écrits...

De nos jours. L'écrivain Adam Sabir rencontre un Tzigane prétendant posséder les fameuses prophéties perdues avant de disparaître...

L'HÉRÉSIE MAYA

1562, Yucatán, Amérique latine. Un moine franciscain lance l'Inquisition contre le peuple maya, accusé d'hérésie et l'ordonne un autodafé de l'ensemble des documents en écriture maya. Mais un manuscrit échappe miraculeusement à la destruction.

2012. Adam Sabir saura-t-il trouver le chaînon manquant entre les secrets mayas et Nostradamus avant le Corpus Maleficus, organisation secrète lancée à ses trousses ?

POCKET N° 15616

POCKET N° 15631

LE TROISIÈME ANTÉCHRIST

Après avoir affronté le Corpus Maleficus, Adam Sabir a retrouvé les prophéties cachées de Nostradamus. Alors qu'il commence à les déchiffrer, l'une d'entre elles le trouble profondément. Le mage prédit trois Antéchrists. Deux d'entre eux, Napoléon et Hitler, ont déjà marqué leur passage sur Terre. Mais c'est du troisième et dernier que doit venir l'Apocalypse.
Et ce temps est arrivé...

POCKET N° 15992

« Un conteur-né, qui fait évoluer d'une main de maître ses personnages sur l'échiquier de l'Histoire. »

Steve Berry

William DIETRICH

LA LÉGION SECRÈTE DE NAPOLÉON

1804, Napoléon convoque Ethan Gage dans son palais de Saint-Cloud. Il souhaite qu'Ethan rejoigne sa « légion secrète » et devienne son éminence grise auprès de Robert Livingston, grand maître de la loge maçonnique de New York et émissaire des Américains. Mais l'entrée sur l'échiquier d'un nouveau pion, Toussaint Louverture, détenteur d'un secret lié au trésor perdu des Incas, risque de mettre en échec la fidélité d'Ethan Gage à Napoléon...

Retrouvez toute l'actualité de Pocket :
www.pocket.fr

Ouvrage composé par
PCA 44400 Rezé
Achevé d'imprimer en août 2015
par Liberdúplex

POCKET – 12, avenue d'Italie – 75627 Paris cedex 13

Dépôt légal : septembre 2015
S25093/01